反垄断经济学与政策前沿丛书

反垄断的哲学基础

Conceptual Foundations of Antitrust

[英] 奥利弗·布莱克 著 Oliver Black

向国成 袁媛 等 译

于 立 校

东北财经大学出版社
Dongbei University of Finance & Economics Press
大连

CAMBRIDGE

图书在版编目（CIP）数据

反垄断的哲学基础／（英）布莱克（Black，O.）著；向国成等译．
—大连：东北财经大学出版社，2010.6
（反垄断经济学与政策前沿丛书）
书名原文：Conceptual Foundations of Antitrust
ISBN 978-7-5654-0006-3

Ⅰ．反…　Ⅱ．①布…　②向…　Ⅲ．垄断经济学-研究　Ⅳ．F038

中国版本图书馆CIP数据核字（2010）第097806号

辽宁省版权局著作权合同登记号：图字06-2008-33号

东北财经大学出版社出版
（大连市黑石礁尖山街217号　邮政编码　116025）
教学支持：（0411）84710309
营 销 部：（0411）84710711
总 编 室：（0411）84710523
网　　址：http://www.dufep.cn
读者信箱：dufep@dufe.edu.cn
大连图腾彩色印刷有限公司印刷　　东北财经大学出版社发行

幅面尺寸：170mm×240mm　字数：218千字　印张：15 1/2　插页：1
2010年6月第1版　　2010年6月第1次印刷

责任编辑：李　季　孙　平　　责任校对：那　欣
封面设计：冀贵收　　版式设计：钟福建

ISBN 978-7-5654-0006-3
定价：36.00元

本书的翻译出版是东北财经大学产业组织与企业组织研究中心承担的教育部人文社科重点研究基地重大项目“竞争政策的国际协调：机理、机构与法律”（批准号：05JJD790030），辽宁省教育厅人文社会科学研究创新团队项目“从产业政策到竞争政策、重点转移与应对谋略”（批准号：2006T048）和“中国反垄断法纵向实施机制与地方政府的策略选择”（批准号：2007T045）的组成部分，特此说明。

《反垄断经济学与政策前沿丛书》
编　委　会

《反垄断经济学与政策前沿丛书》总序

于　立

东北财经大学产业组织与企业组织研究中心承担了教育部人文社科重点研究基地重大项目“中国反垄断法与反不正当竞争法的共同经济原理及其衔接”（04JJD790007）和“竞争政策的国际协调：机理、机构与法律”（05JJD790030）。作为研究成果的组成部分，同时也是国家重点学科——产业经济学学科建设的规划要求，我们陆续出版了《反垄断经济学与政策前沿丛书》（共六本译著）和《产业组织理论与应用研究新进展丛书》（共四本专著）。

这里主要针对我国反垄断立法中的若干问题进行讨论，并作为《反垄断经济学与政策前沿丛书》的总序。

一、《反垄断法》的作用是“一窄二虚”

社会各界对《反垄断法》的作用有期望过高的倾向。这不仅不利于反垄断法律体系建设，还可能陷入僵局。《反垄断法》在市场经济国家中虽然素有“经济宪法”之称，在整个国家的法律体系中具有重要地位，但其实际约束范围远没有通常想象的那么宽泛。对于垄断现象和行为，千万不能“一刀切”，必须区别对待。

垄断现象和行为分为人为垄断和自然垄断。人为垄断又分为经济垄断或市场垄断（如合谋、过度集中、滥用市场支配地位等）、行政垄断（如行政许可、地区封锁或部门利益保护等）和法定垄断（如专利、商标、版权等）。

对于法定垄断不应反对，而应维护；行政垄断的情况非常复杂，不能一概而论；即使是属于《反垄断法》主要限制对象的经济垄断，也要根据具体情况而分别遵循“本身违法原则（Per Se Rule）”和

“合理推定原则（Rule of Reason）”，确定利弊大小，再据以裁决。至于自然垄断，为了获取规模经济或其他目的，往往实行反垄断豁免。近年来，自然垄断理论有了新的进展，反垄断豁免的范围大为缩小，但真正意义上的自然垄断终归还是要实行豁免的。可见，在所有垄断行为或垄断现象中，真正应由《反垄断法》约束的范围是比较“窄”的。

另一方面，由于《反垄断法》实施过程中还会遇到“时间长”和“取证难”问题，经常连一些基本的“成本”、“市场”概念都难以达成共识，动辄几年都无结果。在欧美国家，每年提起的反垄断诉讼实际上非常有限，且大多以“庭外和解”为结局。因此，总体来说，《反垄断法》是一把高悬的剑，主要起威慑作用。

二、对行政垄断应“以柔克刚”

如何对待行政垄断是中国《反垄断法》立法中的一大难题。行政垄断是市场经济的“大敌”，既损害效率，又导致腐败。但《反垄断法》既不是治理行政垄断的首选武器，也不是正确的药方。随着经济体制、政治体制的改革，行政垄断引发的很多问题会逐渐消失。反之，如若在《反垄断法》立法过程中过多纠缠于行政垄断，就会使反垄断立法裹足不前，以致寸步难行。

对行政垄断也不能“一刀切”。假设《反垄断法》中详举行政垄断的罪责，并公布实施，那么就会有相当多的政府行为（无论条条，还是块块）一下子变成“违法行为”，结果必然不仅会树敌过多，欲速不达，而且还会使整个社会无所适从，秩序混乱。何况有的行政垄断（如某些行政许可），即使到将来也不能一反了之。现实中的行政垄断有很多也是利弊共存，是非难定。

所以，对于行政垄断，既不能熟视无睹，也不能操之过急。务实可取的办法是采取“以柔克刚”的思路，依然将行政垄断纳入《反垄断法》的框架，但仅作原则性的规定。然后，通过其他方面具体的改革（比如规制改革）措施，逐步减少行政垄断的不利影响。正确的思路是，通过体制改革，逐步将行政垄断的资源（机构、权力等）转到政府规制的轨道上来，主要靠规制改革，而不是靠反行政垄断，才可能收到“既疏又导”的一举两得之效。

三、《反垄断法》与行业法应“统筹兼顾”

《反垄断法》立法中的另一个难题是如何对待“自然垄断豁免”与国有企业的特殊性，因为传统自然垄断行业主要由国有企业构成。这一问题可以通过《反垄断法》与行业法的“统筹兼顾”来有效解决。

人们常说的自然垄断行业或自然垄断企业，其实本来并不存在。从经济学和法学角度来说，需要区分自然垄断行业、自然垄断企业和自然垄断业务这三个极其容易混淆的概念。人们目前仍然常说的铁路、电力、电信、航空、供水、供气等行业，早已不是真正的自然垄断行业，大部分环节或业务都存在比较充分的竞争。根据我们的研究成果，只有规模经济、范围经济和网络经济“三位一体”的某些环节或业务，才可能存在一定程度的自然垄断。对于这种自然垄断环节或业务，《反垄断法》是要豁免的，或者说，“允许垄断存在，但要加强规制”。反垄断主要针对大多数竞争性行业和“自然垄断行业”中的竞争性业务。现实中容易出现的问题是，许多相关行业的企业故意夸大自然垄断业务，或者滥用垄断优势，牟取垄断利益，而有关部门不明就里，听之任之，甚至推波助澜。

再说国有企业的特殊性问题。在中国，能够从事自然垄断业务的国有企业，以及一些虽然不属自然垄断，但国家实行专营专卖的国有企业，均属“特殊企业”。我们的研究成果表明，典型的国有企业本来就不是“一般企业”，基本不适用属于私法、商法范畴的《公司法》，也不可能建立规范的法人治理结构或所谓的“现代企业制度”，而应主要采取“特殊法人”的企业形式。可取的思路是针对自然垄断和国有企业的实际情况，取消《公司法》中有关国有独资公司的条款，分行业制定“特殊法人法”，然后按照“特殊法高于普遍法”的原则，协调《反垄断法》与行业法之间的矛盾。实际上，现实中有关国有企业的法律和政策已经实质上逐步地接近于“特殊法人”的思路，只不过还差“临门一脚”。

四、《反垄断法》体系的建立应“先粗后细”

反垄断法应该是一个法律体系，包括居于核心地位的“母法”

《反垄断法》和相应的"子法"(如并购指南等)。

母法应简洁、原则性强、相对少变,不要牵扯过多的具体条款(如具体的集中度问题),而将其留给相关的子法或实施条例。考虑到我国经济转型与经济发展过程的特殊性和复杂性,需要重视母子法律体系的刚柔相济,走"渐进式"立法之路,即出台母法宜早不宜迟,出台子法可灵活务实,而且可以经常调整。

其实,中国有一些子法已经走在了前面。如针对外资并购问题、零售商滥用垄断势力问题,有关部门出台了一些子法。但由于母法出台滞后,势必难以充分考虑母法与子法的衔接问题。再有,《反垄断法》与1994年出台的《反不正当竞争法》也存在较多的重复或交叉。

五、《反垄断法》立法应"内外协调"

按理说,中国致力于建设市场经济体制,也急于让国际社会承认我们的市场经济国家地位。在此方面,一个非常值得重视的问题是,既不要"内外有别",公开歧视,又要注意包括发达国家都广泛存在的"双重标准"现象,在反垄断法律体系建设与实施中预留"接口"。

近几年,国际竞争规则的重点正呈现出从"反低价倾销"向"反垄断高价"转移的新动态。一国反垄断法的终极目标总是首先服务于本国的利益。这一点在美国"波音—麦道合并案"以及波音、空客对我国"大飞机"项目的关注中都可以清楚看出。我们对此要有清醒的认识,并充分借鉴版权保护立法中的经验,在反垄断法律体系建设过程中及早采取防范策略,尤其需要注意反垄断法与产业政策、贸易政策等其他经济发展政策的协调,注意反倾销与反垄断二者之间的逻辑关系及转化规律。

我们要认清,反垄断法国际冲突的根源是发达国家与发展中国家间的利益冲突。在历届世贸组织部长级会议上,许多发展中国家的代表都提出了对于建立国际反垄断法的种种看法。比如印度代表就曾提出,对于发展中国家来说,企业联合抵制进口是一个非常重要的战略,国际反垄断法应予以豁免;印度尼西亚代表希望国际反垄断法中的"核心卡特尔"不包括中小企业合作的卡特尔,因为这种在印度尼西亚很盛行的卡特尔有助于印度尼西亚经济的发展。此外，一些拉美国家还颁布了很有特色的专门用来对付跨国公司垄断行为的竞争法。我国反垄断法律体系建设应该充分借鉴这些发展中国家的做法，协调相互之间的立场和利益。

另一个重要问题是，我国政府应把握反垄断法国际协调的动向，及早关注与世界贸易组织（WTO）类似的“国际竞争组织（ICO）”的构建，以积极态度参与并推动国际竞争规则的起草与谈判，争取成为发起国，并在其中最大限度地保护我国的利益。

呈现在读者面前的这套《反垄断经济学与政策前沿丛书》，既有反垄断经济学与政策研究的前沿性整体介绍，也有对反垄断政策各个方面的深入探讨；既有关于国内反垄断政策的剖析，也有针对国际反垄断政策的阐述，研究方法前沿，主题和体裁丰富。我们真切期盼本套丛书的出版有助于中国反垄断经济学与政策研究水平的整体提升！

序　　言

当我在1987年获得哲学博士学位之时，从简短的《哲学家就业指南》中找不到多少有用的信息。当时，大学哲学系求职与就职的比率据说达三百比一。在这种情况下，即使我能找到就职岗位，很可能也是朝不保夕，于是我倾向于不走纯哲学学术之路：要么选择一个轻松职位，这样可使我在自由时间中有精力关注哲学问题；要么选择一个挑战性职位，同时具有较高薪酬。实际上我选择了后者，而且如同哲学家通常所为，我选择了法律，即现在所从事的反垄断与规制的法律工作（一个同事曾劝说我从事税法工作，因其“收入颇丰”）。这项工作经常面临挑战性难题，又能启迪哲学性思考。于是我就游走于法学与哲学之间，而这本以哲学为基础研究反垄断问题的书就是两者合而为一的产物。

本书中既有新的研究成果，也有原先成果的再研究和扩展，详见书后文献目录。我非常感谢对我给予学术帮助的所有朋友和同事。其中特别需要提及的有David Papineau和Richard Whish（二人均就职于伦敦国王学院）；Bill Allan、David Bailey、Juliet Lazarus、Melat Negash、Carole Thomas和Dan Goyder（曾在或正在Linklaters就职）；还有Simon Evnine、Edmund Fawcett、Donald Franklin、Michael Grenfell、Donald Peterson和Jo Wolff。

很多作者写书时，都会因专心工作而不能陪伴家人和宠物，因而需要对给予深情理解的妻子、子女、爱犬或金鱼表示感谢。对此，我总是感叹不已，但我还是不能不感谢Jenny，我们新婚不久，自然也就没有孩子或宠物需要感谢。

目　录

引　言

反垄断是一组法律与政策，用来促进或至少是保护经济竞争。关于这一主题，有许多法律与经济学的书籍。但据我所知，至今还没有一本书对这一概念进行哲学层面的认真审视，以对其固本强基。反垄断的哲学思想可能是玄奥的，但是并不令人费解。可以把哲学设想成对一级学科进行的形而上的研究：心理学是精神哲学，数学是数学哲学，道德思想是哲学上的伦理学等（这不是说一个学科与其哲学之间的界限是或本应是泾渭分明的）。至于法学，也有其法哲学，法学的不同领域有与之相应的不同哲学分支相联系：反垄断哲学就是这样一个分支。

本书所研究的概念构成反垄断的基础，但不为反垄断所特有。例如，竞争、协议与联合行动等概念出现在各种理论与实践之中。所以，我希望本书能使那些不是专门关注反垄断的人——经济学家、哲学家、政治学家以及其他人——感兴趣。至于那些对反垄断给予关注的人，本书锁定的目标不仅是学者，而且是政府、律师事务所、经济咨询公司及其他领域的从业人员，他们需要对他们所从事的领域有更深的理解。尽管本书的主要目标是理论上的，但它对实践也是有用的，特别是，当一个至关重要的概念能不能得到恰当运用时，它所阐述的模型可以提供指导。如果说一种情形远远偏离第 5 章给出的协同行为模型，就有理由认为它不是一种协同行为。

鉴于目标读者的范围，在语言风格上有一定的表述规则。在某种意义上，我用分析哲学来理解、表述它们：有一些编号的命题，注意它们之间的逻辑关系；使用各种简略缩写，最常见的是用“X”、“Y”代表人、企业或团队；“Ax”、“Ay”代表各自的行动；“Gx”、“Gy”代表各自的目标；“P”、“Q”代表句子与命题。这种方式不是风格主义：风格主义因其冗长枯燥而使人无法接受，好像用散文来写一本数学书似的。但本书不包含数学，不应被它的符号所吓倒。它没有以任何哲学知识为前提，只是在少数情形下，我使用哲学上的专门术语，并解释它的含义。如果你觉得一些章节难以理解，请你不要失去耐心跳过它们，每一章是以详尽的概述开始的。

这里，对本书作一个简要概述。所讨论的概念及其衍生概念出现在所有反垄断体系中，但因为我研究的是英国与欧洲法律，会非常频繁地提到那些司法中的法规与案例（第3章例外）。事实上，可以把本书视为对《罗马条约》第81款（以下简称EC81款。1957年3月25日，法国、联邦德国、意大利、卢森堡、比利时和荷兰6国在罗马缔结了建立欧洲经济共同体的条约，《罗马条约》被视为欧盟的"出生证明"，这一天也就成了欧盟的法定"诞生日"——译者注）的思考。在EC81款的第一段说道：

> 如下与共同市场不匹配的情况将被禁止：所有可能影响成员国之间贸易的企业间的协议、企业联盟的决定以及协同行为，在它们的目标或效果上，阻止、限制或扭曲共同市场内的竞争。

所以，第1、2章分析竞争；第3章分析对竞争的阻止、限制或扭曲；第4章分析协议；第5章分析协同行为；第6章分析或多或少接近协同行为的各种经营方式。

第1章回答竞争的本质，这是反垄断的理论家和实践者经常考虑的一个问题。对这个问题的回答采用竞争模型，中心思想是X与Y竞争，除非Y不实现其目标，X才能实现其目标。这个模型描绘了竞争（competition）与对抗（rivalry）之间的差别。我揭示这个模型怎样应用于经济竞争，然后用它来阐明竞争与两种合作形式（即联合行动与协议）之间的关系。这种讨论揭示了竞争与合作存在内在冲突的论断既有正确的一面，也有谬误的一面。

我从竞争本质转到竞争正当理由的阐述。流行的传统观念认为竞争是可取的，因为它使福利最大化。第2章与其他章节不同，具有纯粹否定的目的，批判这种传统观念。论点是"福利"或者具有福利是有价值的，但竞争并不使福利最大化的含义，或者具有竞争使福利最大化的含义，但即使如此，这也不是竞争的正当理由，因为在这种意义上，福利不值得最大化。

反垄断强烈地反对对竞争的限制，但在所禁止的限制中进行选择是可行的。在美国，选择原则被植入本身违法原则与合理推定原则的教义之中。在欧洲共同体反垄断是否存在或应该有类似的教义还有争论，就是美国，对本身违法原则和合理推定原则的适用范围还存在争论。第3章通过分析这两种原则，鉴别它们之间的关系，来廓清这些争论。

本书的其余部分涉及双边行为的各种形式。第4章提出两个协议模型，模型所发展的思想是如果一方给出有条件的承诺，另一方以无条件的承诺来回应，那么协议就存在。协议模型包含缔结并遵守协议的正当理由。然后，考察了EC81款所描绘的协议目标与效果之间的差别，通过把它们与直觉观念比较来评价这种差别上的不同观念。我所说的直觉观念是EC81款的目标部分反映了协议而效果部分没有反映（反之亦然），除非至少由目标推导出效果来（但反过来不成立）。第4章的最后部分讨论了不诚实协议的概念，这一概念是通过《公司法》（Enterprise Act）的“卡特尔犯罪”条款引入英国反垄断之中的。在最重要的案例Ghosh中，对不诚实的解释陷入了循环论证的批评之中。我的结论是最好把不诚实概念从卡特尔犯罪中剔除掉。

从效果来看，反垄断不仅适用于正式合约，而且适用于比较宽松的非正式协议，这就是EC81款为什么不仅提到协议而且提到协同行为的缘由。第5章提出了两个协同行为模型，一个模型应用来自语言哲学的思想，另一个模型以信赖概念为基础，依次模型化。基本主张为信赖是核心，协同行为是联合行动的特例。我揭示了联合行动与协议是截然不同的现象，所以，把协同行为视为一种较弱的协议是一种误导。这两个模型在两个方面有交汇：两者都意味着协同行为包含参与者之间的交流，而都不意味着参与者负有责任。在第一个方面，模型与法律当局是一致的，在后一个方面，模型与法律当局是不一致的，但是我坚持认为法律当局关于责任的论点是混乱且误入歧途的。在第二个模型中，协同行为不涉及责任的论点是基于这样的命题：不存在有吸引力的把信赖与道义责任联系起来的条件性关系。这个命题对许多法律领域都是重要的，在第5章的附录中加以讨论。

反垄断涉及从独立行动到合谋的一系列情形。不同类型的干预对应这个序列中的不同点，中间情形是“寡头垄断问题”，即寡头垄断者可能表现出相似的行为，这些行为是反竞争的，但源自参与者各自独立的决策。问题在于适合这个序列末端合谋情形的干预类型，如运用 EC81 款，是否能够推广到这种寡头垄断情形。为了获得原则性的答案，需要对这个序列本身进行认识。第 6 章对这个序列模型化，在某种程度上揭示各种行为在其中所属的位置以及它们彼此之间的关系。引进一些语言规则来分析其结果，阐明寡头垄断问题以及相关的“协调效应”概念。因为这一概念在《欧盟委员会关于横向兼并的指南》中被使用。

显然，本书不打算涵盖构成反垄断基础的所有重要概念，我选择了那些让我最感兴趣的概念。一些读者可能对缺少单边行为的分析感到遗憾：处理这类行为的方法得到了广泛讨论，正如理论家与实践者试图把经济事实的复杂性与粗糙的法学调和起来一样。（最近审判庭在英国航空和米其林第二案（the British Airways 和 Michelin Ⅱ cases）中的裁决反映法官了解激励组织经济学的程度。）但是，尽管对单边行为的反垄断是令人感兴趣的，不过这种兴趣并不能像哲学一样使我感到震撼，所以，本书省略对单边行为的分析。

对于所提出的各种模型进行方法论上的评论是有价值的。这些模型——竞争、协议、协同行为等——旨在描绘主要概念的主要论据：例如可能存在其他的竞争概念（并且它们之间的界限难以划清）。而且，对于给定的概念，这种模型不打算详细说明该概念每次运用时的必要及充分条件。因此，除非发现一种情形既不适合模型的某些条款，又没有与该概念应用相关的某些特征（模型没有阐述的），才会拒绝该概念。是否能够对任何概念阐明必要及充分条件还存在争论，但是以概念来详细说明概念的愿望是异想天开的，正如这里所讨论的那些概念，已经以费解、混乱和对立的方式被描述与运用。对于这样的概念，模型把它们看作是约定俗成的，综合成我们的直觉判断。然而，与这些判断相一致是模型的优点，但如果模型偏离判断太远、太多，则应该加以拒绝。用罗尔斯（Rawls）的话说，目标是直觉与理论之间的校正均衡（reflective equilibrium）。

第1章

竞争的本质

1.1 概述

令人感到遗憾的是，从事反垄断的实践者和理论家对竞争是什么都没有达成共识。我们仍然随机地、漫不经心地、无知地徘徊于Bork几十年前所界定的五个定义之中：对抗的过程；一个企业的经济活动不会受到其他企业的限制；在市场中，卖者和买者的行为不会影响市场价格；存在分割的产业与市场；以及Bork最钟爱的定义，即消费者福利不能通过法律判决加以改善的一种状态。① 一种反应认为，定义的多元性并不重要，因为促进或保护一种竞争的行为也促进或保护所有其他的竞争。但是没有理由相信情况就是如此。另一种反

---

① Bork（1978），第58页及以后各页。Bork在“对抗”的意义上使用“竞争”，见Bork（1966），第377页，脚注⑤。经济中竞争的不同意义在Bishop和Walker（2002）的第2章中也有讨论。

应认为，我们需要不同背景下的不同定义——比如说卡特尔和兼并。但这本身不能令人满意，因为没有认识到不同定义之间的重要联系。我们必须弄清楚这些联系，否则在反垄断中会缺乏内在一致性，就像一部关于“banks”的法律与政策，既涉及银行，又涉及河岸。

Bork 的第一个定义和其他定义的区别在于第一个定义描述的是行为，而其他的定义描述的是经济结构。从这一点看，第一个定义反映了反垄断关注的一个问题：受 Bork 的著作和芝加哥学派其他成员的影响，现在广为接受的观点是，反垄断的主要目标是使福利最大化，[①] 也相信通过鼓励竞争行为可以实现，或部分实现这一目标。[②] 如此表述并不意味着要在定义中将手段与结果琐细地联系起来：对竞争性行为的理解并不意味着无论什么行为都将有利于增加福利，[③] 除非界定能够被界定的行为类型，否则通过其对福利的影响来界定。一个例子就是，英国公平交易局根据《公司法》（2002）对“实际减少竞争”的检验所作的说明：

> 公平交易局把竞争视为企业间为赢得顾客的对抗过程。这一对抗过程（如果这一过程有效的话）将迫使企业以价格、质量、选择权的方式将利益转移给消费者。[④]

本章的目的就是界定讨论中的竞争性行为。从竞争性行为角度，我提出一个竞争模型，它既可以用于经济竞争，也可以用于其他竞争。中心思想是 X 与 Y 竞争，如果 X 要实现其目标，除非 Y 不实现其目标。模型表明用对抗（rivalry）来定义竞争是模糊的，正如 Bork 和公平交易局对竞争的定义。在建立模型并与其他解释比较之后，我分析了其他学者所分析的与竞争有关的一些因素，对于每一个因素，我将指明模型已经吸收它或能够扩充它，或不必吸收它。这些因素包

---

① 反垄断追求的其他目标见第 3 章。

② 根据 Fielding 的观点，福利是一种社会理想（或许是种中间目标），竞争行为是程序性机制：见 Fielding（1976），第 137 页。把竞争视为一种技术，见 Simmel（1955），第 72 页。把竞争视为一种分配和选择机制：见 Prvulovich（1982），第 81 页。Fielding 将作为程序性机制的竞争和竞争行为区别开来：可以设想前者由更为广泛的后者构成。比较 Wolff（未出版）的观点，在经济领域竞争行为造成损害的唯一合理理由是形式上的结果主义，这对那些为竞争辩护使其免招道义自由意志论攻击的人提出了质疑。Wolff 的结果主义观点重复了 Simmel 的观点，见 Simmel（1955），第 79 页。

③ 但 Bork（1978）似乎认为竞争性行为指明了什么样的行为将有利于增加福利。Bishop 和 Walker 用对福利的影响作为有效竞争的基准而非正式的定义：见 Bishop 和 Walker（2002），第 2 段，第 51 页。“市场是不是有效竞争……取决于其产生的结果”：第 2 段，第 10 页。

④ 公平交易局（2003b），第 15 页。

括：同时性；稀缺性；结果的偶然性、不确定性；或对结果缺乏知识；“头衔（title）”竞争与“占有（possession）”竞争的区别，或者“奖励”竞争与“丛林”竞争的区别；相对于竞争局势来说内生性竞争目标与外生性竞争目标的区别（我认为在经济竞争中目标通常是外生性的）；竞争者不同的态度；主动竞争与被动竞争的区别。然后，我通过解释模型怎样应用于各种经济竞争形式，来说明该模型适合于反垄断的目的。

最后部分讨论竞争和某些合作形式即联合行动和协议的关系。这种讨论揭示竞争与合作存在内在冲突的论断（很多人以此攻击竞争）既有正确的一面，也有谬误的一面。我认为在某些条件下，竞争和联合行动是不相容的，竞争和缔结协议是相容的，但和遵守协议是不相容的。此处我提及竞争的合理性，但这一章主要分析竞争的本质，而非促进竞争的理由。竞争的合理性是第2章的主题。

1.2 模型

引言中对有关模型的一般评论——尤其是，它们旨在描绘主要概念的主要论据，而不详细阐明必要与充分条件，它们应该尽量与我们的直觉判断相符合——适合于现在的模型。[①] 就竞争而言，竞争概念在经济学上的运用有理论用途，但缺少日常现实用途，为了顾及这一事实，与直觉判断相符合的标准将设置得很低：这比经济学中的“竞争”只是专门术语而远离日常用法这一让人失望的结局要好（在Bork定义之间的关系中比较这一论点）。

简单起见，讨论仅限于两个参与者之间的竞争（很容易扩展到多人的情况），竞争者可以是个人、企业，或团队：X和Y相互竞争当且仅当存在行动Ax、Ay和目标Gx、Gy，他们通过行动在目标上进行竞争。这种阐述包含显而易见的观点，即他们可能在一些方面而

① 模型因此不会遭受Fielding关于存在论的责难。Fielding（1976），第125~128页；K. Kim（1991），第300页。Fielding也可能从其他的观点对模型进行批评，模型忽视了规范性、历史尺度和竞争的本质意义。他认为概念是规范性的理由是人们已经对竞争有了规范性的信念——这并非根据前提得出的结论。我不否认概念随时间演变，我不知道概念是否在本质上是竞争性的，这并不影响模型的有效性。关于概念的历史性，McMurtry评论说竞争的语源学意义是“共同寻求”，这与竞争和合作相联系，见McMurtry（1984），第45页。

不在其他方面彼此竞争。行动与目标的联系在于每个人执行其行动的目的是实现其目标。① 对“行动”应该做广义上的理解，涵盖行为过程和其他过程形式（可能或不能构成离散的行动）。② 目标也有广泛的含义，行动目标的实现不一定要区别于行动本身，也不一定是行动的结果。比如，我送你一件礼物，具有对你示爱的目标。在这种情况下，我在执行行动的过程中实现了目标；我通过行动实现目标，条件是行动导致了目标的实现。目标和意图有别于结果③和动机④：出于憎恨的动机，我谴责你，其意图是实现羞辱你的目标，结果这一目标我没有达成。在某些情况下，行动者的目标和意图不清楚，你可以询问他，但他可能不能给出清晰的回答。

我可以把“X 和 Y 处于互相竞争状态”说成是“X 与 Y 相互竞争”。⑤ 但 X 和 Y 处于竞争状态并不意味着 X 和 Y 在竞争⑥。下面的两个例子说明了这一点。某些反垄断的分支——尤其是公用事业机构的采购规则——关注的是竞争形式而不仅仅是竞争，但竞争形式一般不是反垄断关注的问题，所以我不打算对它们作进一步的区分。MacCallum 的“标题”竞争模型，对竞争进行了恰当描绘。⑦

该模型的核心是这样的：

X 与 Y 竞争，存在行动 Ax 和 Ay，目标 Gx 和 Gy，并且：

（1） X 采取行动 Ax，旨在实现目标 Gx；

（2） Y 采取行动 Ay，旨在实现目标 Gy；

（3） X 实现 Gx，仅当 Y 不实现 Gy。⑧

---

① 见 Harman（1986），第 97 页。

② 见 Giddens（1984），第 3 页。

③ Simmel 强调目标和结果的区别，见 Simmel（1955），第 57 ~ 60 页。比较第 4 章 EC81 款中目标和效果的区别。

④ Mead 混淆了目标和动机的区别，见 Mead（2003），第 16 页。对动机的讨论见下一节。

⑤ Dearden 喜欢使用前一种说法，我用的是后一种说法，见 Dearden（1972），第 120 页。

⑥ 比较 Kleinig 的观点比较，他的观点是“竞争要么意味着‘参与竞争’，要么意味着‘竞争式地行动’”，见 Kleinig（1982），第 164 ~ 165 页。

⑦ MacCallum 列出了头衔竞争的标记，见 MacCallum（1993），第 217 页。Acton 对丛林竞争的描绘包含了一个附加的特点：胜利者是由一个判决权威决定的，见 Acton（1993），第 69 页。同样见 Brownson 对学校竞争的描绘，见 Brownson（1974），第 229 页。

⑧ （3）表达了目标获得的相互排他性，Kohn 以此定义了所谓结构性竞争，见 Kohn（1992），第 4 页。比较 Berkowitz（1962），第 178 页；Deutsch（1973），第 20 页；May 和 Doob（1937），第 6 页。Kohn 后来用“如果”代替了“仅当”，描写了一个竞争局势就像“如果你失败，则我胜利，反之亦然”。这种情况有一方肯定会赢，但这不是竞争的通常情况。比较下面对（3）的变形的讨论。

（在这本书中，此处和别处，我用永恒（没有时间限制）的现在时态覆盖各种时态关系：在模型的条件中使用永恒（没有时间限制）的现在时态，应该被理解为允许不同时态的替代情形。此处并不意味着 Ax 和 Ay 是同时的。）

例如，X 向 Z 求婚，意图是使 Z 成为他的妻子；Y 给 Z 送花，意图是想让 Z 做他的情人；Z 本性是忠诚的，她做 X 的妻子仅当她不做 Y 的情人。再举一个经济学例子，X 开展广告运动，意图是取得 70% 的市场份额，Y 开展研究计划，意图是取得 60% 的市场份额。仅当 Y 不取得 60% 的市场份额时，X 才可能取得 70% 的市场份额。之后，我将考虑更加严格的经济情形。

X 实现 Gx 与 Y 不实现 Gy 之间的不同关系将以不同情形下条件（3）为基础。在第一个例子中，关系是因果关系，Z 不做 Y 的情人是 Z 做 X 的妻子的必要的因果条件。在第二个例子中，关系是必要关系，在算术上，市场份额的总和不可能超过 100%。条件（3）中的“仅当”比基本逻辑有更强的意义，就基本逻辑而言，（3）只能导致一个无趣的弱结果，要么 X 不实现 Gx，要么 Y 不实现 Gy。下面我假设“如果 P 则有 Q”，等价于“P 仅当 Q”，这使“既 P 又非 Q 是不可能的”成为必要的；不是我所依靠的对条件的直觉理解所能企及的。如果（3）成立，反之也成立：Y 实现 Gy 仅当 X 不实现 Gx。因此，竞争是对称的。[①] 对（3）的一个变形是用“当且仅当”替代“仅当”：模型则描绘了一种竞争形式，要么 X 成功，要么 Y 成功。另一种对（3）的限制是：X 正在或通过正在做 Ax，实现 Gx，仅当 Y 正在或通过正在做 Ay，不实现 Gy。这包含了受法规管制的某些竞争形式的特征，Ax 和 Ay 是法规所允许的行动。这些变化条件限制模型对竞争格局进行细分。一个变化条件是，由于价格模糊，使得模型的范围扩展到比“仅当”条件弱的情况，因此（3）可以修改为，Y 实现 Gy 使得 X 实现 Gx 困难。在这种情况下，竞争不是对称的，除

① 关系是对称的，意识是说如果 A 有关系于 B，那么 B 也有关系于 A，在生态学中一个有机体与另一个有机体竞争，是讲前者限制了后者的资源，见 Cooper（1993），第 361 页。这个意义上的竞争是非对称的，可能出现的情况是 X 限制了 Y 的资源，但 Y 并没有限制 X 的资源。我的模型并不想包括这种意义，生态学竞争可以存在于非生命体，因此可以不必涉及行动、意图或者目标。与 Ong 的竞争意味着有意识生命体的相互作用的观点比较，见 Ong（1981），第 43 页。关于竞争的其他逻辑性质——特别是传递性和反自反性——见下文。

非加上“X 实现 Gx 也使得 Y 实现 Gy 困难”。

可以认为，在很多竞争场合，竞争双方有共同的目标：[①] 在第一个例子中，尽管 X 想 Z 做他的妻子，Y 想 Z 做他的情人，但两个人都想她成为性伴侣；在第二个例子中，尽管 X 想占有 70% 的市场份额，Y 想占有 60% 的市场份额，但两者都想占有市场的主要份额。这种想法导致了模型的另一个条件：

（4） Gx = Gy。

但通常双方目标是否一致是不确定的。除此之外，前面已经讲过，人们对自己的目标可能不清楚，识别和区分目标的标准是不明确的。每个参与者可能有几个目标，这不会产生困难。如果 X 和 Y 在条件（1）—（3）下竞争，就各种目标而言，只有某些目标是共同的，如果有共同目标，则他们满足条件（4）。但是，即使双方在一个目标上竞争，也很难说他们的目标是一样的。假设 Z 需要 100 个小器械，X 的目标是提供 80%，Y 的目标是提供 80 个，80% 恰好是 80 个，那么 X 和 Y 的目标相同吗？在反垄断中这个问题是很重要的，因为与禁止提供一定数量的协议相比，当局更有可能禁止提供一定比例的协议，[②] 原因是——并不充分——前者在表象上是排他的，后者则视情况而定。

对这个问题的回答是否定的。如果目标是一样的，那么，如果 X 有提供 80% 的目标，则有提供 80 个的目标，在这种情况下——考虑前面提到的，“如果 P 则有 Q”可以推出“‘P 与非 Q’是不可能的”——不可能出现他有第一个目标而没有第二个目标的情况。但这种不可能性陈述是不成立的，因此目标不同。之所以不成立，因为“X 有……的目标”，以及类似的话“X 的目标是……”具有内涵的语境。这意味着：假设把省略部分表述出来使句子完整，假设加入词句所指代的东西是确定：用另一种具有同样指代的表达方式来替代，可能会改变句子的真伪。短语“Z 需求量的 80%”和“80 个”意义

① Michelman 认为竞争者寻求相同的订单、资源、雇员，见 Michelman（1983），第 82 页。Simmel 将竞争看做“关注相同奖品”的竞争者的相似努力，见 Simmel（1955），第 57 页。

② 案例 85/76，*Hoffmann-La Roche Co. AG* 诉 *Commission* 案［1979］3 CMLR 211。

不一样，但所指一样，① 所以在句子“X有提供Z需求量的80%的目标”中用“80个”去替代“Z需求量的80%”，会使句子由真变伪（假如没有别的因素去排除这种变化）。因此，X有提供80%的目标但没有提供80个的目标，这是完全可能的。内涵语境也可从一个类似的例子中看出：俄狄浦斯的目标是杀死攻击性的游客，攻击性的游客所指可能是俄狄浦斯的父亲，但俄狄浦斯没有杀死父亲的目标。当语境的内涵不是限定性的，弱意义的“目标”可以被接受，但这不是该模型中假定的。

假设X和Y都有提供Z需求量的80%的目标，这里似乎他们有相同的目标。可能有人会反对说这种相同是因为对目标的不精确表达所致。精确表达应该用“that”从句：X的目标是“他提供Z需求量的80%”，Y的目标是“他提供Z需求量的80%”。可以认为这是不同的目标，因为他们涉及不同的人。如此看来，（4）几乎是不成立的。一种可能的回应是，对目标的新表达方式是用第三人称代表X与Y共有的第一人称想法，② “我的目标是提供Z需求量的80%”，当然“我”指的是不同的人，但这与目标的同一性不相关。另外一种可能的回应是，目标相同，因为他们关注的是相同类型的行动，即使行动者不一样。这就需要进行提炼以包括这样一种情况：一个人的目标是另一人执行某一特定的行动。例如，如果X的目标是Y提供Z需求量的80%，Y的目标是X提供Z需求量的80%，显然他们的目标不一样。一种反应是说，一个人的目标只与自己的行动有关，但这似乎太受限制了。

没有必要进行更多的辩证推导，就已经足以说明（4）能否满足是不确定的。最好的方法是不要在一般竞争模型中加入（4），只在某些情况下加入（4）。

尽管有（1）—（4），但X和Y都可能没有意识到对方在做什

① 有大量的哲学文献讨论意义和指示的区别；现代的讨论起源于Frege（1952）。两种说法的所指都是80个。

② 在那种表达方式中“他”是一个“准指示器”，见Castaneda（1999），特别是第1、2章。

么，或对方的存在。这种情况的确存在。[①] 例如，X 和 Y 是完全竞争市场的供应者，或者他们向报纸投递填字游戏的答案；但在很多对抗的情况下，他们会意识到对方。[②] 在前面的例子中，每个求爱者都知道对方，追求市场份额的两个公司也会监视对方的行动。对于这些情况，模型加以补充：

(5) X 和 Y 知道（1）—（3）。

对（5）的一个变形是用"有理由相信"替代"知道"——在这里，"正当理由"要么是行动性的，要么是口头性的（粗略地讲，这是一个人实施正当理由的情况与一个人仅有可利用情况的区别[③]）——或者仅仅用"相信"；或者用迭代法——比如，"X 知道 Y 知道"——或者用共同知识——比如，"X 与 Y 有共同知识（1）—(3)"（某种意义上讲，共同知识是迭代法的特例，如此迭代趋于无穷）；[④] 或者用非对称性，比如，X 比 Y 知道得更多；或者将双方的知识局限于（1）—（3）的子集；或者将它扩充到（4）。

条件（1）—（5）并没有包含对抗的概念。有些人——包括 Bork 和公平交易局——认为竞争就是对抗，[⑤] 有些人则将它们区别开来。[⑥] 对抗的本质是 X 不仅仅旨在实现 Gx，他也试图防止 Y 实现

---

① Acton 的非人格化竞争，见 Acton（1993），第 69 ~ 72 页。Caillois 的非直接竞争，见 Caillois（2001），第 17 页。Acton 认为双方必须彼此知道对抗的存在。Fielding 将竞争区分为直接或者间接的斗争，见 Fielding（1976），第 127 页。比较 Cooley（1899），Beals 和 Siegel（1966）的关于竞争与意识的不同观点，见 Cooley（1899），第 79 页，Beals 和 Siegel（1966），第 18 页。

② Scherer 和 Ross 写道"清楚地意识到他们努力争取的地位可能是不相容的"，见 Scherer 和 Ross（1990），第 16 页。

③ Black（1987a），第 394 页。

④ 共同知识和信念，见 Aumann（1976）；Bennett（1976），第 127 页；Binmore 和 Brandenburger（1990）；Geanakoplos（1992）；Gilbert（1989），第 4 章；Heal（1978）；Kemmerling（1986）；D. Lewis（1969），第 52 ~ 60 页；Loar（1981），第 250 页；Milgrom（1981）；Nielsen（1984）；Parikh 和 Krasucki（1990）；Schiffer（1972），第 2—3 章；Schiffer（1987），第 245 ~ 246 页；H. Smith（1982）；Tuomela（1995），第 41 ~ 51 页。共同知识的概念在第 4—6 章进一步用到。

⑤ 这一观点同样出现在 Huizinga（1949），第 200 页；K. Kim（1991），第 301 页，第 306 ~ 308 页；Kohn（1992），第 5、123、135、138 页，与有意图的竞争相联系；Lyon 等（1939），第 249 页；Michelman（1983），第 79、84 页；Prvulovich（1982），第 78、79 页；Reeve（1906），第 92 页；Caillois（2001），第 37 页。Flew（1983），第 271 页，认为竞争本质上伴随一种努力，每个人都想比别人做得更好，这和对抗有关但又不同。

⑥ Acton（1993），第 67 ~ 71 页；Dearden（1972），第 127 页；Knight（1956），第 92 页；Mead（2003），第 17 页；Simmel（1955），第 70 ~ 71 页。Fielding 将竞争和对抗区分开来，并将目标性竞争和反对性竞争区分开来。他并没有进行解释，但两种区分是相关的，可以说对抗就是反对性竞争。就后面的条件（1a）和（1b）而言——（1a）和（1b）是用来表达对抗这一概念的——X 的主要意图是取得 Gx，尽管他也想阻止 Y 取得 Gy，也可以说 X 的活动集中于目标 Gx，而不是他的对手 Y，目标性竞争和反对性竞争的区分在（1c）时失效，因为 X 的唯一意图是阻止 Y，见 Fielding（1976），第 127 页。

Gy。有时这两者之间有重要联系：他试图以实现 Gx 作为阻止 Y 实现 Gy 的方式。① 在求爱者的例子中，X 可能不仅仅想 Z 成为他的妻子，同时也想以此阻止 Y 让 Z 成为他的情人。在第三个例子中，X 没有中间目标，他的目标只是想阻止 Y 实现 Gy。② 例如，在拍卖会上，X 竞标不是真正想买，只是想阻止 Y 买。（按理说，第三个例子不是竞争而是破坏。）这些情况通过修改（1）可以得到：

（1a）X 采取行动 Ax，旨在实现 Gx 以及阻止 Y 实现 Gy；

（1b）X 采取行动 Ax，旨在实现 Gx，从而阻止 Y 实现 Gy；

（1c）X 采取行动 Ax，旨在阻止 Y 实现 Gy。

条件（3）保持不变。在（1a）和（1b）的情况下，（2）要做相应的修改，但在情况（1c）下，（2）必须保持不变，以避免循环论证的模糊性：X 的目标是阻止 Y 实现 Y 的目标，Y 的目标是阻止 X 实现 X 的目标。

将竞争与对抗等同对待的人可能认为（1a）可以从（1）和（3）推出：如果 X 采取行动 Ax，意图是实现 Gx，并且 X 实现 Gx 仅当 Y 不实现 Gy，那么 X 采取行动 Ax，旨在使 Y 不实现 Gy——这是"X 采取行动 Ax，有意阻止 Y 实现 Gy"的另一种说法。但是这一论断不一定成立，因为意图没有包含在条件下，如果（a）"X 意图是 P"并且（b）"如果 P 那么 Q"，则 X 意图 Q：俄狄浦斯意图杀死攻击性的游客；如果他这么做，他杀死了他的父亲；但他并没有意图杀死他父亲。③ 而且除非在一种不正常的没有说服力的意义上使用"阻止"一词，否则 Y 不实现 Gy 的意图和阻止 Y 实现 Gy 的意图是有区别的：我告诉你，杰克将出席晚会，旨在你不来参加晚会，但我并没打算阻止你来参加晚会。

把我对竞争的解释与 Dearden 的解释进行比较是有启发意义的：

第一个条件，X 和 Y 都想要（某些目标）O……第二个条件是 X 获得 O 的所有权必须排除 Y 获得 O 的所有权……第三个条件，X 和

---

① Kohn 考虑了相反的情况，X 必须使 Y 输，这样他才能赢，见 Kohn（1992），第 4—5 章。

② 比较 Michelman 的观点，在经济竞争中，打败对手成为本身的一个目标。

③ 见 Black（1995a），第 357 页，也讨论了一个广义的意图——"归咎"意图——它不仅在这种条件下而且在一个"有理由相信"的条件下是完全覆盖的，即：如果（a）在这个意义上我意图 P，以及（b）有理由相信如果 P 则 Q，那么我意图 Q。比较 Chisholm 的无分歧意图原理。意图的封闭性在第 4 章还会进一步讨论。

Y 都必须坚持试图获得 O 的排他性的所有权，即使当他们知道其中一个要被排除时。①

这两种解释是相似的，但很多方面又不同。首先，Dearden 比我更雄心勃勃，他不仅仅想给出一个模型，而且想给出必要和充分条件。② 其次，他提到想要某事物以及占有它，我提到的是旨在实现某一目标的行动。就此而言，我的表述更为广泛，因为一个人可以采取行动实现某一目标，而没有想要这一目标——他可能为一个他不相信的理由而工作——实现目标而没有占有任何东西，比如目标是身体上的健康。“想要”和“占有”的语义也可以设法调整来包含这些例子，但这些语义浅薄或呆板。我的表述涵盖的意思比 Dearden 多，从这个意义上讲，我的比他的要好。也有人说我的解释比 Dearden 的狭窄，我提到的是行动，而他提到的是欲望；但并非如此，在 Dearden 的第三个条件中，“试图获得”表明了行动。这与事实相符，一个人不可能参与竞争而什么都没做。Dearden 的解释比我的狭窄的另一方面是他提到了持续性：他的概念可能因人们竞争的时间过短而无法应用，比如在沙滩上人们同时扔石头打翻易拉罐。

Dearden 的第三个条件引入了一个与认识有关的概念——“即使当他们知道”——这和我的条件（5）（X 和 Y 知道（1）—（3））一样。Dearden 的条件考虑双方知识这个命题——其中一个人必须被排除——和我的条件（3）相似（但并不一样）；但条件（5）认为参与者拥有更多知识，因为它也包含条件（1）和（2）的知识。就此而言，Dearden 的条件比我的宽松。在另一方面，他的解释也比我的解释宽松，不像条件（5），他没有说双方知道什么，他只是说“即使当”他们知道某些情况，也始终坚持。③ 然而，Dearden 不能像我反驳他那样反驳我，说我的解释过于严格，因为我已经讲过并不是在每种竞争情况下都把条件（5）例示出来，而 Dearden 的条件是必要条件。Dearden 继续解释，试图阐明这样一种观点，他的条件没有包含某人必须被排除的知识，因为双方可能不知道他们正彼此竞争；

① Dearden（1972），第 120 页。为统一起见，X，Y，O，用来替代 Dearden 的 A，B，X。

② 一个让他遭受 Fielding 存在论反对的特点。

③ Kim 采用了一个绝对的 Dearden 的认识条件。

但事实上这是一种不同的观点，因为，即使 Dearden 关于竞争的分析是正确的，在“X 与 Y 知道他们中的某人必须被排除”和“X 与 Y 知道他们处于竞争中”之间没有任何牵连。前者不包含后者，因为 X 与 Y 可能缺乏竞争概念；后者也不包含前者，因为人们可能知道一个概念的应用，但并不知道概念应用的必要条件是满足的。①

1.3 对竞争的深层研究

Johnson 博士把竞争定义为“努力得到别人同时想努力得到的东西的行为”，② 这几乎与 Mead 及其合作者给出的定义一样。③ 在该定义上，给出同时性要求的限制是没有必要的：人们进行跳远比赛，即使他们隔几天跳，他们仍然是在竞争。有人可能认为，只要将两种情况区分，就可以认为同时性条件仍然满足，一种情况是第二个运动员跳的时候，第一个运动员仍然处于比赛中，第二种情况是在第二个运动员跳的时候第一个运动员退出比赛了。在第一种情况下，第一个运动员尽管此时什么都没做，但仍然在和第二个运动员竞争；在第二种情况下，第一个运动员不再竞争。这种回答提出了更多的问题。对于第一种情况，需要解释的是，第一个运动员仍然处于竞争中，也就是说，根据约翰逊的定义，还在“努力”。这并不是说在第二个运动员跳的时候，第一个运动员也同时跳，此时他不需要跳：他将遵守比赛规则，比赛规则规定他此时不可以跳。对于第二种情况，有人可能会反对说，它违背竞争的对称性命题。即使第一个运动员退出比赛，不再和第二个运动员竞争，那么此时第二个运动员还在和第一个运动员竞争吗？关于这点，可以解释说，第二个运动员不是在和第一个运动员竞争，而是和第一个人的成绩竞争。这是一个不同意义的弱化了的“与……竞争”，类似于“努力打败……”。④ 不管这个例子是否满足同时性条件，同时性条件会使模型缺少灵活性。同时还要考虑在模型

① 以别的方式思考的话，就是使用 Socratic 归谬法，见 Geach（1972），第 33～34 页。

② 在牛津英语字典的“竞争”目录下被引用。

③ Mead（2003），第 8 页。也见引自 MacCallum 后面的这段话，据说竞争者的努力是共存的。

④ 这是 McMurtry 的包容性竞争，见 McMurtry（1984），第 45 页。

中如何表述这一条件，仅仅说，X 与 Y 同时各自采取行动 Ax 和 Ay 是不够的，因为这和刚才的例子不兼容。

其他作者讨论了竞争和稀缺性的关系。Simmel 写道：

> 如果竞争的东西不是每一个竞争者都可能得到的，只限于获胜者得到，则竞争显然是不可能的。要么人们不会致力于大家都想得到的东西，要么人们致力得到的东西是每个人都能同等得到的。①

这段晦涩的文字似乎要说明竞争是为了得到稀缺的东西。② Acton 在这一点上摇摆不定：一方面，他说竞争必须以稀缺性或稀缺性信念为前提假设；另一方面，在他的早期“丛林”竞争模型中，认为竞争即使在东西足以满足每个人的情况下也存在。③ 他的意思不明确，或许存在类与分类或个体之间的区别。比如，即使斑马足够两只狮子分配，但它们还是可能抢夺同一匹斑马。稀缺性条件可以用条件（3）表示：如果 X 与 Y 竞争食物，但没有足够的食物分配，X 获得食物仅当 Y 不获得食物。根据模型，当狮子的目标是得到某一特定斑马时，它们是竞争的；当狮子的目标是各自得到斑马时，就不是竞争的。

接下来的问题是，竞争与不确定性是怎么联系的。Simmel 的这段文字可以解释为——尤其是根据“仅仅限于获胜者得到”——要想竞争存在，其结果不能是事先确定的。按照哈耶克的脉络发展，维塞斯（Wiese）认为竞争是一个探索发现的过程：

> 仅当我们事先不知道谁会做得最好时，竞争才是一个明智的过程。从待发现事实是事先知道的假设出发的理论都不能正确处理竞争。④

其他人对偶然性的讨论：Caillois 认为竞争与偶然性是“并行和相互补充的”，它们之间存在基本的相容性。⑤ MacCallum 对不同竞争情况下偶然性的作用进行了区分：有时——正如比赛一样——它将提

---

① Simmel（1955），第 67 ~ 68 页。

② 这段文字被 Simmel 后面的观点所加强，“在一个宗教社区没有竞争，因为一个人获得目标并不排除其他人获得目标”。

③ Acton（1993），第 69 ~ 71 页。竞争和稀缺性见 Brownson（1974），第 229 页；Flew（1983），第 270 页；K. Kim（1991），第 301、308 页；Kohn（1992），第 4 页；Rich（1988），第 185 页，也有论述。在 MacCallum 的占有模型中，稀缺性是竞争的原因，见 MacCallum（1993），第 215 ~ 216 页。

④ 哈耶克（1982），第三卷，第 67 ~ 68 页。

⑤ Caillois（2001），第 74 页。

高兴趣或设定比赛的次序与位置，有时它的角色是开放的。[1] 这里各种概念是讨论的焦点：偶然性，不确定性，知识缺乏，它们既相互关联又有所区别，偶然性和不确定性的主客观概念也是如此，不确定性可以根据各种标准进行评判。无论如何，模型没有加入不确定性条件，似乎是正确的。也许能够确定那个网球运动员将获胜，但所有的运动员还在比赛竞争。在这种情况下，有人会说这不是真正的竞争，从某种意义上讲的确如此。正是基于这种观点，所以有时给比赛设限。但这并不能成为给一般竞争模型加入不确定性条件的充分理由。

有人会反对说，如果一个参与者肯定他会输，他就不会试图去赢。在这种情况下，要么他不竞争，要么模型不适用，因为根据条件（1）和（2），以及假设“X 和 Y 各自的目标是获胜”，他确有获胜的意图。这种反对意见建立在意图与肯定失败两者不相容的一般观点上。[2] 我认为这种观点人为地限制了目的概念。如果这个观点成立，就能够拒绝这个参与者参与竞争的直觉观念。没有必要在模型中加入不确定性条件，因为即使这个观点是正确的，它也暗含在（1）和（2）中：如果 X 采取行动 Ax，旨在实现 Gx，进而可以说 X 不能确定他不能实现目标 Gx。

MacCallum 将偶然性的不同作用分别与“头衔”模型和“占有”模型联系起来：

> 头衔模型将资格或价值及奖金与竞争联系起来。它强调竞争与规则的联系，将竞争看作从各个方面对优势进行检验或考验。在占有竞争模型中，竞争源自必需或渴望的稀缺物品，存在于两个或多个竞争者同时为得到全部或部分稀缺物品的竞争中。[3]

前者适用于许多比赛，后者适用于生存竞争和经济竞争。Acton 做了相似的但又不一样的区分，他对“奖品”竞争与“丛林”竞争进行比较。[4] 在我的模型中，条件（1）—（3）适合于大多数占有竞争的情况：如前面所述，稀缺性条件可以用条件（3）表示。条件

---

① MacCallum（1993），第 217 页。

② 一个相似的观点认为意图与偶然性不相容。如果 X 做 Ax 仅仅给他一个偶然机会获得 Gx，那么 X 做 Ax 不可能意图取得 Gx。根据这一观点，前面的填字游戏不适合该模型，因为获胜者是抽签得出的。

③ MacCallum（1993），第 214 ~ 215 页。

④ 见 16 页脚注③。参考 Caillois（2001），第 15 页。Ong 的观点认为竞争接近于占有模型：除了胜利之外还包括获得某物，通常来说它是有形的。Ong（1981），第 43 页。

(1) — (3) 没有包含竞争者的竞争是同时发生的这一观点。这在同时性主题中已经讨论过。在头衔竞争中，优势是一个竞争者相对于另一个竞争者而言的，因此，这种形式的竞争类似于对抗。它的主要特点可以用修改 (1) 来表示：

(1d) X 采取行动 Ax，旨在实现 Gx，因此证明他在某些方面的价值或在这些方面的优势（通常相对 Y 而言）。

相应地可以对 (2) 进行修改。添加附加词语以反映 MacCallum 的 X 与 Y 竞争受规则限制的观点。①

一个相关的区别是目标 Gx 和 Gy 对于竞争局势而言是内生性的，还是外生性的。② 模型反映了这两种情况，但可以详尽阐述它们的区别。尽管对这种区别的分析是困难的，但可以通过举例来清楚说明。通常当 X 与 Y 在内生性规则框架下行动时，比如棋类游戏，内生性目标就存在：象棋规则内在地构成象棋游戏，如果棋手违反规则，那他就不是在下棋。将死对手是象棋的内生性目标，除了退化的情况，比如大人让小孩赢，如果你不以将死对方为目标，你就不是在下棋。③ 但人们也可能为了奖品而下棋，这是下棋的外生性目标。④

在经济竞争中，治理参与者行动的规则尤其是反垄断法，是管制性的而非内生性的，竞争者的目标绝大部分外生于竞争格局。考虑前面的例子，开展广告运动的公司仍然可以和开展研发项目的公司竞争，即使前者没有占有 70% 市场份额的目标，后者没有占有 60% 市场份额的目标。（某些非常一般性的目标是经济竞争内生的，比如，提高或保持竞争者经济地位的目标。）这与目标内生性和外生性的区别一致，企业自身可能有内生性目标，并就此展开竞争。比如，生产

---

① Brownson (1974)，第 229 页 。Caillois (2001)，第 75 页；Combs (1979)，第 19 页；Kohn (1992)，第 94 页；Lentz 和 Cornelius (1950) 强调竞争中规则的作用；Rich (1988)，第 185 ~ 186 页，认为规则可以防止竞争退化为冲突。竞争如何联系于规则的相关问题，见 Fielding (1976)，第 126 ~ 127 页。

② 比较 Flew 的观点，他认为竞争可以作为分配稀缺资源的方式，这些资源是竞争本身内在的。Dearden 得出了一个相关的但又不同的观点：竞争本身而非目标是游戏内在的。

③ 关于内生规则，见 Searle (1967)，第 111 ~ 112 页；比较 Rawls (1967)，第 157 ~ 167 页。关于内生目标，见 Dummett (1978)，第 2 页。

④ 关于竞争的外生奖品，见 Brownson (1974)，第 238 页，Kohn (1992)，第 59 ~ 61、206 页。McMurtry (1991) 用相似的思想去调和关于竞争优缺点的矛盾观点。他说竞争是显性形式而非隐性自发形式时，外生收益授予一方，另一方则得不到。他认为竞争的缺点，如暴力、欺骗等，是显性形式的规则的结果。McMurtry 的观点不同于我的，因为收益和目标不一样。关于竞争的优缺点的不同解释，见 Meakin (1986)；Nove (1983)，第 4、42、181、203 ~ 205 页；Prvulovich (1982)；Rich (1988)，第 186 ~ 187 页。

最优质量的器械可能囊括在X和Y的交易备忘录中。目标内生于竞争格局，并不意味着人们将之视为最重要的目标。威尔逊（Wilson）用形式与精神的差别来解释这个问题：

一场正式的网球比赛可能被观众和运动员看作一种艺术，运动员的主要目的是上演一场精彩比赛，而对赢的关注只是为了上演一场精彩比赛的手段。①

Kew区分了运动员的三种态度："Lombardian"态度视赢为最高目标，而"激进"态度视打好比赛为最高目标，"反文化"态度主要关注于个人的收获——娱乐和自我实现。② 经济竞争通常是Lombardian型的，其他态度可能只起次要作用。比如在欧洲共同体的法律中，当局者缔结了优势企业有"特别"责任不让其行为损害共同市场正当竞争的原则。③ 如果企业愿意遵守这个原则或者其他的公平交易法规，那么可以说企业有以身作则的目标。模型对这三种态度的区别并不敏感，但有普适性优势。这种区别类似于对抗和非对抗竞争的区别，可以通过修改（1）和（2）将这种区别引入模型中。

Fielding提到了主动（voluntary）和被动（involuntary）竞争的区别。④"被动"是一个令人不愉快的词，它暗示的是本能反射，而非有目的行动。这种区别可以通过自愿（willing）和非自愿（unwilling）竞争的区别得到更好的解释。通过在（1）和/或（2）中加入"自愿"和"非自愿"可以很简单地将之纳入模型中，但这还不能区分X在非竞争时愿意做而在竞争时不愿意做的情况。这可以利用条件（5）（X和Y知道（1）—（3））中的有关知识得以解决：

（1e）X采取行动Ax，旨在实现Gx，但根据他关于（3）的知识（X实现Gx仅当Y不实现Gy），他非自愿地采取这种行动。

---

① Wilson（1989），第28页。比较Dearden（1972），第128页。

② Kew（1978），第103~108页。关于自我实现，比较Dearden的观点，他认为通过竞争我们可以更好地了解自己，形成一个更加真实的自我意识。另外见Caillois（2001），第13页；Brownson（1974），第228页。否认的观点见Kohn（1992），第4—5章。

③ 案例322/81，*Michelin* 诉 *Comission*（1983）ECR3461；（1985）1 CMLR282，第57段。

④ Fielding（1976），第127页。比较Harvey的蓄意竞争与非自愿竞争，见Harvey（1917），第23页。

Fielding的观点似乎是，非自愿竞争不是真正的竞争。[①] 他写道：

一个人不能在竞争局势外竞争，也不能在竞争中没有竞争性动机而竞争。这就排除了非自愿竞争的概念；但是人们参与竞争，可能没有竞争性动机，我们可能不希望参加或者去赢，或者我们甚至不知道正在进行的竞争的存在。[②]

所以，Fielding从人只能在有竞争动机情况下才竞争的论断出发，推断非自愿竞争是不可能的。[③] 这个推断——以动机和意愿之间非常紧的联系为前提——是值得怀疑的，但我不再讨论这个问题。我的模型中没有加入这一论断，这是一个优势，因为这个论断不合理。可以肯定地说，在Fielding的例子中,[④] 学生不情愿地在越野比赛中跑步，他不仅仅参与了比赛，而且在竞争。[⑤] 通过对“竞争”含义的定义可以使该论断成立，但对于一般性竞争模型而言，这种含义太狭窄了。

1.4 经济竞争

在两个企业追求市场份额的例子中，它们各自追求的份额之和大于100%，非常适合该模型。该模型运用于其他某些经济竞争案例需要更多的解释。假设X与Y在同一原子市场上竞争，比如他们是同一条街上的水果商。就该模型的意图而言，他们的行动和目标是什么呢？我们可做如下区分：（a）活动，诸如从批发商那里进货，这是经营所必需的；（b）销售本身；（c）获得资本利润。一种方法是将销售看作Ax和Ay，将获得利润看作Gx和Gy，可能有人会反对说条件（3）不能满足，因为双方都能获得利润。在这种情况下，如果双方以获利为目标而竞争，模型不适用。如果重新表述双方的目标，则模型适用：各自的目标是使利润最大化，假设X实现目标仅当Y不实现目标，这是切合实际的。需要注意的是，计量最大化的参数必须

① 比较Flew（1983）的观点，他认为如果一个人参加比赛而不想赢，我们会抗议说他不是在竞争。这是一个不同的观点，因为一个人不情愿地参加比赛，仍然可能会试图赢，见Flew（1983），第271页。

② Fielding（1976），第139页。

③ Fielding认为一个人的竞争动机取决于他将竞争看做一个过程。对个人主义者而言，竞争的动机就是努力打败对手建立自己的功绩；对社会主义者而言就是，以他人为代价获胜的自私欲望；中性的说法就是想赢的欲望，见Fielding（1976），第138~139页。

④ Fielding（1976），第138页。

⑤ 比较Brownson的观点，他谈到了被迫竞争，见Brownson（1974），第237页。

详细规定：X 的最大利润是在 Y 没有采取行动 Ay 时，他所能赚到的最多的利润；同样对于 Y 也是如此。如果 X 的最大利润是根据 Y 采取行动 Ay 而计算的，条件（3）又不能满足。假设 X 与 Y 追求的不仅是利润最大化，而且是一定的投资回报率，在这种情况下，条件（3）能否满足取决于回报率的多少。如果回报率很低，X 与 Y 就不是在销售和取得回报率上竞争。

这并不是说他们根本不在竞争。以另一种方法来讨论，把（a）中的活动（诸如从批发商那里进货，这是经营所必需的）看做 Ax 和 Ay，把销售看作 Gx 和 Gy。比如，更精确地讲，X 与 Y 各自的目标是供应 Z 对桃子的需求，X 实现目标仅当 Y 不实现目标，因此条件（3）成立。但是，即使他们的目标是供应不同的消费者，他们也可能竞争。如果在这种情况下把他们的目标看作是商品销售额，那么模型需要进一步深化处理。一个简易的处理方式是通过替代链条将模型拓展到间接竞争：X 与 A 竞争，A 与 B 竞争，B 与……Y 竞争①（这里竞争具有传递性）。②

反垄断所强调的竞争特征在于它影响竞争者向消费者提供服务时的条件：X 减价或维持竞争水平与 Y 替代 X 供应 Z 是同样重要的。这个特点与模型相容。假定 X 与 Y 各自的目标是以 5 英镑的价格供应 Z 的需求量，X 完成销售，但是来自 Y 的竞争压力迫使 X 将价格降低到 4 英镑。（通常 Y 只能通过传递信息来施加压力，可能不是故意的或者是间接的，比如通过一个共同的顾客，这就促使条件（5）应用于这种情况。）条件（3）得到满足，因为 X 以 5 英镑的价格供应，仅当 Y 没有以 5 英镑的价格供应。他们都不能满足 Z 的需求量。在这个事件中，这个条件也不会受双方都没有达成目标的影响。一个变化的情况是，Y 对 X 销售行为的约束，不是通过他与 X 竞争而是仅仅通过他可以向 Z 供应这一事实实现。即使 Y 现在还不在市场之

---

① Bishop 和 Walker（2002），第4段，第72～76页。

② 关系的传递性是指：如果 A 有关系于 B，B 有关系于 C，则 A 有关系于 C。Dearden 没有考虑传递性，但认为竞争是反自反的：跟自己竞争是矛盾的。Dearden（1972），第122页，Kohn（1972），第6页；Rich（1988），第185页，都有此观点。根据我的模型的核，竞争不是反自反的，而是非自反的：我采取某一行动，有某一目标，又采取另一行动，有另一目标，则我获得第一个目标仅当我不获得第二个目标，可能成立也可能不成立。反自反是指没有谁有关系于自身。非自反是指不是自反的。自反是指谁都有关系于自身。

中，也可能出现这种情况。这种情况也和模型相容，因为模型既没有肯定也没有否定理性经济人可以将对方的可能行动在决策中进行考虑。模型关注的是实际竞争，而上面的例子关注的是潜在竞争。把潜在竞争纳入实际竞争的解释中，既令人混淆又毫无意义。①

有人会认为模型错误地描绘了竞争，因为竞争性市场可以促进经济增长，竞争性市场使竞争者实现了他们以其他方式所不能实现的目标。根据这种观点，条件（3）是错误的，因为一方实现目标不能以另一方的失败为代价。但是，双方带着对抗性的意图而行动，这才是重要的，因为它刺激经济增长。如果双方有前面讲过的各种意义上的对抗性意图，条件（3）肯定满足。比如，根据（1a）和（2a），X有实现Gx的意图，Y有阻止X实现Gx的意图，这两者不可能同时实现。即使不考虑对抗性，这种观点也是值得怀疑的。即使竞争性市场使得竞争者实现他们以其他方式所不能实现的目标，这仍然会阻止他们共同达成某些目标，使得条件（3）满足：市场竞争使得器械商获得了以其他方式不能获得的利润水平，但是两个制造商不能都满足一个顾客的需求量。无论如何，上面的观点在对竞争性市场做一般性评论时，是不合理的乐观主义：竞争能否拓展可得目标的范围，取决于所讨论的市场。（如果根据整个经济而不是市场而言，这种观点更可信。）在的确具有这种特点的市场上，就个别竞争者而言，（1）—（3）是满足的：尽管市场竞争提高了总的利润水平，但一个制造商可以限制另一个制造商的利润。

某些经济竞争只满足模型的核心部分，另一些则适合深化的情况，比如条件（4），增加了目标的同一性。反垄断将促进和保护哪些形式的竞争行为？根据传统观点，反垄断是为了使福利最大化，相关竞争形式应该是能产生最大福利的竞争形式。具体的形式是一个经验主义的问题：据我所知，还没有这方面的研究解决了这个问题。尤其是，还没有证据表明，越激烈的形式，比如对抗，比那些只满足模型核心条件的竞争形式，会产生更多的福利。公平交易局将竞争与对抗等同起来，是缺乏理论支持的。公平交易局可能会说，对抗仅仅意

① 欧盟委员会使用“竞争者”和“竞争承诺”以包括事实上的竞争者和潜在的竞争者。

味着竞争,① 但是它的竞争是根据对抗来定义的，这就成循环定义了。②

1.5 竞争与合作

有些人——尤其是那些反对竞争的人——认为竞争与合作是不相容的,③ 另外一些人认为是相容的,④ 甚至有人认为竞争需要合作，是合作的例证。⑤ 这里，相容性仅限于讨论两种在反垄断中占有显著地位的合作形式：联合行动与协议。在第4、5章有联合行动与协议的模型，因此你可以先阅读后面部分，再看这一部分。

无可争议的是，由于人们可能通过某些行动就某些目标展开竞争，而同时通过不同行动就不同目标进行联合行动或达成协议，所以，竞争与联合行动、协议是相容的。问题在于，当竞争的行动、目标与联合行动和协议的行动与目标一样时，他们是否相容呢？比如，X与Y销售器械，目标是最大化自己的利润，那么在这些行动和目标中，他们能否既合作又竞争呢？（竞争者之间的合资公司的存在说明这种情况是存在的。）

我首先讨论，当行动和目标的同一性条件满足时，竞争和联合行动是不相容的。联合行动可以模型化为（见第5章）：

---

① 比较弱意义的对抗，见Scherer和Ross（1990），第16页。

② 对抗的存在可以决定一种行为是否被竞争法所禁止，尤其是关于掠夺性定价检验的规定，见案例C-62/86，AKZO *Chemie BV* 诉 *Commission* ［1991］ ECR I-3359，［1993］ 5 CMLR 215，第72段。但这不是将竞争定义为对抗的理由。

③ Fielding（1976），第131页，引用Dahlke（1964）和Luschen（1970）。Hobbes接近于这一观点，他认为竞争是导致失和的原因。Kohn似乎认同这一观点，但他又认为即使在竞争的文化中，也存在合作与独立工作。比较Keating（1964），第30页和Russell（1951），第14章。竞争是一种侵略、冲突、争斗，见Beals和Siegel（1966），第20~21页；Kohn（1992），第143页；Nove（1983）；Simmel（1955），第57页及以后各页。相反的观点见Boulding（1962），第4~5页；Kolnai（1965），第106~109页；Mack（1965）；Ong（1981），第43页。关于竞争是自私的，把Fielding（1976，第140页）和Howerth（1912，第415页）的观点与Acton（1993，第36页及以后各页）、Meakin（1986，第62~64页）和Prvulovich（1982，第79~80页）的观点对比；也见McMurtry（1991），第202页。G. Thompson（1972）回顾了教育中竞争与合作的比较研究。

④ Acton用三元的竞争/合作/个人主义的区分来代替二元的竞争/合作的区分，见Acton（1993），第96~98页；Mead（2003），第15~16页，第460~461页。Bratman认为竞争与合作是相容的，联合行动可能在一定程度上合作，又在一定程度上竞争。Kluge（1991）讨论了医疗服务的竞争合作模型。

⑤ Coleman（1987），第84~87页；Cooley（1899），第79、95~96页；Dearden（1972），第121~122页；Flew（1983），第267、271~272页；Perry（1975）；Prvulovich（1982），第79页；Rappoport和Orwant（1964）。Mead认为团队间的竞争意味着团队内的合作。对比Kohn的观点，见Kohn（1992），第151~155页。

X与Y联合行动：

（ⅰ）X做Ax，信赖于Y做Ay；

（ⅱ）Y做Ay，信赖于X做Ax；

（ⅲ）X有目标Gx，信赖于Y做Ay；

（ⅳ）Y有目标Gy，信赖于X做Ax；

（ⅴ）Gx = Gy；

（ⅵ）X知道（i）—（v）；

（ⅶ）Y知道（i）—（v）；

（ⅷ）（ⅵ）是真实的，部分因为Y把（ⅱ）和（ⅳ）传递给X；

（ⅸ）（ⅶ）是真实的，部分因为X把（ⅰ）和（ⅲ）传递给Y。

（ⅰ）—（ⅳ）中提到的"信赖"可以模型化为：

X做Ax，信赖于Y做Ay：

（Ⅰ）X做Ax；

（Ⅱ）X有目标Gx；

（Ⅲ）如果X做Ax，Gx得以实现当且仅当Y做Ay；

（Ⅳ）X相信（Ⅲ）；

（Ⅴ）X相信Y做Ay；

（Ⅵ）（Ⅰ）是真实的，因为（Ⅱ）、（Ⅲ）和（Ⅳ）是真实的。

不相容的讨论仅仅使用了竞争模型的核心部分：它适应更加严格的情形，在这些情形中添加了一个或更多所讨论的附加条件。讨论用的是反证法：从竞争的行动、目标与联合行动的行动与目标一致这个前提条件出发，推导出一个矛盾。更明确地说，这个前提就是：X与Y竞争时X的行动和X与Y联合行动时X的行动是一样的，Y与X竞争时Y的行动和Y与X联合行动时Y的行动是一样的，X与Y竞争时各自的目标和X与Y联合行动时的目标是一样的。

（α）X与Y通过各自的行动Ax和Ay就各自的目标Gx和Gy展开竞争。（β）由（α）和（1）（X采取行动Ax，旨在实现Gx）得到X做Ax。（γ）由（α）和（2）（Y采取行动Ay，旨在实现Gy）得到Y做Ay。（δ）X与Y通过各自的行动Ax和Ay就各自的目标Gx和Gy开展联合行动。（ε）由（δ）和（ⅰ）得到X做Ax，信赖于Y做Ay。(ζ)由(δ)和(ⅱ)得到Y做Ay，信赖于X做Ax。(η)由(ε)和(Ⅲ)得到如果X做Ax，Gx得以实现当且仅当Y做Ay。(θ)由(ζ)和(Ⅲ)得到如果Y做Ay，Gy得以实现当且仅当X做Ax。(ι)由(β)、(γ)和(η)得到Gx得以实现。(κ)由(β)、(γ)和(θ)得到Gy得以实现。(λ)由(ι)和(κ)得到Gx得以实现且Gy得以实现。(μ)假定Gx得以实现当且仅当X实现Gx，Gy得以实现当且仅当Y实现Gy。(ν)由(λ)和(μ)得到X实现Gx，Y实现Gy。(ξ)由(α)和(3)得到X实现Gx仅当Y不实现Gy。(ο)由(ξ)得到X实现Gx，Y实现Gy不能同时成立。(π)由(ν)和(ο)得到X实现Gx，Y实现Gy既同时成立，又不能同时成立。(ρ)由(α)、(δ)和(π)得到要么不是X与Y通过各自的行动Ax和Ay就各自的目标Gx和Gy开展竞争；要么不是X与Y通过各自的行动Ax和Ay就各自的目标Gx和Gy开展联合行动。

因此，如果竞争时的行动和目标与联合行动时的行动与目标相同，竞争与联合行动是不相容的。当条件是伪的时候，它们相容。这一论点对EC81款有启发作用，[①] 它禁止协同行为，因为这种行为可能影响成员国之间的贸易，并在目标或效果上阻止、限制或扭曲共同市场内的竞争。假定，如第5章所讲，协同行为是联合行动的特例，该论点指出当限制条件满足时，竞争和协同行为不相容。也就是说(给定一个合理的广义的“阻止”)，协同行为是通过相同行动和相同目标阻止竞争。还可以得出如下几点，第一，被阻止的竞争可能已经存在于共同市场；第二，协同行为可能会影响成员国之间的贸易；第三，协同行为对竞争和成员国之间贸易的影响是明显的。[②] EC81款的应用忽略了协同行为的主要内容。

下一个问题是，如果竞争时的行动和目标与协议时的行动与目标相同，竞争与协议是否相容。这个问题需要区分缔结协议和遵守协议。我将证明在前面一种情况相容，而在后面一种情况不相容。同样，讨论只用到竞争模型的核心部分。协议可以模型化为：

X和Y协约X将采取行动Ax，Y将采取行动Ay：

---

① 相似的观点也适用于英国竞争法。
② 见委员会关于次要影响协议的通知，2001/C 368/07，OJ C368，22.12.01，13。

（a）X 向 Y 承诺，如果 Y 向 X 承诺会采取行动 Ay，则他会采取行动 Ax（将 X 的这种承诺行为称作“Ux”）；

（b）Y 向 X 承诺会采取行动 Ay（将 Y 的这种承诺行为称作“Uy”）；

（c）Y 做出承诺 Uy 的原因是，X 做出承诺 Ux；

（d）X 有正当理由相信（b）。

（这是第 4 章的模型（M4）。在那一章我还提出了模型（M6），在这一模型中，X 的承诺不依 Y 承诺会采取行动 Ay 而定，却依 Y 正在采取行动 Ay 而定。）竞争与联合行动不相容源自双方都有特定的目标。协议模型没有提到目标，因此，乍一看，没有理由认为竞争与协议是不相容的。然而，当人们经过深思熟虑想让理性人缔结或遵守协议时，协议方的目标就会出现。首先考虑缔结协议的行为，Ux 和 Uy。第 4 章将告诉我们，X 将理性地论证他实现承诺的方法，他做出承诺 Ux，是因为他希望 Y 采取行动 Ay，而且他相信他做出承诺 Ux 是让 Y 做 Ay 的最佳方式，相应的，Y 亦如此。通常 X 做出承诺 Ux，情形如下：

（1*）X 做出承诺 Ux，旨在 Y 做 Ay。

同样：

（2*）Y 做出承诺 Uy，旨在 X 做 Ax。

（1*）和（2*）是（1）和（2）的替代情形。相应的，（3）的替代情形是：

（3*）X 使得 Y 做 Ay，仅当 Y 没有使得 X 做 Ax。

假定双方缔结协议的目标通过（1*）和（2*）来描述。当双方竞争时的目标和行动与缔结协议时的目标和行动一样时，如果当（1*）和（2*）成立时（3*）成立，那么竞争（由条件（1）—（3）模型化）与缔结协议相容。在协议模型中，没有什么可以确保从（1*）和（2*）推出（3*），（3*）是否成立视具体情况而定。因此，假定双方缔结协议时的目标如上面所描述的，竞争是那样模型化的，当满足行动和目标是一样的条件时，竞争与缔结协议是相容的。当然，如果这一条件满足，要么 X 要么 Y 追求目标受挫。比如，如果 X 受挫，他将不能使得 Y 做 Ay，如果他预见到这种情况，他将决定不参与协议。（可能会有人说，即使 X 预见到，他也可能决定继续下去，如果他同样预见到 Y 将做 Ay。如果 Y 做 Ay 独立于 X 所做的任何事情，尤其是独立于 X 做出承诺 Ux，Y 做了 Ay，但 X 没有达成使 Y 做 Ay 的目标。在这种情况下，X 的目标得以实现，但不是 X 实现的。这一观点和竞争与联合行动不相容的观点相悖，因为条件（μ）指出 Gx 得以实现当且仅当 X 实现 Gx。但是通过调整“信赖”模型的条件（III），去掉条件（μ），不相容观点仍然可以证明。）

现在考虑遵守协议的行为，Ax 和 Ay。第 4 章将告诉我们，一旦 X 与 Y 给出承诺缔结协议，他们将理性地论证他们的方法以履行承诺。X 的论证用到了“他有责任做 Ax”这个前提条件——这种责任源自他做 Ax 的承诺——Y 也同样如此。通常，X 做 Ax：

（1**）X 做 Ax，旨在实现他履行做 Ax 的责任的目标。

相应的：

（2**）Y 做 Ay，旨在实现他履行做 Ay 的责任的目标。

（有人会反对说，（1**）和（2**）错误地将结果论框架强加在道义论推理上：如果 X 做 Ax，仅仅因为他有这个责任，那么他的行动不是针对目标的。这种观点是错误的。道德论和结果论之间的争论关注的不是目的性行为的本质，而是规范性的和评判性的概念：主要问题是，道德是否能超越责任、权利等，如果能，又是在何种意义上能。假定这里的“目标”是广义上的，“双方行动的目标是履行责任”，这样描述是没有坏处的。）

假定双方遵守协议的目标如（1**）、（2**）所表述的。和前面一样，这些条件是（1）、（2）的替代情形。（3）的替代情形是：

（3**）X 实现履行做 Ax 的责任的目标，仅当 Y 没有实现履行做 Ay 的责任的目标。

这等价于：

（3***）X 做 Ax，仅当 Y 没有做 Ay。

（3***）跟（1**）与（2**）相矛盾。因此，当双方竞争时的行动、目标与遵守协议时的行动、目标一样时（遵守协议时的目标表述如（1**），（2**）），竞争（由（1）—（3）模型化）与遵守协议不相容。原则上，这对 EC81 款的启发作用与讨论协同行为时一样。

本章小结：最基本的问题是，竞争与合作是否相容。把这一问题精炼为，当双方竞争时的行动、目标与合作时的行动、目标相同时，竞争与合作是否相容。依次对这个问题的讨论仅限于反垄断中的两种重要合作形式：联合行动与协议。答案是：当双方竞争时的行动、目标与联合行动时的行动、目标相同时，竞争与联合行动是不相容的，再通过合理地假设双方缔结和遵守协议时的目标，竞争与缔结协议相容，与遵守协议不相容。

第2章

竞争与福利

2.1 概述

各种论据已被提出来支持经济竞争。一些人是结果论者，他们主张适者生存，另一些人是道德论者，他们主张道德正义和政治自由。① 现在反垄断的理论家和实践者提出的观点是结果论的，竞争使福利最大化。②（有一个争议，在这里我不作深究，福利是否就是指消费者福利，正如欧盟和美国认为的那样；或者是指社会福利，正如

① 结果论和道义论的区别是 Wolff（未出版）的主要内容。支持和反对竞争市场的观点，见 Buchanan（1985）；Gaus（1998），第 29 页及以后各页；Hargreaves Heap 等（1992），第 4 章；Lipsey（1989），第 23 章；Samuelson（1970），第 204 页及以后各页；Whish（2003），第 1 章。Buchanan 将观点区分为基于效率的和基于道德的，但认为区别不是很大。Sen（2002e）提出了基于自由的观点，并与基于福利的观点进行了比较。

② 见 Whish（2003），第 2 页。

Bork[1] 和经济学家[2]认为的那样。）同样，反垄断——促进或保护竞争的法律和政策的集合体——得以受到支持也是因为其对福利的影响。[3] 本章打破传统，对基于福利来支持竞争与反垄断的论点进行质疑。粗略地讲，论点是：福利要么有这样一种意思，在这个意义上，福利是有价值的，但竞争不能使福利最大化；要么有另一种意思，在这个意义上，竞争可以使福利最大化，但这不能成为支持竞争的理由，因为在这个意义上，福利不值得最大化。在这种情况下，竞争要么对于一个有价值的目的是无效的，要么对于一个无价值的目的是有效的。

更具体地讲，基于福利的论点提出了三个问题：（1）什么是福利最大化？（2）竞争能使福利最大化吗？（3）福利最大化有意义吗？基于福利的论点要求对（2）和（3）的回答是肯定的。经济学使用一种狭义的“福利最大化”回答了问题（1），这个狭义的概念给予了（2）肯定的回答，但给予（3）否定的回答。因此它不能证明竞争和反垄断的合理性。如果使用一种广义的哲学的福利概念，将给予（1）和（3）满意的回答，但却给予（2）否定的回答。同样不能证明竞争和反垄断的合理性。面对如此困境，我们需要寻思支持竞争与反垄断的非传统理由。

讨论如下。我从检验经济学使用的福利最大化概念开始，揭示这一概念过于狭窄，不能对基于福利论点提出的三个问题给予满意回答。经济学方法的失败促使人们反思对福利的直觉理解，认为福利就是使他的生活变好。这一概念在不同的哲学福利理论中得以阐述，从主观/实证到客观/规范。福利被看作一种精神状态，比如从实际选择、偏好或者欲望中得到的满足感；主体在有利条件下对可以做出选择的满足感，或者一个理想化的主体对可以做出选择的满足感；参与各种有意义的事情感觉到的快乐。我试图为最新的客观理论提供一种合理形式。结合“最大化”的定义，可以给出（1）的回答。我然后论证这个客观理论对（2）的回答是否定的，因此不支持基于福利的

---

① 让人混淆的是在 Bork 的术语中生产者是消费者的一个分类，见 Bork（1978），第110～111 页。他的第五个竞争定义中的消费者福利也是这样的。

② Bishop 和 Walker（2002），第 2 段，第 22～27 页，比较和评价了福利的两个标准。Crampton（1994）指出了反垄断以消费者剩余、总剩余和总福利为目标的区别。

③ 反垄断所追求的不同目的，见第 3 章。

观点。一个可能的辩护方法是，将论点修改得更为中性，只是说竞争提高福利而不是最大化福利。这种辩护是有问题的，但又是有趣的，因为竞争提高福利的说法支持一种与现行实践相反的命题，即反垄断当局应该限制对本身能提高福利的市场的干预。假定竞争提高福利的观点是正确的，我在主要讨论之外对这一命题进行辩护。在本章的结尾部分，我将指出，如果把竞争提高福利的观点解释为一种有限程度的而非综合权衡的说法①，那么就客观理论而言，对（3）的肯定回答是相当合理的，就其他的哲学理论而言，则是不合理的。我仔细考察并反对这种观点，因为其他理论所理解的福利是客观福利的代表，其他理论与客观理论一样，都认为福利最大化是有意义的。

2.2 一种经济学方法

福利经济学的第一定理为（1）（什么是福利最大化?）和（2）（竞争使福利最大化吗?）提供了答案，完全竞争均衡是资源的有效配置。②（相反，第二定理认为，有效配置是禀赋合理分配的竞争均衡。）这就是基于福利观点的主要理论基石，既作为相信竞争使福利最大化的主要理由，又作为为什么人们相信竞争使福利最大化的主要原因。据说配置效率是存在的，第一，资源配置是帕累托最优的，即资源配置不能以这样一种方式得以改善，一些人变得更好而没有人变得更差；第二，消费者剩余和生产者剩余之和最大化。③ 消费者剩余是保留价格（即人们愿意支付的价格）和实际支付价格之差。生产者剩余是生产者的实际收入与他保持同一水平供应量所愿意接受的最少收入之差。配置效率的两点精彩解释并不一样，一个给出定义，说

① 讲某事物是 pro tanto 好，是说它在有限程度上好，说它是 on balance 好，是说各方面综合考虑它是好的。吃你喜欢的食物，是某一程度的好，但如果它能让你致命，那它就不是综合权衡的好。在后面的章节中有一类似的区分：程度责任和总体责任。

② Arrow（1951）；Bordway 和 Bruce（1984），第3、64页；Varian（1978）。效率的不同类型见 Bordway 和 Bruce（1984），第12页；Buchanan（1985），第4页及以后各页；Leibenstein（1980），第3、6和7章；Lipsey（1989），第380页及以后各页；Whish（2003），第3～4页。Vickers（1995）拥护竞争，认为竞争可以提高生产效率。Sen（2002），第522页，将第一定理重新阐述为机会自由的效率。

③ 这个和等于社会福利，第一定理就社会福利而不是消费者福利而言，是支持基于福利的观点的。

明配置效率的含义，一个给出检验标准①（不必把定义和检验标准的差别看得那么泾渭分明）。经济学家通常对哪一个给出定义，哪一个给出检验标准并不感兴趣。

按照这种方法，(1) 的答案是，福利最大化是指（资源的）有效配置，对 (2)（竞争使福利最大化吗?）的回答是肯定。就答案 (1) 的本来意义而言，“配置效率”应该作为“福利最大化”的定义而不是检验标准。在这种情况下，“福利最大化”的含义是狭义的。首先假定“配置效率”用帕累托最优来定义。按照福利经济学的标准观点，说我更好或更差是说我的效用②增加或减少。效用通常被理解为效用函数的数值，效用函数代表一个人的偏好，偏好在人们做出选择时显示出来。对于这一思想的前半部分，可以证明，如果偏好满足某些理性公理——尤其是偏好的完备性和传递性③——偏好可以用效用函数描绘，对于任何一对选择，效用函数将对人们所偏好的给出更高的效用。④ 对于这一思想的后半部分，显示偏好在效用理论文献中是根深蒂固的，但却是误导的，因为不需要将偏好和“显示”偏好的选择行为区分开来，就可以得出一般均衡理论的结论。⑤ 因此，效用函数可以看作是理性选择行为的直接描绘，⑥ 效用在理性选择中得以最大化。根据这种观点，效用既不是精神的状态或性质，也

---

① 别的可能性（此处可以忽略不管）是，另外一个给出了分配有效的分析或者规定了它的条件，见第 4 章。

② 关于效用的不同意义，见 Broome（1991a），第 1 页及以后各页；Griffin（1986），第 7 页；Hampton（1998），第 93 页；Kahneman 和 Varey（1993），第 127 页及以后各页；Kymlicka（2002），第 13 页及以后各页；Leibenstein（1980），第 192 页；Little（1957），第 20 页；Millgram（2000），第 114 页；Roemer（1996），第 13 页；Sen（1981），第 199 页，(1982j)，第 344 页，(1985)，第 187 页，(2002d)，第 27 页。

③ 偏好是完备的是指，对任意给定的两个商品集 A 和 B，要么 A 比 B 更受偏爱，要么 B 比 A 更受偏爱，要么它们是无差别的。传递性的定义见 21 页脚注②。别的公理，见 Boadway 和 Bruce（1984），第 34 页及以后各页。

④ 技术性解释，见 Bordway 和 Bruce（1984），第 33 页及以后各页；Frank（2003），第 91 页；Johanson（1991），第 147 页及以后各页；Roemer（1996），第 15 页。非正式的解释，见 Allingham（2002），第 22 页及以后各页；Broome（1991a），第 3 页；Hampton（1998），第 91 页及以后各页；Hargreaves Heap 等（1992），第 4 页及以后各页，第 265 页及以后各页；Hausman 和 McPherson（1993），第 680 页；Sobel（1994），第 787 页；Weintraub（1998），第 308 页。

⑤ 因此，消费者的市场行为是根据偏好解释的，而偏好反过来又是根据行为定义的，见 Samuelson（1970），第 91 页。通过对比，Sen 认为经济学不能抛弃非行为的偏好概念，见 Sen（1982a），第 55 页及以后各页。也见 Hampton（1998），第 91 页及以后各页，以及 Keita（1999），第 347 页。

⑥ 见 Little（1957），第 29 页。这种方法在 Sen（1985），第 187 页。中有所讨论和批判。

不是选择的目的（我们的目的不是增加或最大化我们的效用[①]），而是由效用函数给出的与选择相联系的数值。因此，“福利最大化”的含义是狭隘的，因为福利最大化仅仅被看作是，没有人的数值可以增加，除非一些人的数值减少。[②]

现在假设配置效率是根据消费者剩余和生产者剩余来定义的。它们根据钱数来定义，钱数根据消费者和生产者的行为（消费者付出的，生产者接受的）和意愿（消费者愿意支付的价格，生产者愿意接受的价格）来确定。与福利经济学所支持的行为主义方法相似，[③]意愿又可以根据行为的条件命题来定义。比如，“我愿意花 1 英镑买一个器械”，意味着“如果它只要 1 英镑或更少，我将买一个器械；如果要的钱超过 1 英镑，我将不会购买”。因此，如果福利最大化仅仅是指根据消费者和生产者的行为所确定的钱数，则“福利最大化”的含义是狭隘的。

如果“福利最大化”只有上面的狭隘意义，就与我们对福利的直觉理解（认为福利就是使他的生活变得更好）没有多大的关系。因此，让人难以理解的是，我们为什么要对这些意义上的福利最大化感兴趣呢？因此，对（1）给出答案意味着对（3）（福利最大化是好事吗）的否定回答。为了对福利观进行辩护，驳斥这种反对意见，当然的回应是配置效率不是福利最大化的定义，而是检验标准或代表。但这又重新回到了问题（1）：什么是福利最大化？下面讨论哲学的而非经济学的答案。[④]

这里进一步概述对经济学方法的反对意见。

第一，在把配置效率定义为帕累托最优的说法中，把“福利最

---

① 你没有选择骑马而是选择了溜冰，因为溜冰给你更大的效用。相反，一个更大的效用将被赋予骑马，是因为你选择了它，见 Allingham（2002），第 23 页。同样见 Hausman（1995），第 473 页；Hausman 和 McPherson（1993），第 680 页；Little（1957），第 29 页；Sumner（1996），第 115 页及以后各页。

② 不同的作者注意到现在的“效用”已经清除了快乐和满足的概念，而早期的理论家们用快乐和满足来下定义。Hargreaves Heap 等（1992），第 7 页；Hausman 和 McPherson（1993），第 680 页；Samuelson（1970），第 90～91 页；Sumner（1996），第 116 页。

③ 见 Sen（1982a），第 55 页及以后各页，（1982h），第 9 页。

④ 福利经济学中的行为主义方法（包含在福利最大化的两种意义中）有一个对立面，它认为选择行为是福利的证明，而福利又被认为存在于精神状态之中，或者存在于偏好的满足，或者欲望的满足。庇古（2002）采用了这种方法，也为 Boadway 和 Bruce，以及 Johansson 所采用，见 Boadway 和 Bruce（1984），第 11、39、56 页，Johansson（1991），第 3、40、147 页；也见 Sen（1982a）。Sumner 清楚地分析了庇古的理论，见 Sumner（1996），第 113 页及以后各页。关于新旧福利经济学的差别，见 Samuelson（1970），第 249 页。福利理论的精神状态说和满足说见后面的论述。

大化”看作一个语义单元，在这一语义单元中，“最大化”和“福利”没有独立的含义。尤其是根据效用来理解帕累托最优时，“福利”并不就是“效用”，因为说没有谁的效用可以增加除非一些人的效用减少，并不意味着在直觉意义上效用得到了最大化。另一方面，如果消费者和生产者剩余的总和最大化时定义配置效率存在，那么“福利”可以作为消费者和生产者剩余的总和独立地界定。但上一段的问题又出现了，为什么我们要关心这种意义上的福利最大化。

第二，构造效用函数要求人们的选择遵守理性公理，但人们并非总是如此。①

第三，如果理性被理解为选择的内在一致性，这种观点是令人困惑的。Sen 指出一致性只能由选择者的动机决定，而动机对于选择行为是外生的。②

第四，还有人反对把帕累托最优作为规范标准③——比如，它对分配不公视而不见④（一个人拥有一切，而其他的人一无所有也可以是帕累托最优）；在一些人情况变好而另一些人情况变坏的转变过程中，它没有指导作用⑤；在存在制度性约束而不能达到帕累托最优时，也没有指导作用⑥；它和某些自由原则不相容⑦；帕累托最优不是唯一的⑧。同时也反对这一理论在回应反对意见时使用补偿原则。⑨

第五，福利经济学的相关定理涉及的是完全竞争均衡意义上的竞争，而反垄断使用的是更广义的竞争。这里有两点：第一，完全竞争

---

① Hargreaves Heap 等（1992），第 3 章；Hausman（1995），第 485 页；Kahneman 和 Tversky（1990）；Little（1957），第 3 章；Sen（1981），第 206 页，（1982h），第 2 页，（1985），第 188 页。Leibenstein（1980）和 Sen（1982k）对传统微观经济学的理性模型进行了批判。

② Sen（2002c），（2002d），第 19 页及以后各页。同样见 Sen（1982h），第 5 页及以后各页，（2002j），第 225 页及以后各页。

③ 对帕累托标准的呼吁，见 Boadway 和 Bruce（1984），第 101 页；Buchanan（1985），第 7、10 页；Hausman 和 McPherson（1998），第 208 页；Head（1974a），第 257 页。

④ Boadway 和 Bruce（1984），第 62、83、174、190 页；Buchanan（1985），第 9 页；Goldman（1995），第 709 页；Sen（2002e），第 504 页。

⑤ Boadway 和 Bruce（1984），第 3、4、16、62、135、138 页；Hausman 和 McPherson（1993），第 702 页。

⑥ Boadway 和 Bruce（1984），第 135 页。对第二定理的暗示见 Sen（2002e），第 505 页。

⑦ Sen（1982e）是该反对意见最权威的章节。另见 Sen（1982b），第 81 页，（1982i）；Barry（1986）；Boadway 和 Bruce（1984），第 63 页；Hylland（1989），第 59 页及以后各页。

⑧ 见 Samuelson（1970），第 214 页。

⑨ Boadway 和 Bruce（1984），第 4、96、97、102 页；Hausman 和 McPherson（1993），第 702、703 页，（1998），第 209 页；Little（1957），第 88 页及以后各页。

几乎不存在；第二，完全竞争指的是市场结构，而反垄断关注的是竞争行为（不过也可以说结构与行为的区别并不明显）。至于第二点，竞争行为既不是完全竞争的必要条件，也不是充分条件。① 竞争行为的程度（深度或者广度②）如何计量还不清楚。没有证据表明，随着竞争行为的加剧会使完全竞争得以实现。即使这种情况成立，也存在“次优”的问题，即一个市场比另一个市场更接近于完全竞争，但它的效率可能反而更低。③

最后一个反对意见驳斥了市场越接近完全竞争也就越接近配置效率的观点，进而强化了第一点反对意见。④

2.3 一种哲学方法

2.3.1 问题（1）：福利与最大化的理论

界定“福利最大化”的含义是为解释福利最大化之所以有意义留出空间，我们需要进一步研究福利经济学，认真思考对福利的直觉理解，以及最大化的思想。如后面所解释的，我们对福利的直觉理解是使生活变得更好。⑤ 哲学文献的不同理论（其范围从主观/实证到客观/规范——一种矛盾的说法，因为人们通常把实证看作客观，把规范看作主观）对这一概念进行了论述。⑥ 这些理论要么给出福利的

① 见 Lipsey（1989），第200~201页；Scherer 和 Ross（1990），第16页。
② 见 Vickers（1995），第3页，在某些活动中有更多的竞争。
③ Lipsey 和 Lancaster（1956）。该结果被一般化，见 Foster 和 Sonnenschein（1970）。
④ Buchanan（1985），第14页。
⑤ 这个意义上的福利的近义词有幸福、利益、惠益、康乐，“我的受益”也接近于“我的福利”，“对我有益的东西”则意义要弱些：菠菜是对我有益的东西，但它最多只是福利的部分原因，而不是福利的一个组成部分。现在所指意义上的福利应该与福利关注区分开来，这些关心的是确保公平分配基本商品和劳务的社会计划，或者应急安全网，Sumner（1996）。Moore 和 Crisp 区分了最低情况和幸运情况，在最低情况福利仅仅指值得过的生活，在幸运情况生活就是过得好。Raz 认为福利不仅仅指使一个人生活变好的事物，还包括使他成为一个好人的事物。Parfit 讲到的不是使生活变好的事物，而是使生活尽可能好的事物。在这种情况下，福利本身就含有最大化的意思，因此竞争使福利最大化就相当晦涩、冗长，是双重的最大化。
⑥ 福利理论的分类，见 Barry（1973），第38~39页；Brock（1993），第96页；Buchanan 和 Brock（1990），第31页及以后各页；G. Cohen（1993）；Elster 和 Roemer（1993b），第5页；Goldman（1995），第711页；Hausman 和 McPherson（1998），第206页及以后各页；Kagan（1998），第29页及以后各页；Kymlicka（2002），第13页及以后各页；Moore 和 Crisp（1996），第599、600页；Parfit（1984，493），第493页及以各页；Qizilbash（1997）；Scanlon（1993b），第186页及以后各页；Scoccia（1987），第584页；Sen（1982h），第29、30页；Skorupski（2000），第250、251页；Sumner（1996），第2—6章；Weale（1998）。

定义，要么给出福利的检验标准。①

处于主观/实证这一端的理论把福利看作精神状态。这些理论通常是享乐主义的，将福利看做快乐、高兴、舒服、② 满足、享受或者某些相似状态。（也许有人会质疑满足与享受是否仅仅指精神状态，正如“我满足于/享受 X”也还有延伸意义，因为仅当 X 存在时我才能满足和享受，③ 因此它们还包含可能超越精神世界的一种状态。）享乐主义由古典效用论者提出，④ 仍然有它的拥护者，⑤ 但它们面临强烈的质疑：（a）没有那种精神状态集为所有福利所共有或特有，比如在树林中散步或继承遗产。⑥（b）对于适应性享乐状态（比如狐狸没有吃到葡萄，它也可以调整心态让自己高兴；奴隶面对苦难环境也可以调整心态获得快乐）和很难获得快乐或者通过反社会方式获得快乐的人们，这些理论可以给出反直觉的结果。⑦ 这些情况使得享乐主义理论很难与关于公平分配理论结合起来：⑧ 含义是资源需要从快乐的奴隶那里不断地转移到不满足的百万富翁那里，使得他们的快乐水平相同。（c）似乎福利不仅取决于人的精神状态，而且取决于它们是否真实：⑨ 如果一个人快乐，但假装相信他妻子是爱他的，如果他真相信他妻子是爱他的，那么他的福利会更高一些。Nozick 用“体验机器”的方法戏剧性地描绘了这一思想。把人悬浮于一个大容器中，有电流通向他的大脑，“体验机器”可以让人们享受任何他喜

---

① 比较 Buchanan 的观点，将福利的定义和经验主义分析区别开，见 Buchanan（1985），第 11、26、27 页。关于福利理论的条件，见 Sumner（1996）。

② 关于快乐与舒服的区别的重要性，见 Elster 和 Roemer（1993b），第 5 页；Kahneman 和 Varey（1993），第 145、146 页；Scitovsky（1992），第 4 章。

③ Griffin（1986），第 18 页；Sumner（1996），第 111 页。

④ Bentham（1948）。Sumner 回顾了效用理论，见 Sumner（1996），第 83 页及以后各页。享乐主义论的先行者，见 Diogenes Laertius（1980），bk10，第 34 段。

⑤ Bernstein（1998）；Kawall（1999）；Tannsjo（1996）。

⑥ Griffin（1986），第 8 页；Sumner（1996），第 92 页。

⑦ Elster（1985）；Elster 和 Roemer（1993b），第 5 ~ 7 页；Rawls（1982），第 168 页及以后各页；Scoccia（1987），第 584 页及以后各页；Sen（1985），第 190 页，（2002h），第 82 ~ 83 页。“享乐主义的单调工作”可以由适应性产生，见 Brickman 和 Campbell（1971）；Brickman 等（1978）；Knhneman 和 Varey（1993），第 141 页；Scitovsky（1981），第 72 页。作为“享乐主义的单调工作”的回应的“前景理论”，见 Kahneman 和 Tversky（1990）。参考后面的脚注 108，比较下面的关于欲望的回归的讨论。

⑧ Elster 和 Roemer（1993b），第 8 页。

⑨ Gibbard（1986），第 169 页；Griffin（1986），第 28 页；Kagan（1998），第 34 页及以后各页；Scanlon（1993a）；Sumner（1996），第 94 页。

欢的经历。[①] 根据享乐主义理论，如果机器提供快乐经历，他的福利将提高。但是"体验机器"的方法没有认识到我们的福利不只是建立在经历上，还取决于我们所做的事情。[②] 阐述这一反对意见的方法应该论证意志自由是福利的一个构成要素。[③]（d）即使福利由精神状态决定，但它们不全都是快乐主义的，比如兴奋也可以是福利的一个元素。[④] 前面的反对意见应用了非快乐主义的，或复合的精神状态理论。无论如何，福利不仅仅是指精神状态：通常饥饿会减少人的福利，不管他的精神状态如何。[⑤]

这些反对意见促使福利理论的转变，认为福利是选择、偏好或欲望的满足：我的福利存在于我得到我所选择的、偏好的或想要的东西之中。这些理论受到那些将配置效率当作检验标准而非定义的经济学家的支持，尽管他们注意到了差别。[⑥] 主要原因是他们似乎允许对福利进行经验主义检验和避免家长式作风。[⑦] 尽管选择、偏好或欲望涉及精神状态，满足理论不是纯精神状态理论，因为满足是欲望与外生世界的联系。这种意义上的满足与感觉上的满足是有所区别的。如果我想要中彩票，而且我中了，但我不知道我中了，那么我中奖不能给我带来满足的感觉。

我们暂时将讨论限定于欲望，认为人的福利在于实际欲望的满足。这种理论招致很多反对意见：（a）欲望的满足对于福利来说不是必要的。当我对某件我没想得到的东西感到惊喜时，我的福利可以增加。[⑧]（b）它也不是充分条件：（ⅰ）我的欲望可能非常无私地关

---

① Nozick（1974），第42～45页。Bernstein（1998），第42页及以后各页；Finnis（1980），第95页；Kane（1974），第67页及以后各页；Kawall（1999）；Kymlicka（2002），第14页；Larmore（1987），第48页；Lomasky（1987），第231页及以后各页。Nozick的机器是Smart（1973），第19～20页所期盼的。

② 最令人困扰的是这些机器替我们生活，见Nozick（1974），第44页。

③ 自主性与福利的关系，见Elster（1985），第132页；Elster和Roemer（1993b），第7页；Griffin（1986），第11页；Scoccia（1987）；Seel（1997），第45页；Sen（1985），第186页；Sumner（1996），第6章。Buchanan和Brock（1990），第40～42页，以及Sobel（1998）对照了自主性和福利。关于自由与福利的关系，比较Sen的观点，见Sen（1985），第201页，和（2002d），第14及以后各页。

④ Scitovsky（1981）；Sen（1985），第189页。

⑤ Sen（1985），第188页。

⑥ 见33页脚注④。

⑦ Boadway和Bruce（1984），第8、11、31、32、39页；Goldman（1995），第711页；Griffin（1986），第10、106页（然而这里认为这些理论不适合福利经济学），（1993），第48～49页；Hausman和McPherson（1998），第207页；Scitovsky（1992），第4～5页；Sumner（1996），第114页。家长式作风在下面讨论。

⑧ Sumner（1996），第132页。

心一个我曾经碰到过但又可能永远再见不到的陌生人的快乐,[①] 或者关心很遥远的事情，比如在我死后的1 000年地球上还有生命。认为这种欲望的满足可以增加福利是没道理的。理论应该仅限于和自己生活有关的欲望。[②]（ⅱ）人们经常想要一些使自己生活变坏的东西[③]（香烟是个明显的例子，某些形式的自我牺牲则有待商榷[④]），或对我们的福利没影响的东西（比如，一个无聊的欲望，想知道阿尔德堡沙滩上有多少鹅卵石）,[⑤] 而不想一些可以使他们生活变好的东西（比如教育）。[⑥] 经济学家将这些情况分为有价值的和没价值的，并且认为它们只是极个别的特例。[⑦] 广告扭曲欲望的能力通常在这种背景下提及。[⑧]（ⅲ）这些与对象无关的欲望的满足并不增加福利。[⑨] 它仅仅导致厌烦或形成新的欲望。[⑩] 一个根本性变革观点是福利要求克制欲望。[⑪] 一种折中思想是，欲望的退化是良性的，一个人的福利与一定比例的欲望没有得到满足是一致的，或甚至要求有一定比例的欲望得不到满足。[⑫]（ⅳ）在适应性的、不正当要求的或反社会的欲望情况下，这个理论会产生奇怪的结果，很难与公平分配理论调和

---

① Griffin（1986），第17页；Parfit（1984），第494页；Sumner（1996），第134页。

② Griffin、Parfit、Kagan、Qizilbash讨论了这些限制，见Griffin（1986），第16、17页；Parfit（1984），第495页；Kagan（1998），第37页；Qizilbash（1998），第58页。Parfit进一步考虑了对“全局欲望”的一个限制；关于福利的普遍目标的重要性，与Raz的观点比较，见Raz（1986），第293页。

③ Goldman（1995），第711页；Griffin（1986），第10、106页；Sumner（1996），第129页。

④ 自我牺牲，见Brant（1982）；Buchanan和Brock（1990），第32页；Sobel（1998），第250页；Griffin（1986），第316页；Overvold（1980），（1982）。

⑤ 特殊的欲望与偏好，见Hausman和McPherson（1993），第690页；Parfit（1984），第499页。

⑥ 古代的Menedemus得出了相似的观点：“当听到有人说最大的福利就是得到你所想要的所有东西，他答道，‘得到有益的东西才是更大的福利’。”Diogenes Laertius（1980），bk2，第136段。

⑦ Boadway和Bruce（1984），第39页。有价值的和没价值的，见Head（1974a），（1974b）；Musgrave（1959）。

⑧ Buchanan（1985），第27页及以后各页；G. Cohen（1977）；P. Harvey（1990），第53页，（2000），第223页；Head（1974a），第216页；Musgrave（1959）；Samuelson（1970），第223页；Scitovsky（1992），第133、273页。对广告的辩护，见Hicks（1981），第140页。

⑨ Scanlon（1993a），第38页；Scoccia（1987），第588页。

⑩ Griffin（1986），第12页；P. Harvey（2000），第220、221页（将渴望和目的区分开来）；Hobbes（1968），第160～161页；Millgram（2000），第129～130页；Schopenhauer（1951），第21～23页；Scitovsky（1992），第4、6章。比较Schumacher（1973），第26页及以后各页。

⑪ P. Harvey（1990），第60页，（2000），第196页。

⑫ Elster（1985），第136页及以后各页；Leibniz（1875—1890），第5卷，第152、175页；Raz（1994c），第111页。

（这与对享乐主义理论的反对意见（b）一致）。[①]（v）欲望可能是非理性的，或建立在错误信念之上[②]（这与上面的（ii）重叠，与对享乐主义的反对意见（c）一致）：如果我想喝杯子中的液体，错误地当成是水，而事实上它是毒药，如果我喝了，我的福利不会增加。（vi）一个人的低层次欲望可能不像高层次欲望那样反映其价值。[③]（vii）该理论不承认欲望的自由意志对福利的重要性[④]（与前面阐述享乐主义时提到的相似观点比较）。（viii）如果我今天想明天的事情，而我明天又不想了，我得到它可能不会增加我的福利（尽管在某些情况下会）。[⑤]（ix）至少在某些时候，如果我不知道或者不相信欲望已经被满足或受挫，它对福利是没有影响的[⑥]（与（i）比较）。（c）别的反对意见是：这个理论将欲望看作兽性般的事实，[⑦]一方面颠倒了欲望与原因[⑧]或价值[⑨]的正确关系——我们有欲望是有原因的，或者是因为我们认为欲望的对象是有价值的，欲望本身不是原因或价值的源泉——另一方面这使得不可能以一种伦理上可接受的方式比较不同人的福利。[⑩]

---

① 见36页脚注⑦和⑧；Elster（1989），第109页；Hausman和McPherson（1993），第690页；Kymlicka（2002），第15～16页；Qizilbash（1998），第58页；Sen（1985），第191页。

② Hausman和McPherson（1993），第676页；Kagan（1998），第38页；Kymlicka（2002），第15页；Qizilbash（1998），第58页；Sen（1981），第202页；Sobel（1994），第788页。Qizilbash更广泛地认为，欲望满足理论施加了对知识、想象、友情的过多需求，见Qizilbash（1997），第228页。Hahn和Hollis认为正统的经济学不可能接受更严的意义，在这种情况下，偏好可能是非理性的，见Hahn和Hollis（1979），第10页。Head（1974a），第251页，认为非理性的信念是精英主义和权威主义。

③ Qizilbash（1998），第58页。欲望对欲望的估价，见D. Lewis（1989），第114页及以后各页。G. Dworkin（1988），第20页，考虑了高阶偏好。Goodin（1989），第83页及以后各页，审查了偏好与高阶偏好冲突的情况。高阶欲望的重要性，见Griffin（1986），第13页。

④ Scoccia（1987）。对照Goodin（1989），第91页及以后各页。

⑤ Brandt（1979），第251页；Griffin（1986），第16页；Sen（1981），第202页。关于人们不能预示将来的嗜好，见Kahneman和Snell（1990）；Kahneman和Varey（1993），第133页；Weinstein（1982）。理想的改变对个性的影响，见Black（2002），第10页；Parfit（1984），第327页及以后各页。

⑥ Sen（1981），第202页。对照Elster和Roemer（1993b），第7页。

⑦ Plant（1991），第140、168、169页；Raz（1994c），第111～112页，（1994d），第37页。

⑧ Raz（1986），第300页及以后各页，（1994c），第112页；Scanlon（1975），第660页，（1993b），第191页及以后各页。Scanlon（1993a），第38页。

⑨ Sen（1985），第190页；Raz（1986），第300页及以后各页。Griffin抛弃了“嗜好模型”（有价值是因为欲望），但也没有使用“感知模型”（欲望是因为有价值），Griffin（1993），第61页，Griffin（1986），第26页及以后各页。Black（1994a），第80页及以后各页，对此进行了批判。

⑩ Hausman（1995）对偏好的相似理论提出了异议。Weintraub（1996）对Hausman进行了批判。Hausman（1997）作出了回应。“满足偏好理论”的人际间福利比较，见Arrow（1963）。

面对这些困窘，许多哲学家进一步转向客观/规范理论这一端，将理论提炼为，福利的存在不仅在于他恰好有的欲望得到满足，而且在于特定有利条件下的欲望得到满足（比如，他是完全理性的或完全信息的），或者在于一个理想化主体的欲望得到满足。① 后者可以包含在前者之中，假定理想化主体的欲望是指一个人如果他是理想化主体时所具有的欲望，但两者的区别标志着不太可能有这种可能性条件使得他成为这样一个主体。

尽管理论上的修改可以避免刚才阐述的某些反对意见的攻击——比如（ⅴ），欲望可能是非理性的或基于虚假信念——但仍然容易受到其他反对意见的攻击，比如（ⅱ），无论人们多么聪明与见多识广，经常想要得到一些让他们生活变差的东西。② 关于欲望的满足不是福利的充分条件的所有反对意见可以通过修改条件或者对理想化主体作具体规定来避免，以确保修改后的理论仅应用于不受反对意见影响的那些欲望。但这要冒轻视被修改理论的风险，而且仍然不能摆脱反对意见（a），即欲望的满足不是福利的必要条件。针对修改后的理论的其他反对意见涉及有利条件或理想化主体的具体规定，以及它们与人们实际环境的关系。③ 一个明显的反对意见是修改理论中的欲望概念是无用的：④ 我们之所以对一个人在有利条件下所具有的欲望或一个理想化主体所具有的欲望感兴趣，是因为我们倾向于相信这些欲望的对象是值得拥有的。在这种情况下，对象而不是对象满足欲望这一事实构成福利。⑤

因此，修改后的理论是不稳健的：一个人的福利在于他分享各种形式的美德，不管它们是否使他快乐或者他想得到它们（或者在特定条件下他会想要），根据这一点来判断，该理论倾向于客观/规范理论这一端。这就是客观理论。可以列举各种美德。Griffin 认为的包

---

① Goodin（1989）；Griffin（1986），第 2 章；Harsanyi（1982）；Kymlicka（2002），第 16 页及以后各页；Scoccia（1987）；比较“综合考虑一个人未来的福利”，见 Sidgwick（1907），第 111～112 页。

② Sumner 将问题追溯到欲望的预期，并解释了为什么即使人们被告知该欲望的好坏，它也不能被去除掉，见 Sumner（1996），第 129 页及以后各页。

③ Darwall（2002），第 27 页；Kavka（1986），第 41 页；Overvold（1980），第 117 页。

④ Griffin（1986），第 17 页；Kagan（1998），第 39 页。

⑤ Darwall 对这一修正的理论提出了进一步的反对意见，见 Darwall（2002），第 25 页及以后各页。

括：成就；人本性的要素（尤其是自主性，基本物质条件和自由，Griffin 把所有这一切看成是意志的构成要素）；对某些基本的个人的和形而上学的事情的理解；享受；深层次的人际关系。① 某些客观理论是完美主义，将美德看作是彻底实现独特的、本质的人性特征的生活元素。② 这样列举的每个项目都只是一个概要，可以对它们的具体形式进行详细规定，并为性质区分留有余地。考虑这两项：在树林中散步的享受是一种福利，把苍蝇的翅膀扯下的享受则不是；③ 有爱情的婚姻是一种福利，强迫性的、相互破坏性的关系不是一种福利。

该理论面对两点质疑。④ 一个质疑是它混淆了不同的价值尺度：福利是谨慎价值观，而所列举的美德是伦理的、审美的或者完美主义的价值观。⑤ 对质疑的回应必须论证要么美德至少部分是谨慎的，要么尺度是无差别的。⑥ 另一个质疑是该理论不承认福利可客观判断的特征⑦——福利是使一个人的生活变好：尽管我参与了所列举的所有美德，如果我没有得到它们的欲望以及并不开心地参与其中，则我的生活并没有变好。⑧ 由于美德中包括享受，这种质疑得以弱化，可以在理论中加入一个主体分享美德的感受条件来回应这种质疑。⑨ 但这就退回到了精神状态理论。

似乎对福利的最好解释就是结合不同理论的元素，在某种程度上

① Griffin（1993，第63页）的观点被 Moore 和 Qizilbash 讨论：Moore 提出了一个更短的表，见 A. Moore（2000），第 75 页；Qizilbash（1997），第 237 页及以后各页。Qizilbash 延长了 Griffin 的表，见（1998），第 63 页及以后各页。不同学者列出了不同的表，见 Finnis（1980），第 85 页及以后各页；Griffin（1986），第 64 页及以后各页；Kagan（1998），第 39 页；G. Moore（1959），第 188 页及以后各页；Rawls（1972），第 69、92、440 页，（1993），第 180 ~ 181 页；Sumner（1996），第 180 页。其他最近的客观理论，见 Arneson（2002），第 322 ~ 323 页；McNaughton 和 Rawling（2001）；Raz（1986），第 12 章，（1994a），第 3 页及以后各页，（1994c），第 116 页，（1994d），第 36 页及以后各页；Scanlon（1975）；Schneider（1995），第 27 页。

② 完美主义，见 Griffin（1986），第 4 章；Hurka（1993）；Kagan（1998），第 40 页。Hill（2002a），第 164 ~ 169 页讲述了从古代完美主义客观快乐观，到现代主观理论的转变。

③ 比较快乐的不同性质之间的区别，见 Mill（1972a），第 6 页及以后各页。“定性的快乐主义”，见 Kagan（1998），第 31 页及以后各页。

④ 对 Rawls 的反对意见，见 Elster 和 Roemer（1993b），第 9 页。

⑤ Griffin（1986），第 68 页及以后各页（对照第 161 页）；Sumner（1996），第 20 页及以后各页，第 164 页。Bernstein（1998），第 43 页及以后各页，区分了福利和人生价值。

⑥ Raz（1986），第 313 页及以后各页认为福利和道德是不可分的。同样见 Raz（1994e），第 58 页。

⑦ Griffin（1986），第 21 页；Raz（1986），第 289 页；Scanlon（1993b），第 185 页；Sumner（1996），第 42、53 页。

⑧ Kagan（1998），第 40 页。

⑨ Glover（1990），第 63 ~ 64 页；Griffin（1986），第 23 页；Seel（1997），第 40 页；Sumner（1996），第 127 页。Raz（1994a）拒绝了这一条件。同时参考 Tannsjo（1996）关于福利的不太明显的变化。

以避免各自的质疑。① 折中主义没有遭遇困窘——它反映了我们对福利有迥然不同的直觉理解——但可以论证直觉不仅是迥然不同的，而且是相互矛盾的，在这种情况下，它们不能全部为一个唯一认同的理论所容纳。那么，所能做出的选择，要么是在直觉与理论之间追求一种校正均衡（为了满足理论的限制，某些直觉被排斥），要么是接受多种福利观念或福利理论。② 发展一种详尽的理论超出了本书的讨论范围，但我的观点是，最好的理论应该是一个合格的客观理论，强调参与各种形式的美德。

为了在问题的本来意义上对（1）（什么是福利最大化）给出一部分回答，理论应该解释为对福利的定义而不是对福利的检验。另一部分回答应该是最大化的定义。③ 帕累托最优不是一个合理的定义，因为说没有人福利会增加除非某些人福利减少并不能说明在任何直觉意义上福利达到最大化。（与将福利定义为效用的反对意见进行比较。）明显的意义是：福利最大化是指相关人群中所有人的福利水平之和达到尽可能高。④ 这就导致了关于加总性质、⑤ 计量个人福利水平的方法、人际间福利比较的可能性、⑥ 参照群的具体规定和可能性参数（即当决定福利是否达到可能高时，什么看做是给定的）等问题（可以把这些问题放到一边）。非传统的定义可以用平均值⑦、中值、众值，或者最大化标准来替代总和，凭此，如果具有最低福利的

---

① 折中的方法，见 Brock（1993），第 119 页及以后各页；Lane（1994）；D. Miller 认为“福利”是一个空白词，这个空白词被无差别地用于“快乐”、“幸福”、“自我实现”等，见 D. Miller（1976），第 144 页，n. 18；Parfit（1984），第 501 页；Sen（1981）。当 Sen 的“能力”理论折中精神状态和满足理论以及客观理论时，得到更好的描绘，见 Sen（1985），第 195 ~ 196 页。（“能力”理论见 Sen（1982d），第 367 页及以后各页，（1982h），第 29 页，（1993），（2002h），第 83 页；和 Flanklin。对该理论的批判见 G. Cohen（1993），第 16 及以后各页；Elster 和 Roemer（1993b），第 9 页；Qizilbash（1997），第 229 页及以后各页，（1998），第 52 页及以后各页；Sumner（1996），第 60 页及以后各页。）Sumner 说他的理论将福利视作真实的快乐，它处于享乐主义和欲望满足理论之间。

② 概念和设想的区别，见 R. Dworkin（1978），第 134 ~ 136 页。

③ 最大和最优的区别，见 Sen（2002f），（2002g），第 257 页。

④ 比较对“总和观点”的讨论，Kagan（1998），第 41 页及以后各页。

⑤ 整合与累加的区别，见 Kagan（1998），第 41 页及以后各页。

⑥ 关于它有大量的文献，最近的有 Elster 和 Roemer（1993a）；Goldman（1995）；Griffin（1986），第 7 章；Hausman（1995），（1997）；Kagan（1998），第 44 页；Sen（1982f），（1982g），（2002h），第 79 页；Van Praag（1993）；Weintraub（1996），（1998）。Hausman 和 McPherson（1993），第 692 页，（1998），第 208 页，认为这些比较不会给客观理论导致困难。

⑦ Kagan（1998），第 46 页；Parfit（1984），第 420 页及以后各页。

人的福利水平达到尽可能高，则福利最大化[①]。

2.3.2 问题（2）：歧视性干预

问题（2）是竞争能否使福利最大化。在证明完全竞争均衡是资源有效配置的意义上，经济学对这一问题给予了肯定回答。但是，一旦把竞争概念扩展到包括竞争行为，并根据丰富的哲学理论来理解福利的含义，数学证明就不再可行。问题（2）现在是经验主义的，答案是不确定的，在社会科学实验非常有限的情况下，这似乎是不可避免的。经验主义对竞争的福利最大化效果进行了研究，[②] 这种情形为理论家如哈耶克[③]和熊彼特（他们将竞争看做创造性的破坏过程[④]）的乐观论断所强化；为常识的直觉（一个供应商不得不为我的光顾开展竞争，与供应商认为我无从选择相比，我的处境会更好）所强化；为社会主义经济和资本主义经济的广泛比较所强化。[⑤] 然而，由于计量和比较不同经济制度的福利与竞争水平的困难，以及不存在纯粹的资本主义和社会主义，[⑥] 限制了这种比较的价值：至于社会主义，似乎竞争不能被完全排除[⑦]（某些社会已经采用了社会主义竞争机制[⑧]）；在所有的资本主义经济中存在对竞争的限制，最明显的是国家援助形式。反对这些观点的论据是竞争阻止而不是提高生产率，比如它排除了合作情况下资源的更有效使用。[⑨]（关于竞争与合作的关系，见前一章最后部分。）

对（2）肯定回答的说服力随采用的福利理论不同而不同。根据实际欲望理论，这种回答有一定的合理性，至少当实际欲望理论将欲

---

① Rawls 使用了最人最小原理，见 Rawls（1972），第 152 页及以后各页。Kagan 认为最大最小原理是“加权仁爱”的极端形式，见 Kagan（1998），第 53 页。

② 许多经验文献主要关注的是市场结构而非行为。结构—行为—绩效范式认为偶然的结构对行为的影响比后者对前者的反馈更重要。Faull 和 Nikpay 指出，在范式的最机械论的形式中，行为变得非常无关紧要，见 Faull 和 Nikpay（1999），第 1 段，第 10 页。经验文献的综述和方法论问题的讨论，见 Scherer 和 Ross（1990），第 11 章；Whish（2003），第 13 页。同时参考 Bishop 和 Walker（2002），第 1 段，第 10 页。

③ Hayek（1982），第 3 卷，第 74 页。

④ Schumpeter（1975），第 7 章。

⑤ Kay（2003），第 2 部分。这样的比较受到批判，见 Kohn（1992），第 241 页。

⑥ 比较 Kohn 关于不同文化使用竞争构建经济体系的不同程度，见 Kohn（1992），第 1 页。

⑦ Nove（1983），第 203 页。Wilson 不合理地认为竞争的根深蒂固是一个逻辑问题而非视情况而定的问题，见 Wilson（1989），第 27 页。Kohn 认为有些文化似乎是完全非竞争的，见 Kohn（1992），第 34 页。

⑧ Deutscher（1952）；Naylor（1975）；Prvulovich（1982），第 80 页。

⑨ Kohn（1992），第 3 章。

望人为地限制于对产品（没有外部性特征的产品）[①] 的欲望以及能够用货币来衡量（用庇古的话说）时[②]是如此，但该理论已经被反对意见击倒。根据大家偏爱的客观欲望理论，这种回答是不合理的，至少当该理论用类似于前面所列举的美德来阐述时是如此。评价的一个困难是，每一项都是一个独立的最大化项目，当一项增加导致另一项减少时，就需要平衡。除此之外，考虑 Griffin 列举的每一项：深层的人际关系。这些如何由竞争提高？更不用说最大化。一个熟悉的指责是竞争损害社会团结，[③] 在这种情况下，很可能使深层的人际关系更难以形成和维持。[④]

一个可能的回应是竞争促进经济增长，而经济增长又促进客观理论所描述的美德。但是，尽管无可否认极端贫穷使分享所列举的美德（包括最低的物质条件）变得很困难或不可能，但说这种分享美德按国家或个人的繁荣富足成比例地增加[⑤]是值得怀疑的。研究表明当经济增长超过一定水平后对提高快乐的作用就很小。[⑥] 可以合理地认为，相应的结果也可以应用于客观理论描绘的美好生活。在这种情况下，这种回应与富裕国家无关，但在这些国家反垄断最为盛行。

对这种回应的另一种反对意见是竞争增进而不是最大化福利。前者的意思要比后者弱。这就使得基于福利的观点更加中性，仅仅是增进福利而已。阐明这一模糊的论断导致了困难。一种解释是竞争存在时的福利总和要比竞争不存在时更高，[⑦] 这又可以解释为：如果当在一群人中不存在竞争时能够使福利总和达到一个高水平，那么当在一群人中存在竞争时就能够使福利总和达到一个更高水平。但这只不过是竞争使福利最大化的另一种说法，在这种意义上，增进并不比最大化弱。另一方面，如果竞争增进福利仅仅意味着它提高福利的某些方

① Lipsey（1989），第 400 页及以后各页。

② 庇古（2002），第 11 页。非市场产品和劳务作为满足的源泉，见 Scitovsky（1992），第 86 页。

③ Buchanan（1985），第 95 页及以后各页；Kohn（1992），第 6 章。

④ Buchanan（1985），第 101 页及以后各页；Gauthier（1978），第 130 页及以后各页；Hegel（1952），第 105 页及以后各页；Kohn（1992），第 6 章。比较 Singer 的观点，见 Singer（1972），第 312 页及以后各页；Titmuss（1971）。

⑤ Raz 认为富人放弃相当一部分财富也不会对他们的福利产生影响，见 Raz（1994a），第 28 页。同时参考 Unger（1996）。

⑥ Campbell（1981）；Diener（1984）；Duncan（1975）；Easterlin（1974）；Inglehart（1996）；Kahneman 和 Varey（1993），第 141 页；Lane（1994），第 229 页；Scitovsky（1992），第 7 章。

⑦ 比较 Bishop 和 Walker（2002），第 2 段，第 1 页。

面，这种折中是无意义的，因为没有人会否认在某些条件下，竞争会提高某些形式的美德：一个例子是经营一项竞争性的生意可以获得一种快乐。以福利为基础的论点得到修正，对于这种论点的支持者来说，挑战在于详细界定“竞争增进福利”的中间意义，这就可以对相应修正后的问题（1）—（3）做出正确回答。

根据客观理论（称之为客观福利理论），在某些意义上竞争增进福利。主要在那些能增进福利的产品市场，它很可能成立。在这种情况下，如果根据对福利的影响，为竞争和反垄断提供法律根据，则客观理论就会激发反垄断当局的歧视性政策。由于干预是代价昂贵的，因此它们应该限于保护那些能增进福利的产品市场的竞争，而不应用于那些减少福利或对福利没影响的产品市场。但实际情况并非如此：政府对各种有害的或者无意义的产品和劳务市场进行干预，比如香烟、赌博、香水、模仿的足球服、冰淇淋、电子游戏。[①] 的确，反垄断通常对不重要的协议或行为方式是宽容的，但是重要性标准并不能清晰反映客观福利。比如，在《英国竞争法（1998）》中，“不重要行为”是根据优势企业的营业额定义的，这在一定程度上豁免了滥用主导地位所应受到的惩罚，因此，重要性只是个规模问题，而不是对客观福利的影响。[②]

歧视性干预可能招致不同的反对意见。首先，可能会有人说前面提到的一些产品是给儿童用的，对于它们，客观福利标准必须调整。但是，尽管对于仿制足球服的确如此，但它并不适用于香烟、赌博、香水，并且成年人也吃冰淇淋、玩电子游戏。其次，歧视性干预作为

---

① 香烟：案例 209/78 等，*Van Landewyck* 诉 *Commission* 案［1980］ECR 3125，［1981］3 CMLR 134；以及案例 240/82 等，*SSI* 诉 *Commission* 案［1985］ECR 3831，［1987］3 CMLR 661。赌博：竞争委员会（1998）。香水：*Parfums Givenchy*，OJ（1992）L 236/11，［1993］5 CMLR 579。模仿的足球服：案例 CP/0871/01，模仿足球服的操纵，公平交易局的裁定，1. 8. 03。冰淇淋：案例 T－9/93，*Scholler* 诉 *Commission* 案［1995］ECR Ⅱ－1611，［1995］5 CMLR 659；案例 T－65/98，*Van den Bergh Foods Ltd* 诉 *Commission* 案（CFI 判决，23. 10. 03）。电子游戏：Commission Decision Comp/35. 587，PO Video Games；Comp/35. 706，PO Nintendo Distribution；Comp/36. 321，Omega-Nintendo，2003/675/EC，OJ L 255/33，8. 10. 2003。

② 《竞争法（1998）》，s. 40；《规制（2000）》，reg. 4。欧盟委员会处理投诉的通知对是否采取干预行动持谨慎态度，这取决于对社区利益的影响程度，但通知中规定的社区利益标准并不是用来关注客观福利的：2004/C 101/05，OJ C 101/65，27. 4. 2004，第 41—45 段。公平交易局（2003a）接近于用客观福利作为干预的标准，在考虑是否做市场调查时，公平交易局将考虑是否存在“通过高价格、低质量、更少的选择或者更少的创新，对消费者产生显著的不利影响”。

功利主义和禁欲主义而受到谴责。[1] 对于这一反对意见的回应是歧视性干预并不要求在前面举的例子上达成一致意见：如果能证明抽烟是分享美德，那么它就是有益的，但这并不意味着不存在增进客观福利的产品与不增进客观福利的产品之间的差别。

更严重的是，歧视性干预可能被说成是专制，[2] 在认识、实践和伦理方面受到批判。[3] 认识方面的质疑是反垄断当局不会比消费者更知道什么增进他们的福利；实践方面的质疑是即使反垄断当局了解消费者的福利，它也不能有效地实施歧视性干预以提高福利；伦理方面的质疑是即使当局能有效地对干预进行区分，那也不应该。认识方面的质疑关注的是当局的判断，实践和伦理方面的质疑关注的是建立在其判断基础上当局采取的行动。

歧视性干预不是专制主义的。专制的一个粗略定义是：对一个人自由进行干预是为了防止对他的损害，或者有利[4]于他。[5] 假定在止痛药和香烟的供应方存在卡特尔，止痛药增加福利，香烟减少福利，据此当局决定干预药品市场但不干预香烟市场。现在分别考虑当局的不干预决策和干预决策。根据定义，这两个决策不是专制的，因为它们没有干涉任何人的自由。可以论证卡特尔限制了消费者的自由，但这并不能说当局不对香烟市场进行干预的决策间接地限制了消费者的自由。对药品市场的干预不是专制的，因为尽管它干涉了卡特尔的自由，但其目的不是防止对卡特尔的损害，而是防止对消费者的损害。

Gerald Dworkin 将专制分为纯粹的和非纯粹的。[6] 在纯粹专制情况下，自由受限制的人是受益的人或者被防止遭受损害的人；在非纯粹专制情况下，自由不受限制的人是受益的人或者被防止遭受损害的

① 比较 Sumner（1996），第 166 页，将价值条件引入福利分析中。

② 比较 Hammond（1995），第 97 页。

③ 反家长式作风最权威的章节，见 Mill（1972b）。

④ 在 Feinberg 的术语中，“合法的家长式作风”和损害相联系，“极端家长式作风”和受益相联系，见 Feinberg（1973），第 33 页。Lyons 做了一个相似的区分，将之区分为“弱家长式作风”和“强家长式作风”，见 Lyons（1994），第 134、135 页。

⑤ 该定义已经被提炼，见 Archard（1993）；Arneson（1998）；Barry（1986），第 41 页；Buchanan 和 Brock（1990），第 61 ~ 62 页；Burrows（1993），第 558 页，（1995），第 495 页；G. Dworkin（1972），（1988），第 8 章；Feinberg（1973），第 45 页，（1986），第 17 章；Gert 和 Culver（1976）；Goodin（1993）；Hart（1963），第 31 页；S. Kelman（1981）；New（1999），第 65 页；Rawls（1972），第 249 ~ 250 页；Sartorius（1983）；Scanlon（1972），第 221 页；VanDeVeer（1986），第 22 页；Weale（1978），第 163 页。

⑥ G. Dworkin（1972），第 68 页。Feinberg 做了相似的区分，将之区分为善意的和恶意的“推定有过失家长式作风”以及“推定无过失家长式作风”，见 Feinberg（1986），第 5 页。

人。因此，可能会有人反对说当局的干预是非纯粹专制的。但并非如此，因为非纯粹专制与其他形式的防止他人受损害的行动的区别在于：在前一种情况下，潜在的受损者可以通过选择来避免损失。这里不存在这一特点：如果卡特尔提高药品价格，消费者必须支付更多的钱或者放弃使用药物。任何一种情况都使他们受损。

尽管对专制的指责并不成立，但以此为基础的三点质疑仍然存在。认识论方面的质疑（即当局不会比消费者更知道什么促进他们的福利），① 建立在下面三个论断基础上，其中每一个论断都与客观理论不相容，但都可以通过理论修正使其相容：不存在福利事实，因此也就不知道什么促进福利（这是非现实主义的论断）；或者存在福利并增进福利的事实，但要么没人知道它们（怀疑主义的论断），要么一个人生活幸福仅仅在于他自己的看法（主观主义的论断）。这些论断又源自这样一个事实：在多元的西方社会缺乏对福利的统一认识。②

充分讨论这些观点需要对价值观进行探讨，这超出了本章的范围。简单地说，非现实主义的论断怎样才是合理的，取决于“事实”的含义。但是，即使在某种意义上不存在福利事实，由此推理我们不知道什么促进福利是令人怀疑的。一种辩护观点是，无论成就是否构成福利的一部分，我们也可能知道它是福利的一部分，并且知道教育促进成就。至于怀疑主义的论断，我们肯定知道，或无论如何有正当理由相信移除白内障的手术通常促进福利③（这一命题不会因为Brentano的故事而推翻，他因为失明而专注于哲学研究）。至于主观主义的论断，在哲学上有值得认可的地方，但通常只不过是受教育不高的人的教条。它导致不协调和自满，不协调在于它经常与侵犯他人福利的观点联系在一起，自满在于它使得人们不去思考如何生活。

至于一致性问题，它并不使这三个论断成为必要的，因此它不能给予认识论上的质疑以明确的支持。但它提出了另一个担忧（可以

① Buchanan 和 Brock（1990），第 38 页；Kahneman 和 Varey（1993），第 129 页；Little（1957），第 258 页；Mill（1972b），第 133 页。反家长制认为人们更清楚自己的利益所在，见 Lyons（1994），第 132 页；New（1999），第 71 页及以后各页。

② 比较第 4 章关于理智与诚实的非现实主义/怀疑主义/相对主义的观点分类，这些观点也缺乏一致性。Boadway 和 Bruce 所谓的“非家长式作风”原理是主观主义的：家庭的福利等同于它对效用的感知，见 Boadway 和 Bruce（1984），第 31 页。

③ Raz 否认价值判断易于出错，见 Raz（1994c），第 103 页。

放在伦理上的反对意见中讨论)：如果当局据以行动的判断与社会部门尤其是那些最直接受政府干预影响的部门所做的判断偏离很大，无论当局是否知道实际情况，民主将受到侵犯。① 如果很多人认为电子游戏会使他们的生活变好，而当局认为电子游戏只是浪费时间，那么它的行动训令是值得怀疑的。探讨这个问题必须对讨论中的民主原则进行具体规定，检验其基础，判断在判断偏离的情况下是否真侵犯了民主。② 这里必须充分注意的是：第一，被认为民主的政府经常违背选民的意愿；第二，反垄断当局总体上似乎不是根据什么使人们的生活变好这一观点来行动的。

为了完善针对认识论上质疑的回应，反垄断当局至少和消费者一样知道什么增进福利。某些时候反垄断当局比消费者更清楚地知道，尤其是当它有更开阔的视野或者更公正时。③ 比如，它对吸烟影响的判断不会因为意志薄弱而发生偏斜，而吸烟者往往会。无论如何，即使当局总的来说不如消费者更知道什么促进福利，它的认识也足以区分什么产品增进福利，什么产品不增进福利。歧视性干预不会因难题存在而被削弱。

实践上的质疑是，即使当局了解消费者的福利，它也不能有效地实施歧视性干预以促进福利。④ 这源自先前给出的观点：客观理论所列举的每一项美德只是一个概略，可以对它们的具体形式进行具体规定：一个人怎样，或者是否实现他所拥有的生活方式，取决于他的能力、个性和环境（反垄断的工具太粗糙而不能可靠地影响环境）。这个反对意见误解了歧视性干预，歧视性干预只是中性的：它并不是指当局要不断地对个人生活做好的调节，而是指当一种产品对大多数人的福利的正面影响可以忽略不计时，当局可以减少干预。

伦理上的质疑是，即使当局能够实施歧视性干预以促进福利，它

① Hahn 和 Hollis（1979），第 9 页；New（1999），第 81 页。

② 自由框架内的一致性，见 Rawls（1993），第 4 讲。需要关于福利的一致意见，主要是基于道德上的考虑，Scanlon（1975），第 655 页。因为民主的滥用而支持侵犯，见 Raz（1994c），第 113 页及以后各页。

③ G. Dworkin（1972），第 76 页及以后各页；New（1999），第 75 页及以后各页。当局容易在价值判断上犯错，见 Raz（1994c），第 103 页。

④ Gaus（1998），第 31 页。

也不应该这样做。[1] 理由可能是这会侵犯人们的自由[2]或自主权。[3] 对这些术语的分析是一个繁琐的问题，[4] 但这个理由的破绽可以根据直觉理解来说明。[5] 首先，侵犯自由或自主错在哪里。如果按照结果论来回答，这种侵犯减少福利[6]——这种回答可能是建立在自由和自主本身就是福利元素这一观点基础之上的（见前面）[7] ——那么这种论点会丧失部分说服力，因为它似乎又置身于这样一种观点：福利的减少肯定大于歧视性干预导致的福利增加。这一观点把一个不现实的高福利水平与自由自主联系起来。其次，谁的自由自主被侵犯了。再次考虑止痛药和香烟的例子。如前面所讲，当局的两个决策（对止痛药市场干预，对香烟市场不干预），没有侵犯任何人的自由和自主。如果对药品市场的干预侵犯了卡特尔的自由或自主，这只是干预本身的问题，和当局的歧视性干预无关。因此，这个观点说得太过，不合理地暗示所有反垄断干预，不管是否是歧视性的，都在伦理上要反对。无论如何，是卡特尔而非消费者的自由自主受到侵犯。从公众利益的角度出发，尤其是从增进福利的角度出发，可以认为这是正当的。无可争议的是，存在这样的情况：出于公众利益的考虑，国家侵犯自由和自主是正当的：考虑到被判罪的凶手的自由。如果说“侵

---

① Sobel（1994），第789页。

② 最近的对家长式作风的基于自由的反对意见，见Burrows（1993）；Weale（1978），第169页及以后各页。

③ 对家长式作风的基于自主的反对意见，见G. Dworkin（1972），第70页及以后各页；Weale（1978），第169页及以后各页；Feinberg（1986），第23页及以后各页，第57页及以后各页。

④ 关于自由的文献，见Feinberg（1986），第206页及以后各页；Lomasky（2000）；Sen（2002a），第585页及以后各页，（2002d），第9页及以后各页，（2002e），第506页及以后各页，（2002h），第92页。关于自主的文献，Arneson（1998），第251页；Benn（1971）；Brock（1993），第97页及以后各页；Buchanan和Brock（1990），第36页；Christman（1989）；Downie和Telfer（1971）；G. Dworkin（1988）；Elster（1989），第109~110页；Feinberg（1986），第18、19章；Frankfurt（1999a）；Hill（1991），（2002c），第31~36页；Korsgaard（1996），第22页及以后各页；Rawls（1972），第515页，（1993），第28、72~77、98~99页；Raz（1994c），第117页及以后各页；Reath（1998）；Scanlon（1972），第215页；Schneewind（1986）；Scoccia（1987），第591页及以后各页；Sumner（1996），第156页及以后各页；VanDeVeer（1986），第129页及以后各页；Young（1980）。两者之间的关系，见G. Dworkin（1988），第13页；Feinberg（1973），第15页及以后各页，（1986），第62页及以后各页；Frankfurt（1999c），第109页；Griffin（2000），第40页及以后各页；Hargreaves Heap等（1992），第6章。

⑤ Raz认为判断什么对人们是好的，并依此促进他们的福利，而无需对自主性进行折中，见Raz（1994c），第117页及以后各页。Morris讨论了Raz的观点，见Morris（1996），第821页及以后各页。

⑥ Buchanan和Brock（1990），第37页；Feinberg（1984），第206页，（1986），第58页及以后各页，第65页。Glover批判了结果论观点，见Glover（1990），第81页。

⑦ 对照Korsgaard的观点，自主性如果根据效用定义，那么就没有重要性，见Korsgaard（1996），第358页。

犯”是贬义的，使得“正当的侵犯”成为一种矛盾说法，可以把“侵犯”改成“限制”，那么反对者就有责任去解释为什么对卡特尔自由或自主的限制等价于侵犯。

对歧视性干预的其他反对意见与专制这一错误的观点无关。一个反对意见是相似的推理可以得出一个令人不快的结论：仅当私有财产提高福利时，国家才应当保护私有产权。对于这个反对意见的回应是：支持私有产权的论据并不需要诉诸福利。① 另一个反对意见是歧视性干预没有从消费者方面与供应者方面考虑市场间的联系。一个消费者被迫以高于竞争价格的价格购买不能提高福利的产品，会使得他在能提高福利的产品上的支出减少。在不能提高福利的产品市场上有主导地位的供应商可能会滥用其主导地位以增加其在能提高福利的产品市场上的势力。所以，反垄断当局对不能提高福利的产品市场采取自由放任政策产生的间接影响是减少福利。只要考虑消费者，这个反对意见就没有说服力。他可以通过减少购买不能提高福利的产品来增加能提高福利的产品的支出，根据假设这不会使他的福利减少。从供应者方面考虑，这个反对意见预先假定势力可以从一个市场传递到另一个市场，尽管有时是这样的，但这不是普遍情况。② 当各自市场的产品对福利的影响不同时，势力从一个市场传递到另一个市场的情况就更少见了。

最后有人可能会反对说：不管市场的产品是否提高福利，歧视性干预没有认识到一个供应商的反竞争行为会减少其他供应商（在极端的情况下会把他们驱逐出市场）及其雇员和股东的福利。这种不利影响的存在和严重性取决于每种情况的事实：当产品减少福利时，在某些情况下，如果所讨论的产品减少福利，则反竞争行为会导致获得福利（即福利减少的减少），比如通过提高价格或者限制供应量，所获福利会超过其他的供应商福利的损失。所以，这个反对意见最多是限制而不是动摇歧视性干预。无论如何，这种反对意见预先假定了这样一种观点（现在已经广泛地被抛弃了）：反垄断保护的应该是竞

---

① Munzer（1998），第759页。

② 关于在滥用支配地位背景下的产品捆绑销售问题，见 Bishop 和 Walker（2002），第6段，第54页及以后各页；Whish（2003），第657页及以后各页，第702页。兼并的杠杆作用和投资组合能力，见 Bishop 和 Walker（2002），第7段，第71页及以后各页；Whish（2003），第841页。

争者而不是竞争。[①] 同样也预先假定了——如果竞争者区别于消费者[②]——反垄断关注的福利不仅仅指消费者的福利（见前面）。

因此，歧视性干预经受住了这些反对意见的质疑，但它并没有质疑竞争促进福利这一假设（客观理论提出的质疑）。正如前面所阐述的，这个假设是不明确的。如果证明它是伪的，歧视性干预则需要别的理论解释。

2.3.3 问题（3）：福利指标

问题（3）是：福利最大化是否是一件好事。根据我们的直觉理解，一个人的福利是使他的生活变好，对此给予肯定回答似乎是毋庸置疑的。但即使在这一层次上，情况更加复杂。即使福利最大化在一定方面上是好的，但全面考虑时就可能不是好的，因为它可能和其他好的方面冲突，最常见的就是公平分配。解决这种冲突的一个办法就是将公平纳入福利概念。但这种解决冲突的方法，仅仅是在决定福利水平时，给予公平一个不合适的优先权（比较前面讨论自由和自主时的相似观点）。无论如何，一定方面的福利最大化是否是一件好事还值得怀疑。因为可能会有人认为，某些人（应该受报应的坏人）不应该考虑在内。[③]

一旦求助于理论扩大我们的直觉理解，情况将更复杂。根据客观伦理，当从一定方面解释福利最大化是一件好事时，对（3）的肯定回答是相当合理的——有多合理取决于该理论所列举的美德。根据其他理论，这肯定是不合理的。比如，其中一种理论认为，福利在于欲望的满足。在这种情况下，总和意义上的福利最大化就是满足尽可能多的欲望，也许某些欲望会被赋予更大的权重。即使是就一定方面而言，有坚实的事实表明，这些欲望的满足不是好的。有更坚实的事实表明，那些使人们生活变坏的欲望的满足不是好的[④]（这类似于前面实际欲望理论的反对意见（ⅱ）和（ⅲ））。同样，对经济学理论的一个反对意见是，经济学理论将福利最大化等价于配置效率，这使得

---

① Whish（2003），第19页。
② Bork的将竞争者作为消费者的一个分类，见30页脚注①。
③ Kagan（1998），第54页及以后各页。
④ Scoccia（1987），第588页。

我们为什么要关注福利最大化变得难以理解。

一种回应是：正如其他理论所规定的福利最大化，并非其本身是好的，而是把它当作衡量客观福利最大化的一种手段，因此是好的。意思就是说其他理论的福利是衡量客观福利的指标，[①] 因为“其他理论所规定的福利”与“客观福利”的相关性是可靠的，并且更易于通过法律和政策予以控制；也许的确存在一条关系链，比如，满意的选择代表满意的偏好，满意的偏好代表满意的欲望，满意的欲望代表客观福利。[②]

对问题（2）（竞争使福利最大化吗?）肯定回答的证明随理论的不同而不同，这对上面的回应提出了质疑。如果实际欲望理论给出的是肯定回答，而客观理论给出的是否定回答，那么很难说通过竞争使“实际欲望的满足”最大化就是使“客观福利”最大化的方法。我们可能会说，竞争之外的其他过程可以使“实际欲望的满足”最大化，在某种程度上确保“客观福利”最大化，以拯救前面的观点。但是，到底是什么过程我们还难以理解，除此之外，答案也与现在的主题无关。

至于代表链的思想，在什么情况下经济学的福利概念是适用的，我们还不清楚，部分原因是对“什么是竞争”还不是很清楚。如前面所说，将配置效率定义为帕累托最优没有分别给予“福利”和“最大化”各自的意义。在另外一种定义中，福利可以被定义为消费者和生产者剩余之和。这也许可以作为代表链的起点，代表满意的选择。比如，对于消费者剩余，可以说消费者的保留价格和实际支付价格之差越大，那么他满足其他选择（通过购买或者闲暇）的范围越广。

链条的其他环节是薄弱的。假定我上床了，准备舒服地睡觉，这时我想起我还没有刷牙，我困倦地爬起床刷牙，尽管我认识到一次不刷并没有什么妨碍。[③] 显然我选择了刷牙，在我成功地刷了牙这个意

① Kahneman 和 Varey（1993），第 127 页。相反，客观福利有时被看做主观福利的代表，见 Elster 和 Roemer（1993b），第 10 页；Hausman 和 McPherson（1993），第 689 页；Scanlon（1975），第 657 页。

② 庇古提出了一个不同的代表链，收入的开支代表欲望的强度，欲望的强度代表感觉到的满足强度，见庇古（2002），第 23 页及以后各页。同时见 Sumner（1996），第 114 页。庇古指出对将来的不同态度会使链条断裂。

③ Davidson 将该例用于另一种情况，见 Davidson（1980c），第 30 页。

义上，我的选择得到了满足。我是否满足了刷牙的偏好取决于“偏好”的意义：如果所偏好的事物正是所选择的某事物——在这种情况下，满意选择不是满意偏好的代表，而是与满意偏好完全同质的——那么我满足了刷牙的偏好；如果偏好是欲望，问题在于我是否想去刷牙。[①]（Elision 提出的这两种意义在经济学家中以及关于显示性偏好理论的论文中经常见到。[②] 似乎没有给截然不同的中间意义留有空间。）它同样取决于“欲望”的意义：如果欲望就是选择，刷牙满足了我的欲望；同样，如果有欲望做某事是自愿去做它，[③] 我也满足了我的欲望，因为我刷牙并非条件反射或者被迫的。但在一个更丰富、更自然的意义上，我肯定没有刷牙的欲望。相反，我违背了呆在床上的欲望。至于链条上“满意的欲望”与“客观福利”之间的最后一环，当人们想要得到的东西使他们的生活变坏时，这一环就断裂了。

可能的回应是：第一，这些反例很少见，不足以推翻可靠相关性；第二，链条可以用前面讨论的方法加强。我们只考虑一个人在有利条件下的选择、偏好和欲望；或者一个理想化主体在相关条件下的选择、偏好和欲望。对于第一种回应，一个人看到的人们的实际选择、偏好和欲望与客观福利之间的偏离程度取决于他对待客观福利的严格程度。如果平淡的生活对一个人来说是幸福的，则相关性可能相当强；如果客观福利对他来说在于永远燃烧着强烈的玉石般的火焰，则相关性就弱。

第二个回应面临两个进一步的反对意见。

其一，如果确定一个人在一定有利条件下所选择、偏好或渴望的东西要比确定他的客观福利更容易，则第二个回应没有什么意义[④]

---

① 选择与偏好的偏离，见 Barry（1986），第 32 页；Broome（1979），第 324 页；Elster（1989），第 106 页及以后各页；Elster 和 Hylland（1989b），第 4、7 页；Goodin（1989），第 81 页；P. Hammond（1995），第 89 页；Hausman 和 McPherson（1993），第 680 页；Sen（1982a），（1982b），第 79 页，（1982h），第 8 页，（1982k），第 94 页，（2002b）；Tversky（1981）。选择与偏好一致的条件，见 Allingham（2002），第 17 页。偏好与欲望的关系，见 Pettit（1998），第 31 页。

② Hylland（1989），第 64 页；Sen（2002b），第 302 页；比较 Sumner（1996），第 115 页及以后各页。其他的关于偏好的模糊性，见 Buchanan（1985），第 11、26 ~ 27 页；Sen（1982j），（2002a），第 587 页及以后各页，（2002d），第 13 页，（2002e），第 513 页，第 344 页；Sobel（1998），第 260 页。

③ 自愿的定义，见 Feinberg（1973），第 48 页。

④ Hausman 对实际偏好得出了一个相似观点，见 Hausman（1995），第 486 页。

（这反映了前面的观点，修改后的欲望理论趋向于客观理论）。所以，可靠相关性的取得是以损害代表理论的其他方面为代价的。福利代表比客观福利更容易通过法律和政策来控制。

其二，人们的选择、偏好、欲望本来是怎样的，反垄断就应该把它们看做是怎样的，而不是把它们看做应该是怎样的。关于这一点可能有人会说，反垄断并非国家唯一增进福利的手段，它和其他制度一起运作，尤其是教育体系，它可以缩小实际选择和理想条件下做出的选择之间的差距。[①] 这种关于教育的观点更像乐观主义而非现实主义，理想和现实的差距有多大，取决于条件的严格性（比较前面关于客观福利的严格性）。无论如何，只有当差距缩小到能确保可靠相关性时，这种回应才能给出增进“实际选择的满足”的理由。

2.4 结论

针对福利最大化的经济学与哲学研究，在竞争与反垄断上都不支持基于福利的论点，因此现行的正统理论应该被扬弃。

---

① 比较 Bork 的观点，“反垄断对物质繁荣有内在的偏好，但对物质财富的分配和使用却置之不理。这些都是别的法律的事情”，见 Bork（1978），第 90 页。

第 3 章

本身违法原则与合理推定原则

3.1 概述

反垄断是反对限制竞争的行为，但如果要禁止每一个限制竞争的行为，是不切实际的，因此需要制定一些准则来限制那些应该禁止的行为种类。在美国，这些准则都体现在本身违法原则与合理推定原则的教义中。在 EC81（1）是否应该服从于美国法院所使用的涉及《谢尔曼法》（1890）第一部分的合理推定原则上存在长期争论。[①] 在美国，关于《谢尔曼法》（1890）第一部分所应用的本身违法原则与合理推定原则的适应范围，反垄断本身就存在势均力敌的长期争论。

① 否定的答案得到案例 T－112/99，*Métropole Télévision* 诉 *Commission*［2001］ECR Ⅱ－2495，［2001］5 CLMR 1236 的支持，但案例 C－309/99，*Wouter* 诉 *Algemene Raad van de Nederlandsche Orde van Advocaten*［2002］ECR Ⅰ－1577，［2002］4 CMLR 913 提出了问题。有关评论，详见 Whish（2003），第 134 页及以后各页，该条款引自那里。

这些争论一直未被解决的一个原因是争论双方都对本身违法原则与合理推定原则的本质及它们之间的关系缺乏共同理解。[①] 本章最基本的目的就是阐明这两类原则的概念，并且以一个公平合理的纯理论标准弄清出它们之间的关系。至于行为种类适合于这个或那个原则的问题，我不会提出实质性建议。

人们经常在讨论合理推定原则时加上定冠词，意味着存在唯一的合理推定原则，但是，接下来的部分区分了三类主要的合理推定原则。第一是把《谢尔曼法》（1890）第一部分理解为仅适应于不合理限制的原则。第二是一类具体规定合理与不合理标准的原则。这又可分为两个分支：一个是显性传统（dominant tradition），通过限制措施对竞争的影响来判断它的不合理性；另一个是“隐性传统”（recessive tradition），它使用一个宽泛的标准。第三是运用标准原则的原则：它们的形式是“根据标准的合理推定原则对 K 类协议必须分别评估，以决定它在《谢尔曼法》（1890）第一部分中是否违法”。本身违法原则具有的形式是“K 类协议违反《谢尔曼法》（1890）第一部分”：它们运用《谢尔曼法》（1890）第一部分的规则。在讨论过程中，我考虑在使用合理推定原则时必须权衡相互冲突的因素所产生的问题，并按类比来思考本身违法原则与合理推定原则之间的区别，以及它们在伦理理论中直接结果论与间接结果论的区别。

在对人们提出的这两类原则的各种好处进行反思之后，我对关于合理推定原则与本身违法原则之间关系的两个显著观点进行区分。一个是“简单观”，按照《谢尔曼法》（1890）第一部分的标准，合理推定原则和本身违法原则的应用组成一对全面的和相互排斥的用来评价协议的方法。另一个是“复杂观”，这两种原则属于同一体系，它们之间没有明确界限。照此论述，这两种观点还不清晰，不足以在它们之间做出选择。因此，我把它们中哪一个是正确的问题扩展成一组七个更清晰的问题。

---

① 大量不严谨的说明，例如 Bork（1978）中“合理推定原则……完全是一系列的一般性目录”（21）。值得怀疑的是，Bork 是否考虑了任何规则都是差不多，都是一系列的目录或者别的。同时，可能怀疑的是，Piraino 是否严格地暗示了他把“合理推定原则”当作“实际调查”时所表达的含义，见 Piraino（1991），第 689 页。对于这个领域模糊状态的抱怨，见 Gellhorn（1986），第 427 页；Hawk（1994），第 2 卷，第 96、110 页。

合理推定原则（问题限于第三类合理推定原则）或者本身违法原则有模糊不清楚的范围吗？答案是肯定的。合理推定原则与本身违法原则的范围有重叠部分吗？没有，但有条件限制。所有合理推定原则与本身违法原则的范围合并起来——即被一个或另一个所覆盖的所有情况——包括《谢尔曼法》(1890) 第一部分的范围吗？答案是肯定与否定并存。按照《谢尔曼法》(1890) 第一部分，是否存在一种既不涵盖合理推定原则也不涵盖本身违法原则但又具有每种原则某些特征的方法来判定协议的合法性？有三个论据支撑肯定的回答。法院改变过裁定一种协议的态度吗？例如，尽管首先采用本身违法原则，但后来采用合理推定原则，或反之亦然？回答是肯定的。在合理推定原则与本身违法原则的使用之间是否存在如一些重要的法学理论家所认为的矛盾？没有。是否存在合理推定原则的应用涉及任意判断而本身违法原则不涉及的情形？我利用 Ronald Dworkin 在三类判断之间所作的区分，给出有条件的否定回答。最后，我指出 Dworkin 的这些区分对拒绝如下建议给出了理由：当一项协议属于合理推定原则时，根据《谢尔曼法》(1890) 第一部分，不能对它是否非法的问题给出令人满意的答案。

3.2 两类原则的变种

3.2.1 对合理推定原则的理解

《谢尔曼法》(1890) 第一部分的第一句话说：“任何合约，以托拉斯或其他形式形成的联合或合谋，对州际或与外国之间的贸易或商务构成限制，特此被认定为是违法的。”在早期，大家都公认如果把所有限制都理解为是这样的“贸易或商务限制”，不管限制是多么轻微，那么，这项禁令涉及的范围就过于宽泛。[1] 因此，针对《谢尔曼法》（1890）第一部分，美国法院采用了习惯法针对限制性契约时所采取的立场：[2] 他们把这些禁令理解为仅适用于不合理的限制。[3] 这种做法遵从第一类合理推定原则，这是用来解释《谢尔曼法》（1890）第一部分的原则：[4]

（R1）把《谢尔曼法》（1890）第一部分中的“限制”理解为“不合理的限制”。

---

① 法官 Brandeis 的著名论断是“关于贸易的每一种组织协议，每一个贸易规则，都有限制。它们的本质就是为了约束限制”，见 *Board of Trade of the City of Chicago* 诉 *United States*，246 US 231，238（1918）。与 Bork 的观点相比，对于每一个至少由一个人组成的生产单元来说，协议排除竞争是基本的，见 Bork（1966），第 377 页。在这样的联系中，Bork 引用了法官 Holmes 的不同意见，见 *Northern Securities Co.* 诉 *United States*，193 US 197，404（1904）。相反，Joliet 强调的并不是贸易限制概念的幅度，而是国会未定义的事实，见 Joliet（1967），第 22 页。比较 Whish（1993），第 19 页。法官 Peckham 的权威观点是《谢尔曼法》（1890）第一部分使用每一种这样的限制，见案例 *United States* 诉 *Trans-Missouri Freight Association*，166 US 290（1987）。对于 Peckham 的非正统的理解，详见 Bork（1965），第 785 页及以后各页。Sullivan 作出了对《谢尔曼法》（1890）第一部分的两种极端解释，在两者之间占支配地位的一种解释，见 Sullivan（1977），第 166 页。

② 对于限制性契约的普通法律检验的叙述，见 *Mitchel* 诉 *Reynolds*，24 Eng Rep 346（KB，1711）。为了美国法院的使用引用了这个检验，包括《谢尔曼法》之前和之后的法令都在 Beschle（1987，第 471 页，n. 2）中给出了。这个检验比在《谢尔曼法》（1890）第一部分中占主要地位的传统范围要使用广泛（见下面的说明）：同上，第 474 页，n. 15。

③ 这种解释的规范说明是首席法官 White 的观点，尽管 White 偏向于“不适当”而不是“不合理”，见 *Standard Oil Co. of New Jersey* 诉 *United States*，221 US 1，31S Ct 502，55 L ED，619（1911）。Bork 支持 White 的观点，包含允许法律变换的“动态原则”，见 Bork（1978），第 34 页。与首席法官 Hughes 的观察比较，《谢尔曼法》“具有普遍性和适用性，堪比宪法条款”：案例 *Appalachian Coals Inc.* 诉 *United States*，288 US 344，359 – 60（1933）。Wood Hutchinson 把在 *Standard Oil* 和其他情形中确立的“真正的”合理推定原则与“合理推定原则”这个短语的现代用法区别开来，意味着缺乏与实际相符的假设，见 Wood Hutchinson（1984），第 98 ~99 页。

把（a）合理限制和不合理限制之间的区别与（b）那些加强限制和没有加强限制的条款之间、（c）直接和间接的限制之间及（d）辅助限制和非辅助限制之间的区别进行比较。Bork 在首席法官 Peckham 的观点中发现（b），见 Trans-Missouri（前面的脚注 3）及案例 *United States* 诉 *Joint Traffic Association*，171 US 505（1898），在 Peckham 的观点中发现（c），见 *Anderson* 诉 *United States*，171 US 604（1898），以及 *Hopkins* 诉 *United States*，171 US 578（1898）。见 Bork（1965），第 785 页及以后各页。

至于（d），判例的显著界限是如果它是辅助于合法目的，则认为这种限制不属于《谢尔曼法》（1890）第一部分。其中一种观点是，这种辅助限制构成合理抑制的子集。它们不属于《谢尔曼法》（1890）第一部分的规则首先是由 Judge Taft 提出的，把它建立在普通法的基础上，见 *United States* 诉 *Addyston Pipe &Steel Co.*，85 Fed 271（6 th Cir 1898）；也见 *Whitwell* 诉 *Continental Tobacco Co.*，125 F 454，459（8 th Cir 1903）；*National Collegiate Athletic Association*（NCAA）诉 *Board of Regents*，104 S Ct 2948，2961（1984）。对于与 EC 81 款相关的辅助性观点，见 Whish（2003），第 119 页及以后各页，材料从此引用。

④ 比较 Gellhorn（1986），第 10 页；Joliet（1967），第 61 页；Neale 和 Goyder（1980），第 23、30 页。Neale 和 Goyder 认为合理推定原则是解释性原则，然而本身违法原则是提供证据的原则。

3.2.2 合理推定原则：显性传统

（R1）提出了什么使得限制是合理的或不合理的问题?[①]在《谢尔曼法》（1890）第一部分中存在两个传统，[②] 体现了对其宗旨的不同理解，相应地在衡量合理和不合理上使用了不同标准。[③] 显性传统所体现的宗旨只是促进竞争，因此，为了这一宗旨，它仅仅从限制对竞争的影响来理解限制的合理性或不合理性。[④] 这个观点是模糊的，因为正如第1章开始所提到的，“竞争”有多重含义。法院在不同情况下使用了不同的定义。

根据显性传统，这种情况包含了各种与竞争相关的衡量不合理的标准，虽然明确程度不同。这些标准可以用更多的合理推定原则来表述，它们从属于（R1），可以用不同方式作进一步阐述。首先是：

（R2）如果一项限制有显著的反竞争效果，那么它是不合理的。[⑤]

根据对显著性效果的计量、竞争的定义和影响范围，（R2）本身可以用不同方式来解释。例如，这项原则可以理解为适用于实际效果，或者可能效果，或两者兼而有之。如果实际效果是不确定的，那么这项原则可能适用于或可能不适用于极不相同的门槛，存在各种可能的极不相同的门槛。用“重要的（material）”或“重大的（substantial）”来代替“显著的（significant）”，（R2）也可能被改变：“重要的（material）”意味着比“显著的（significant）”有更高的门槛，“重大的（substantial）”意味着比“重要的（material）”有

① 为了简化起见，我假设每一种限制行为要么合理要么不合理。法官 Stone 对于合理性概念的不确定性和多样性作出了大致表述，见 *United States* 诉 *Trenton Potteries Co.*，273 US 392，397（1927）。Stone 的论断引起 Areeda 的共鸣，见 Areeda（1989），361～362 页。关于法院错误地定义了合理性和不合理性的标准，详见 Piraino（1991），第689页；Wood Hutchinson（1984），第70、97页。

② Joliet 似乎得出了相同的区别，见 Joliet（1967），第5页及以后各页。Bork（1965）把《谢尔曼法》（1890）第一部分的法学观点分割成了一组不同的传统。Bork 的“Brandeis 传统”与我的隐性传统是相似的，而他的“主要传统”是根据消费者意愿的满意程度来定义的。竞争和意愿满足之间的关系，详见第2章。

③ 关于反垄断背后的政治目标变化，详见 Fox（1990），第200～201页；Gellhorn（1986），第41～42页，第423页及以后各页；Whish（2003），第17页及以后各页；以及 Whish 和 Sufrin（1987），第8页及以后各页。

④ 这反映了《谢尔曼法》的最初法案的措词，它直接反对“所有缔结的协议（等等）……具有或倾向于阻止自由与完全竞争”的观点，见 Joliet（1967），第21页。在显性传统中最重要的案例是 *National Society of Professional Engineers* 诉 *United States*，435 US 679（1978）。关于在那种情形中对检验的评论，详见 Wertheimer（1984）。

⑤ 见 *Kreuzer* 诉 *American Academy of Periodontology*，558 F Supp 683（DDC 1983），735 F 2d 1497（DC Cir 1984）；*Pontius* 诉 *Children's Hospital*，552 F Supp 1352，1372（WD Pa 1981）。

更高的门槛。同样的观点应用于下面给出的其他原则，包括显著性概念。

第二个合理推定原则的标准是：

（R3）如果一项限制的反竞争效果显著地超过其促进竞争的效果，那么它是不合理的。

再者，这个原则有许多解释。例如，按绝对值或比例来计量其反竞争或者促进竞争效果的规模。一项限制属于（R2）就不需要再属于（R3），因为它可能有显著的反竞争效果，然而，这种效果没有显著地超过其促进竞争的效果。同样，根据按比例计量的显著性效果来理解（R3），一项限制属于（R3）就不需要再属于（R2）。因为它可能有反竞争效果，按比例这种效果比其促进竞争的效果大得多，即使每种效果都微不足道。①

第三个合理推定原则的标准是通过省略（R3）中所提到的显著性来构成：

（R4）如果一项限制的反竞争效果超过其促进竞争的效果，那么它是不合理的。②

而且，在（R2）、（R3）和（R4）中引入"意图"，可以形成更多的原则：③

（R5）如果一项限制旨在产生显著的反竞争效果，那么它是不合理的。

（R6）如果一项限制旨在使反竞争效果显著地超过其促进竞争的效果，那么它是不合理的。

（R7）如果一项限制旨在使反竞争效果超过其促进竞争的效果，那么它是不合理的。

---

① 把（R2）与（R3）之间的区别和 Schechter（1982）中对 EC81 款的两种可能解释之间的区别进行比较。

② 可论证（R4）说明了这个检验，见 *Professional Engineers*（59 页脚注④），第 650 页。欧洲法院对 EC81（1）款采用了相似的立场，见案例 161/84，*Pronuptia de Paris GmbH* 诉 *Pronuptia de Paris Irmgaard Schillgalis*［1986］ECR 353 的情形。对 EC81（1）款的这种立场，得到了英国工业联合会的拥护（1995），第 7～8 页。

③ 关于在《谢尔曼法》（1890）第一部分的运用中意图概念及同类概念的作用，见芝加哥期货交易所案（58 页脚注①），第 239 页；*Appalachian Coals*（58 页脚注②）；Areeda（1989），第 389 页及以后各页；Neale 和 Goyder（1980），第 447 页及以后各页，第 470 页；Oppenheim 等（1981），第 14 页，以及 61 页脚注④。出于 EC81 款 的目的，后面第 4 章讨论协议目标与参与者意图之间的关系。

这些原则中的每一个原则都有各种各样的解释，取决于意图的种类，[①] 类似的三条一组的原则可以通过引入一个必要条件来阐述，[②] 或者通过替代与意图相关的各种概念例如目的或动机来阐述。[③] 把前面所阐述的组合起来，可以产生更多的原则，形成混合标准。例如（R2）和（R5）可以结合如下：

（R8）如果一项限制具有或者旨在具有显著的反竞争效果，那么它是不合理的。[④]

3.2.3 合理推定原则：隐性传统

尽管显性传统把《谢尔曼法》（1890）第一部分的目的仅视为促进竞争，但是它并没有提到竞争。[⑤] 在判例法中，其他传统[⑥]，可以称之为隐性传统，包含在一个广泛的、无限制目的范围内促进竞争，它把这些目的归因于《谢尔曼法》（1890）第一部分。[⑦] 这些可以通过确定一项限制是否合理的标准范围来反映。所采用的标准有公正性、选择多样性、消费者与小企业的保护、控制力的分散程度、进入市场的路径、财富的再分配、商情在大量企业之间的扩散、促进涉及就业的各种产业和社会政策、工作时间、市场信息传播、风险减少、

---

① 详见 Areeda（1989），第392页；前面第1章13页脚注③；后面第4章讨论目标与效果。

② 见关于“主要目的”的参考文献，*Denison Mattress Factory* 诉 *Spring-Air Company*，308 F 2d，403，408（5th Cir 1962）；并且与辅助限制的观点进行比较（58页脚注③）。

③ 这些概念在《谢尔曼法》（1890）第一部分的讨论中经常相互混用，见例如 Joliet（1967），第134页。关于意图概念和相似概念之间的区别，见前面第1章。

④ 比较首席法官 White 的分离式检验，见 *United States* 诉 *American Tobacco*，221 US 106，179（1911）。使用分离式检验标准的其他情形，见 United States 诉 *Imperial Chemical Industries*，100 F Supp 504，557（SDNY 1951），以及 *White Motor Co.* 诉 *United States*，372 US 253，263（1963）。

⑤ 法官 Holmes 解释了他的不同意见，见 *Northern Securities*（58页脚注①）。对照《谢尔曼法》的最初法案的措词（59页脚注④）。

⑥ 根据 Gellhorn 和 Tatham（1985），第162页及以后各页的术语，这个传统包括了“公民权”，这似乎与“干预主义模式（Interventionist Model）”一样，见 Piraino（1991），第686页。

⑦ 隐性传统的主要来源是芝加哥期货交易所案，通过案例 *Northern Securities*（都在58页脚注①中）作了一些扩展。关于隐性传统的其他显著情形是案例 *Appalachian Coals*（58页脚注③）；*United States* 诉 *Associated Press*，52 F Supp 362（1943）；*United States* 诉 *Aluminium Company of America*，148 F 2d 416，427（2D Cir 1945）；*United States* 诉 *Paramount Inc.*，334 US 131（1948）；*Standard Oil Co.* 诉 *United States*（Standard Stations），337 US 293，318－19（1949）（Douglas J. 不同意）；*Times-Picayune Publishing Co.* 诉 *United States*，345 US 594，614 ff（1953）；*Brown Shoe Co.* 诉 *United States*，370 US 294，344（1962）；*United States* 诉 *Penn-Olin Chemical Co.*，378 US 158，176－7（1964）；*United States* 诉 *Topco Associates Inc.*，405 US 596，601（1972）。显性传统与隐性传统之间的差别可以和英国兼并控制中《公司法（2003）》的“实质性竞争减弱”检验与《公平交易法（1973）》的更广泛的“公共利益”检验之间的差别相比。

技术创新、企业之间交易抉择权力和反垄断权威的分配。[①] 其中一些但并非全部的标准可以作为衡量竞争的标准被采用:[②] 可以认为"竞争"有多种多样的含义。正如法院在显性传统范围内在不同竞争含义之间摇摆不定一样，它们也在显性传统与隐性传统之间摇摆不定，目前把它们的注意力限制在竞争上，在这种或那种意义上，扩大它们的包含其他标准的调查。[③] 这是第二种不当的反垄断，因为没有理由相信促进竞争的行为将减小风险或者是两种传统都适合不同的情况。

通过扩展（R1），所列举的每一项标准都可以用更多的合理推定原则来表达。然而在显性传统中标准原则更容易表述为对不合理性的充分条件的具体规定，而在隐性传统中标准原则用合理性来表述会更好。一个简单的例子是:

（R9）如果一项限制是促进或者是旨在促进技术创新的，那么它是合理的。

然而，在隐性传统中，这种抉择倾向于综合使用标准，因此，一项更真实的原则是:

（R10）如果一项限制充分满足或者旨在充分满足足够数量的相关标准，那么它是合理的。

对（R10）有各种各样的解释，除了其他因素之外，信赖于每次出现的"充分的（sufficient）"程度。

3.2.4 权衡

我在这里使用"协约（arrangement）"一词来覆盖——无论准确与否——《谢尔曼法》（1890）第一部分的三个词："合同（contract）"、"联合（combination）"、"合谋（conspiracy）"。[④]

（R10）立刻使法庭面临评估违反这些标准的协约问题。为了综合适应这些标准，法院必须在这些标准之间权衡。例如，公正性比选

---

① 欧盟委员会竞争法，以及欧洲其他反卡特尔的法律，也用来追求非竞争性的目标——最引人注目，在前者的情形中——内部市场一体化。见 Joliet（1967），第 24、60、71 页及以后各页，第 113~114 页；Korah（1986），第 85 页；Scherer 和 Ross（1990），第 328 页及以后各页；Whish（2003），第 17 页及以后各页。

② 详见 Areeda（1989），第 383 页。

③ 见 Bork（1965），（1978）；Fox（1990）；Gellhorn 和 Tatham（1985），第 164 页；Wood Hutchinson（1984），第 148 页；文献引用见 59 页脚注③。

④ 一个词语的延伸是它运用到一系列事情。第 4 和 5 章讨论了不同意义上或英国《公司法（2002）》和《限制性交易行为法（1976）》所使用的不同意义上的协约。

择多样化更重要吗？如果限制越多，那么法院面对的类似问题是支持显性传统但同时力求使用不同的竞争定义：这种权衡过程比缺乏限制更重要吗？当使用标准的合理推定原则时，产生权衡的必要性就有各种各样的理由。除刚才提到的这些以外，法院可能不得不在同类型竞争的不同形式之间进行互相权衡，例如品牌之间或者品牌内部的竞争。同样，这些原则涉及程度问题：如果法院应用（R2），那它就必须权衡反竞争效果进而决定它们是否是显著的。在原则涉及主导意图的情况下，需要权衡以哪种意图为主。

这里就产生了理论问题和实践问题。理论问题是：什么是权衡？援引心里尺度作为象征（比喻）是不够的。这个问题需要分为更多的问题，例如：这些情形都有唯一的心理活动吗？我们有意作为权衡因素所描述的所有其他情形都有唯一的心理活动吗？这种或这些心理活动在多大程度上包含了事实判断，以及在多大程度上包含价值判断？实践性的问题是：法院在这些情况下是如何做出抉择的？[①] 这两个问题更进一步提出是否有客观程序可以利用的问题，进而提出第四个问题，即客观性的性质问题。悲观主义者，包括一些法律的现实主义者，都坚持认为在这些情形中，是不存在客观程序的。不过少数悲观的观点有一定的合理性。一些相信评估具有主观性而实证研究具有客观性的人，[②] 可能会认为这种情况是变化的，取决于这些情形中评估和实证研究评价所占的比例。例如，有两种判断，一个是一项限制的反竞争效果是显著的判断，另一个是公平比选择多样性更重要的判断，人们会认为前一个判断比后一个判断更受到客观限制。所有这些问题属于一般的法哲学问题，这里我就不再继续探究了。

3.2.5 本身违法原则

通过对运用合理推定原则所获经验的归纳，本身违法原则得到了

① 对理论性和实践性问题的回答往往是粗略的。理论性问题，见 Broome（1991b）；R. Dworkin（1978），第 26 ~ 27 页；Greenwalt（1992），第 205 ~ 206 页；Stocker（1992）；B. Williams（1985），第 97 页。实践性问题，见 Areeda（1989），第 362、394、398 页；Sullivan（1977），第 188 页。关于权重问题要求在权衡的对象之间用共同成分，对比 Bork（1965），第 832 页，Griffin（1986），第 90 ~ 91 页，以及 Shafer-Landau（1995），第 89 页及以后各页。

② 对照主观与实证的联合和客观与规范的联合，见前面第 2 章。

发展。[①] 法院承认，当根据合理推定原则对某些种类的协约进行评估时，发现它们几乎总是属于《谢尔曼法》(1890) 第一部分所限制的对象。一旦这些种类的协约被确定下来，那么把合理推定原则应用到开庭审理的这类协约中，就是一种资源的浪费：应用合理推定原则所产生的额外信息并不等于获取它的成本价值。[②] 因此，法院采纳的原则就是按照《谢尔曼法》(1890) 第一部分的规定，那些类型的协约本身是违法的。[③] 一旦这些原则确定下来，那么，在按照《谢尔曼法》(1890) 第一部分裁定一项协约属于其所规定类型之前，法院本身只需要确认这项协约（本身违法原则的好处将在下面得到更详细的讨论）：

本身违法原则是为了应用《谢尔曼法》(1890) 第一部分而形成的原则，[④] 它们所具有的形式是：

(P1) 按照《谢尔曼法》(1890) 第一部分，K 种类型的协约是违法的。

对于每种不同类型的协约，存在不同的本身违法原则。[⑤] 例如：

(P2) 按照《谢尔曼法》(1890) 第一部分，赤裸裸的横向价格操纵是违法的。

(P3) 按照《谢尔曼法》(1890) 第一部分，联合（集体）抵制 (group boycotts) 是违法的。

---

① 见 *Arizona* 诉 *Maricopa County Medical Society*, 457 US 322, 344 (1982); *Jeffson Parish Hospital District No. 2* 诉 *Hyde*, 466 US 2, 16 (1984); *Northwest Wholesale Stationers* 诉 *Pacific Stationery & Printing Co.*, 472 US 284, 289 (1985); *Federal Trade Commission* 诉 *Superior Court Trial Lawyers Association*, 493 US 411 (1990); Joliet (1967), 第 103 页; Neale 和 Goyder (1980), 第 449 页; Piraino (1994), 第 1770 页; Sullivan (1977), 第 193 页。

② 见 Ehrlich 和 Posner (1974), 第 266 页。

③ 根据《谢尔曼法》(1890) 第一部分，本身违法行为的表述首先使用在 *Socony-Vacuum Oil Co.* 诉 *United States*, 310 US 150 (1940) 案中，然而其思想可以追溯到 *Trans-Missouri Freight* 案 (58 页脚注①), 见 Scherer 和 Ross (1990), 第 317 ~ 318 页。关于本身违法原则的宗旨，见案例 *Northern Pacific Railway Co.* 诉 *United States*, 356 US 1, 5 (1958); 案例 *United States* 诉 *Container Corp. of America*, 393 US 333, 341 (1969) (法官 Marshall 的不同意见); 案例 *Professional Engineers* (59 页脚注④), 第 692 页; 案例 *Broadcast Music Inc.* 诉 *Columbia Broadcasting System Inc.*, 441 US 1, 19 – 20 (1979); 以及 *NCAA* (58 页脚注③)。见案例 *Trial Lawyer* (64 页脚注①), 第 422 ~ 423 页，法官 Stevens 主张本身违法原则是法律规定，而不是为了管理便捷的原则; 对照 Areeda (1989), 第 396 ~ 397 页，以及 Wertheimer (1984), 第 1300 页, n. 24。Bork (1966), 第 377 页，把《谢尔曼法》的“学说混乱”大多数归因于司法和学术上对难以想象的大量本身违法原则叙述的溺爱”。Bork 在第 383 ~ 384 页对本身违法原则适当范围陈述他的观点。对于本身违法原则的不同分析，详见 66 页脚注①。

④ 比较 Neale 和 Goyder (1980), 第 30 页。

⑤ 所列出的那些类型的目录，见 Hawk (1994), 第 2 卷，第 276 页; Oppenheim 等 (1981), 第 19 页。

这些原则不能作为单个分离的原则结合起来，因为，正如下面将清晰指出的，随着法官态度的改变，协约类型可以增加，也可以剔除，在这种意义上，相关的协约类型是不确定的。

3.2.6 伦理类比

我们可以对于法学中本身违法原则和合理推定原则之间的差别与伦理学中直接结果论和间接结果论的差别进行一个有趣的类比。粗略地说，直接结果论的观点是个体行动的正确与否取决于那些行动的结果，然而间接结果论认为应该从两个层面来判断正确与否：个体行动的正确与否取决于它是否遵守了相关的道德准则，然而这些准则本身根据它们所获得的结果来评定。按照合理推定原则，一项协约的评估类似于直接结果论，因为协约的合法性取决于对竞争实际产生或旨在产生的后果。本身违法原则类似于间接结果论，包含两个层面的评估：如果一项协约是适用本身违法原则的，则该协约可判断为违法的，该原则本身正当与否要通过对竞争的后果来判断。司法效率和其他情况将在下面讨论。

在伦理学中，对于究竟是直接结果论更好还是间接结果论更好，存在持续的争论。[①] 考虑到了争论某一方的论据是适应支持使用合理推定原则或本身违法原则是很有益的。例如，对间接结果论的一项标准质疑事实上等价于直接结果论，因为它必须要求每一项原则都有足够的附加材料来阻止任何个体行为遵从源于次优后果的原则。[②] 相应的，可以论证本身违法原则不是对合理推定原则的改善，因为每当本身违法原则在结果上禁止一项促进竞争的协约时，法院要么放弃本身违法原则，要么修改本身违法原则。这里不再进行这样的研究，但是这种研究可能会证实这样一种有一定道理的观点：这两种区别事实上是一个具有有限理性理论特征的更一般区别的特例。[③]

---

① 包含有用观点的文献资料，见 Hooker（1995）和 McNaughton（1998）。对于法律争论的运用，见 Alexander（1985），第320页。

② 见 Lyons（1965）。

③ 比较 Heiner（1986），根据不确定性行为理论，它解释了法律原则的演化。关于有限理性，见 Simon（1982）。

3.2.7 作为标准原则应用的合理推定原则

存在大量并不属于本身违法原则的协约，法院认为需要根据标准的合理推定原则对它们进行单独评估。法院的立场包含在更多的合理推定原则之中。

（R11）一项不是本身违法原则所规定的协约必须根据标准的合理推定原则来单独评估，进而按照《谢尔曼法》（1890）第一部分决定它是否是违法的。

因此，（R11）是标准的合理推定原则的运用。例如，如果（R2）是所选择的标准合理推定原则，（R11）就要求法院事先裁定一项协约是否包含具有显著反竞争效果的限制。

（R11）可以分解成一系列更详细的原则，这些原则要识别协约的种类，协约的具体情形需要进行单独评估。这些原则的具体形式如下：

（R12）如果根据标准的合理推定原则决定某类协约是否违反《谢尔曼法》（1890）第一部分，则该类协约必须单独评估。①

正如本身违法原则，对于每类协约，存在不同的原则，例如：

（R13）非价格纵向协约必须单独评估（等等）。

正如本身违法原则，这样的原则不能以单个分离的形式结合起来，因为相关类型是不确定的。

3.2.8 众多原则

概括起来，有三种主要类型的合理推定原则。第一，是（R1），这类原则把《谢尔曼法》（1890）第一部分解释为仅仅应用于一些不合理的限制。第二，详细规定合理与不合理标准的原则。这些原则分属于两个子集。一个是显性传统，它通过对竞争的影响来判断一项限制的不合理性，（R2）—（R8）是这类子集的例子。另一个是隐性传统，使用更广泛的标准，（R9）及（R10）都归属于这类子集。第

① Areeda（1989），第414页及以后各页，把本身违法原则作为排除免罪调查、市场势力或价格合理性来描述。根据现在的讨论，这种观点把本身违法原则作为证明（R12）类型原则合格来描述，并采取这样的形式："根据标准的合理推定原则，评估K类型协约时，不应该考虑……"比较Joliet（1967），第7页。

三，标准原则应用的原则：如（R11）和（R13），它们满足作为基本纲要（R12）的要求。本身违法原则是应用《谢尔曼法》（1890）第一部分的原则，并且满足作为基本纲要（P1）的要求，如（P2）和（P3）。

依此类推，存在众多的合理推定原则和本身违法原则。然而，人们讨论合理推定原则时常常加上定冠词，意味着合理推定原则只有唯一一个。[①]（文献中同样包括很少提到带定冠词的本身违法原则。[②]）一个解释可能是他们想到的不是命题，正如之前的那些观点，而是事态。在使用带定冠词的“合理推定原则（the rule of reason）”上就像使用带定冠词的“法律原则（the rule of law）”一样，正如后者表明的是法律普遍存在的事态，所以，前者表明的是法院根据合理性与不合理性的标准运用《谢尔曼法》（1890）第一部分的事态。另一个解释是他们想到的正是上面列出的合理推定原则之一。如果是这样，那很可能是指（R1）（把《谢尔曼法》（1890）第一部分中的“限制”理解为“不合理的限制”）。因为可以说其他合理推定原则正是从这一合理推定原则派生出来的。

3.3 本身违法原则和合理推定原则的优势

对于本身违法原则和合理推定原则的特点已经进行了一些陈述，但是，阐明人们为每种原则类型提出的优势是有益的。其中一些优势存在争议，但我会不附加评论地把它们列出来。

第一，本身违法原则有利于提高行政、诉讼和判决效率，[③] 特别是它们降低了对商业活动[④]进行持续监督及法院作出经济学判断的必

① 见 Bork（1965），（1966），（1978）；Easterbrook（1984a），第10页；Gellhorn 和 Tatham（1985），第155页，Joliet（1967）；Piraino（1991），第685页，（1994），第1755页。

② 见64页脚注③，摘自 Bork 的引用语。比较 Joliet（1967），第54页；Sullivan（1977），第194、197页。

③ 见 *Northern Pacific Railway* 案（64页脚注③），5；*Container Corp.*（64页脚注③），341；Bork（1978），第18～19页；Easterbrook（1984a），第9～10页；Ehrlich 和 Posner（1974），第264页及以后各页；Gellhorn（1986），第199页；Piraino（1991），第691页，（1994），第1756页；Posner（1986），第513页；Schauer（1991b），第145页及以后各页；Sullivan（1977），第193页；匿名（1983）。

④ 见 Areeda（1989），第412～413页。

需性，法院没有足够的资源和条件作出经济学判断。[①] 第二，本身违法原则具有确定性、[②] 透明性、[③] 简化性[④]相互关联的优势。第三，它们提高了可预测性，既涉及协议的法律后果，[⑤] 又涉及诉讼后果。[⑥] 法律后果的可预测性可用来证明司法的严厉程度，严厉司法具有威慑优势。[⑦] 诉讼后果的可预测性则增加了争论双方庭外和解的可能性，因此节约了司法资源。[⑧] 第四，如果本身违法原则是适当的，那么《谢尔曼法》（1890）第一部分的执行就不大可能是专横的、非理性的、错误的、有偏见的或者不公平的，[⑨] 因此本身违法原则也促进了法律原则。[⑩] 第五，它们阻止根据《谢尔曼法》（1890）第一部分判决时对被告的任何偏见。[⑪] 第六，它们具有动态稳定性，即使首先在非法与合法所属不清的情形下它们的运用产生一些不良决定，人们也会通过学习来调适他们的行为以避免这样的结果。[⑫]

据说合理推定原则的使用有如下优势：第一，由于合理推定原则涉及个人评价，它减少了法院判决并非《谢尔曼法》（1890）第一部分要禁止的个别协约有罪的风险。[⑬] 当使用本身违法原则时，这种风险要大得多。因为本身违法原则只是根据对协约的分类来作出裁决：如果本身违法原则事先没有对个别协约进行详细规定，法院就对其进

---

① 见 *Topco* 案（61 页脚注⑦），第 609、612 页；Fox 和 Sullivan（1989），第 282 页；Neale 和 Goyder（1980），第 449 页；Scherer 和 Ross（1990），第 336～337 页。

② 见 *Trans-Missouri Freight* 案（58 页脚注①），第 331～332 页；Areeda（1989），第 396～397 页；Bork（1990），第 52 页；Bright（1995），第 515 页；Gellhorn（1986），第 427 页；Joliet（1967），第 84、189～190 页；Kennedy（1973），第 364 页，（1976），第 1688 页；Neale 和 Goyder（1980），第 447 页；Sullivan（1977），第 193 页；Whish 和 Sufrin（1987），第 37 页。

③ 见 Gellhorn（1986），第 197 页；Piraino（1991），第 691 页，（1994），第 1754 页。

④ 见 Piraino（1994），第 1754 页；Hare（1973）。

⑤ 见 M. Kelman（1987），第 43 页；Schauer（1991b），第 137 页及以后各页；匿名（1983），第 710 页。

⑥ 见 Ehrlich 和 Posner（1974），第 265 页；M. Kelman（1987），第 44 页；匿名（1983），第 710 页。

⑦ 见 Areeda（1989），第 412～413 页；Beschle（1987），第 475 页；Gellhorn（1986），第 198～199 页；Piraino（1991），第 691～692 页，（1994），第 1754 页；Posner（1986），第 513～514 页。

⑧ 见 Ehrlich 和 Posner（1974），第 256 页；M. Kelman（1987），第 44 页。

⑨ 见 Ehrlich 和 Posner（1974），第 264 页；M. Kelman（1987），第 41 页；Schauer（1991b），第 135～137 页；Scherer 和 Ross（1990），第 336 页。

⑩ 见 Katz 和 Teitelbaum（1978），第 4 页及以后各页。

⑪ 见 Piraino（1991），第 702 页及以后各页；Wood Hutchinson（1984），第 110 页。

⑫ 见 M. Kelman（1987），第 44 页。

⑬ 见 Bechle（1987），第 475～476 页；Ehrlich 和 Posner（1974），第 268 页及以后各页；Gellhorn（1986），第 198 页；M. Kelman（1987），第 40～41 页；Kennedy（1976），第 1689 页；Piraino（1991），第 692、711 页；Posner（1986），第 514 页；Schauer（1991b），第 31 页及以后各页。

行判决，可能判决其违法。然而，这个协约可能是无害的，因为，本身违法原则不可能把该类协约描绘得如此精确以至于该类所有协约都属于《谢尔曼法》（1890）第一部分所禁止的有害协约。因此，合理推定原则就鼓励法院根据个别案情的实际情况作出灵活反映。① 第二，也是最紧密相关的优势，就是它们避免了对本身违法原则作出系统而精确规定的成本，以及随着经济条件变化不断修订该原则以保持精准水平的成本。② 第三，合理推定原则提高了经济效率。③ 第四，它们是公平的，④ 特别地，保护对被告的公平辩护。⑤ 第五，它们阻止逾越合法边界的行为。⑥ 第六，合理推定原则之间的冲突与差距可能比本身违法原则之间的冲突与差距要小一些。⑦

最后，对赞成本身违法原则的某些主张的质疑支持了合理推定原则的使用。可以说本身违法原则所具有的相互关联的确定性、透明性和简化性特征具有很大的欺骗性，因为在决定有争议的个别协约是否是本身违法原则所规定的类型存在困难时，这些特征常常就消失了。⑧（描述方法问题将在下面作进一步探讨。）至于本身违法原则是动态稳定的，一种可能的反驳是它们在另一个方面是不稳定的：为了包容例外情况，它们变得越来越复杂，并且可能变得难以操纵以至于人们开始忽视它们。⑨

---

① 见 Bork（1990），第52页；Easterbrook（1984a），第10页；Joliet（1967），第189~190页。

② 见 Ehrlich 和 Posner（1974），第267~268页；Posner（1986），第513页。

③ 见 Bork（1978），第267~268页；Piraino（1994），第1754页。

④ 见 Bork（1978），第268页；Gellhorn（1986），第199页。

⑤ 见 Piraino（1991），第695页。

⑥ 见 Gellhorn（1986），第198页；M. Kelman（1987），第41页及以后各页；Kennedy（1976），第1695~1696页。

⑦ 见 M. Kelman（1987），第44页；Kennedy（1976），第1700页；Posner（1986），第514页。

⑧ 见 Bechle（1987），第472~473页；Ehrlich 和 Posner（1974），第267页；Gellhorn（1986），第198页。

⑨ 见 M. Kelman（1987），第44页。比较前面对间接后果论的质疑。

3.4 合理推定原则与本身违法原则之间的关系

3.4.1 简单观与复杂观

关于合理推定原则与本身违法原则之间的关系，存在两个相反的观点。一个是简单观，即根据《谢尔曼法》（1890）第一部分，合理推定原则与本身违法原则的应用组成了一对完全相互排斥的评估方法。① 复杂观在文献中表现为多种形式，并且认为在这两类原则之间没有明显的界限，更准确地说，它们属于同一系列（序列）（a continuum）。② Herbert Feigl 曾经提出这样一个问题：种类上的差异与程度上的差异之间的差异到底是种类上的差异还是程度上的差异？③ 如果说本身违法原则把《谢尔曼法》（1890）第一部分所规定的协约与其所规定之外的协约之间的差异视为是种类上的差异，则合理推定原则把它视为是程度上的差异，也就是说，简单观把这两个差异之间的差异视为种类上的差异，而复杂观则把它视为程度上的差异。

正如已阐述的，这两种观点太不清晰，无法在它们之间做出选择，它们之中哪一个是正确的问题需要转换成一组清晰的问题：

（1）合理推定原则或本身违法原则的适应范围有模糊不清的地方吗？

（2）任何合理推定原则的范围完全包含了本身违法原则的范围吗？

（3）所有合理推定原则与本身违法原则适应范围的集合包括了

---

① 见 *Professional Engineers* 案（59 页脚注④），第 692 页；Easterbrook（1984a），第 9 ~10 页；Fox 和 Sullivan（1989），第 282 ~ 283；Piraino（1991），第 685 页，（1994），第 1753 页。

② 见 *Topco*（61 页脚注⑦），621（Burger CJ 的不同意见）；*Professional Engineers* 案（59 页脚注④）；*NCAA*（58 页脚注③），2962；*Massachusetts Board of Registration in Optometry*，5 Trade Reg REP 22，555（FTC，1988）；*Detroit Auto Dealers*，111 FTC 417，493 –4（1989）；关于知识产权许可与获得的反垄断指南，59 Fed Reg 41，339，第 4 段，第 5 页（1989），第 361、408 ~ 409、413 ~ 414 页，第 427 页及以后各页，Supplement（1995），第 923 ~ 924、22 页；Flynn（1982），第 1612 ~ 1613 页；Gellhorn（1986），第 186 页及以后各页；Gellhorn 和 Tatham（1985），第 156 页；Hawk（1994），第 1 卷，第 276 页；Joliet（1967），第 54、65 页；Neale 和 Goyder（1980），第 25 页；Piraino（1991），第 692、710 页，（1994），第 1769 ~ 1770 页；Sullivan（1977），第 193、196 ~ 197 页，（1987），第 838 页；Whish（1993），第 19 ~ 20 页；Whish 和 Sufrin（1987），第 7 页。

③ 引自 Putnam（1994），第 262 页。

《谢尔曼法》（1890）第一部分的范围吗？

（4）存在根据《谢尔曼法》（1890）第一部分来裁定协约合法性的方法吗？这种方法既不是合理推定原则的应用，也不是本身违法原则的应用，但又具有每一种方法的一些特点。

（5）法院是否曾经根据协约种类来改变它们的方法，尽管它首先属于本身违法原则，但之后它又属于合理推定原则，反之亦然？

（6）在合理推定原则的使用与本身违法原则的使用之间存在矛盾吗？

（7）正是合理推定原则的应用而不是本身违法原则的应用涉及判断力吗？

如果考虑到原则的多样性，这些问题仍然难以处理，所以，我将集中讨论本身违法原则以及与其作用最相似的合理推定原则，也就是形式（R12）所代表的原则，它界定了协约的种类，协约的实例需要根据标准原则进行单独评估。

3.4.2 问题（1）：模糊

一些学者认为“模糊的”本身就是一种模糊的表达，无论如何它都是含混不清的。[①] 因为除此之外，它有“模棱两可的”、“粗略的”、“不确切的”、“大概的”或“不准确的”的含义。相应的，与这些概念相对应，可以把问题（1）分成一组问题。哲学中，“模糊的”是专门术语，意指边界模糊不清的现象。[②] 从这种意义上讲，每条（R12）类型的原则和每条本身违法原则都有模糊的范围，进而引起难以处理的模棱两可问题，[③] 仔细思考在这些原则中使用的界定协约种类的词语：“赤裸裸的横向价格操纵”，“联合抵制”，“非价格的纵向协约”等等。所有这些都有外延的扩展，容易受难以处理的模

① 见 Austin（1962），第125～126页。

② 见 Williamson（1994），第36、71页；对照 Sainsbury 的观点，即模糊概念没有界限，见 Sainsbury（1990）。

③ 关于合理推定原则的模糊性，见 Hawk（1994），第1卷，第280页。*Nash* 诉 *United States*，229 US 373（1913），因违宪模糊，涉及挑战《谢尔曼法》；见 Bork（1978），第73页及以后各页的讨论，其中 *Nash* 案与其他涉及法律模糊性的案件比较。

棱两可问题的影响。[1] 而且（R12）类型的原则涉及自身有模糊范围的标准合理推定原则，很显然，在那些标准的合理推定原则中，如（R2），包含了典型的模糊词语“显著的”。可以认为：（R12）类型的原则和本身违法原则在范围上的模糊性是基于它们以一种自然语言表述的必然结果，如果假设在自然语言上所有的或几乎所有的词语都是模糊的。无论假设正确与否，对问题（1）的回答都是肯定的。

3.4.3 问题（2）：重叠

问题（2）——限于上面的解释——提出的问题是所有（R12）类型原则的范围是否与所有本身违法原则的范围重叠。根据对立的答案，存在四种可能的观点。

首先，可以说对这一问题的回答是肯定的，因为在许多协约中既包含一些属于（R12）类型原则的因素，也包含另一些属于本身违法原则的因素。例如，两个企业可能缔结一项既包含纵向的非价格约束，也包括赤裸裸的横向价格操纵。然而，就协约特征而言，这里采用的是粗略化（a coarse-grained）原则。第二个观点采用了精细化（a fine-grained）原则，它确保（R12）类型原则与本身违法原则没有重叠。根据这一原则，刚才描述的例子包括两个协约，一个是纵向约束，另一个是价格操纵。因此，在这种情形中，对问题（2）的回答是否定的。

然而，假设采用粗略化原则：一项协约既可以用（R12）类型原则明确界定协约类型——如（R13）（必须根据标准的合理推定原则对一个纵向的非价格协约单独评估，以决定它是否违反《谢尔曼法》（1890）第一部分）——也可以用本身违法原则明确界定协约类型——如（P2）（赤裸裸的横向价格操纵违反《谢尔曼法》（1890）第一部分）。如果协约进入司法程序，那么法院必须事先决定采用两个

---

① 关于操纵价格的模糊界限，见芝加哥期货交易所案（58 页脚注①）；*United States* 诉 *Gasoline Retailers' Association*，285 F 2d 688（7th Cir 1961）；*National Macaroni Manufacturers' Association* 诉 *Federal Trade Commission*，345 F 2d 421（7th Cir 1965）；*Broadcast Music* 案（64 页脚注③）；*United States* 诉 *Nu-Phonics Inc.*，1979 Trade Cas（CCH）P62，652（ED Mich 1979）；*Monsanto Co.* 诉 *Spray-Rite Service Corp.*，104 S Ct 1464（1984）；Bork（1966），第 391 页及以后各页；Fox 和 Sullivan（1989），第 282 页；Neale 和 Goyder（1980），第 31 页；Piraino（1994），第 1800 页；Sullivan（1977），第 226 页及以后各页；Wood Hutchinson（1984），第 118 页及以后各页；下面问题（5）的讨论。

原则中的哪一个。它不能运用两个原则。如假设它首先使用（P2），那么无需其他原则法院就可以裁定该协约是违反《谢尔曼法》（1890）第一部分的。在这种情形中，（R13）的运用是多余的。相反，假设法院首先采用（R13），（R13）要求法院依次采用标准的合理推定原则。例如，假设法院使用的标准原则是（R3），它表明如果一项限制的反竞争效果显著地超过了它促进竞争的效果，那么该限制就是不合理的。进一步假设法院裁决该项协约包含了一种限制，这种限制的反竞争效果显著地超过了它促进竞争的效果。那么，根据（R13），法院裁定该协约违反《谢尔曼法》（1890）第一部分。在这种情形下，（P2）的运用是无意义的，第一，因为它将给出同样的结果，第二，法院已经消耗了本身违法原则旨在节约的资源。现在假设法院裁定该协约并不包含反竞争性效果显著地超过其促进竞争效果的限制。那么，根据（R13），法院裁定该协约没有违反《谢尔曼法》（1890）第一部分而被允许。如果法院现在使用（P2），它将裁定该协约违反《谢尔曼法》（1890）第一部分，因此陷入自相矛盾的境地。

因此，法院既不采用（P2），也不采用（R13）。这正是描述方法问题之所在——为了用本身违法原则或合理推定原则来判定一项协约，要决定如何来描述协约。① 在目前这种情况下，解决办法是法院使用元规则（原则）：

（M1）如果一项协议既可以根据本身违法原则用具体例证明确界定其类型，也可根据（R12）类型原则用具体例证明确界定其类型，则认为该协约仅仅适用于其中一条原则。

给定（M1），（M1）与其理由共同组成对问题（2）的第三种回答，可以说它对问题（2）的回答要么是否定的，要么是肯定的但被视为是否定的。

正如问题（1）的讨论所揭示的，本身违法原则和（R12）类型

① 描述方法的重要性得到法院的认同，见 *Broadcast Music* 案（64页脚注③），第19~20页。*Barry Blue* 诉 *Cross of California*，805 F 2d 866（9th Cir 1986）提出了与联合抵制有关的问题。（关于联合抵制，同样见76页脚注①和80页脚注⑤。）描述问题的讨论，见 Areeda（1989），第414页，第421页及以后各页，Supplement（1995），第898~899页；Schauer（1982），第11~12页；Wood Hutchinson（1984），第100~101页。更一般的，冲突原则的问题是法律现实主义的中心议题；M. Kelman（1987），第48~49页，描述了在批评法学研究中这个议题的发展。

原则有模糊的范围，因此，这类原则的范围既有一个中心范围——包括根据一定原则可以给出明确界定的所有情形——又有一个不明朗的外围范围。(中心与外围的边界本身是模糊的——这是一个更高阶模糊现象的情形。) 可以认为——这是第四种观点——尽管法院都不能在属于两者的中心范围上把本身违法原则和（R12）类型原则应用于对协约的裁定，但它可以在外围范围上把它们应用于对协约的裁定。[①] 按这两类原则详细规定一项协约种类的事实是认为该协约属于这两类原则外围范围的理由，第四种观点可能是据此提出的。第四种观点看起来并没有前途，因为在外围范围的意义上所给出的反对运用（P2）和（P13）的理由似乎同样令人信服。然而，如果支持这种观点，则（M1）将限于这些原则的核心范围。那么，这一元规则就理解为："如果一项协约用具体例证明确说明［等等］"，在这种情形下，倘若至少有一种协议属于本身违法原则和（R12）类型原则的外围范围，那么，对问题（2）的回答是肯定的。

现在，对问题（2）的回答取决于从这四种观点中所选择的观点。我并不试图建立一个结论性的排名。但是，第二和第三个观点似乎比第一和第四个观点更有说服力。这一事实支持否定性的答案，或者最多支持肯定的但又被视为否定的答案。

3.4.4 问题（3）：范围

问题（3）所提出的问题是：所有合理推定原则和本身违法原则范围的集合是否包含了《谢尔曼法》（1890）第一部分涉及的范围。鉴于只有（R12）类型原则是不确定的，可以对问题（3）换一个说法，即每项违反《谢尔曼法》（1890）第一部分的协约是否要么违反本身违法原则，要么违反（R12）类型原则。但是这种观点以一个错误为基础，因为（R12）类型原则并不是说明某种协约是违法的：它们只是明确说明裁定违法的方法，也就是运用标准的合理推定原则。把问题（3）更精确修订如下：

（3′）每项违反《谢尔曼法》（1890）第一部分的协议，或：

（a）违反本身违法原则。或：

---

① Scherer 和 Ross 讨论了在属于两者的边界情形中合理推定原则的使用，见 Scherer 和 Ross（1990），第 321 页及以后各页。

（b）它既

（i）属于（R12）类型原则；又

（ii）包括根据标准的合理推定原则判定的不合理限制？

为了充分地回答（3′），论及各种争论是必要的。例如，实际协约与可能协约之间的区分，一方面，在特定时间上协约与原则的区分，另一方面，在任意时间上协约与原则的区分；要考虑到本身违法原则的种类和（R12）类型原则的种类是不确定的事实；要考虑到这些原则通常得不到清晰陈述但必须从这些情形中作理性提炼的事实。我将不再继续探讨这些问题，只是对问题（3′）提供一个简短的、暂时的以及难以理解的答案。

假定协约按照问题（3′）来缔结是合理的，第一，一个称职的法官将裁定协约违反《谢尔曼法》（1890）第一部分，但是，第二，在缔结时它既不（a）违反本身违法原则，也不（b）既（i）属于（R12）类型原则，又（ii）包括根据标准的合理推定原则判定的不合理限制。事实上，存在或已经存在这样的协约，在这种意义上对问题（3′）的回答是否定的。然而，为了任何这样的协约，构建新的本身违法原则或新的合理推定原则来适应它是可能的。在这种意义上，对问题（3′）的回答是肯定的。

3.4.5　问题（4）：混合物

根据其限制形式，问题（4）提出的问题是，是否存在裁定协约违反《谢尔曼法》（1890）第一部分的方法，它既不是（R12）类型原则的运用，也不是本身违法原则的运用，但具有它们的一些特征。有下面三条理由支撑对这一问题的肯定回答。

1. 源于描述方法问题的理由

在对问题（2）的第三种观点的阐述中已经解释过描述方法问题，如果针对协约的个性特征采用粗略化原则，那么一项协约既可以通过（R12）类型原则所明确规定的种类用具体例证说明，也可以通过本身违法原则所明确规定的种类用具体例证说明，在这种情况下，法院就必须运用元规则（M1），视该协约仅属于其中之一。然而，（M1）本身并没有告诉法院哪一条原则是适用的。正如前面所假设的，在（R13）和（P2）选择之前，法院中意的标准原则是（R3），也就是说，如果一项限制的反竞争效果显著地超过了其促进竞争的效果，那么该限制就是不合理的。为了决定是采用（R13）还是（P2），法院可能会对（R3）作初步的、粗略的运用，权衡协约中所包含的限制措施促进或反竞争的最显著效果。作出这种粗略的判断后，如果法院发现该协约包含的限制措施总的来说是反竞争的，它将采用（P2），并裁定该协约违反《谢尔曼法》（1890）第一部分。这种标准的彻底运用是有风险的，因为它可能会得出相反的结论。另一方面，做出这种粗略的判断后，如果法院没有发现该协约包含显著的反竞争的限制措施，那么它会运用（R13）。假设（R12）类型原则被理解为要求根据标准的合理推定原则进行彻底评估。因为法院中意的标准原则是（R3），它将再次运用（R3），对该协约进行彻底的评估。①

这个步骤遵从第二元规则，作为对（M1）的补充：

（M2）如果一项协约既可以通过（R12）类型原则所明确规定的种类用具体例证说明，也可以通过本身违法原则所明确规定的种类用具体例证说明，那么就可以根据合理推定原则对该协约作出初步评估。根据这种评估，如果该协约包括不合理限制，则认为该协约属于本身违法原则；如果该协议没有包含不合理限制，则认为它只属于（R12）类型原则。

（M2）是对问题（4）给予肯定回答的依据。鉴于（R12）类型原则要求根据标准的合理推定原则进行彻底评估，刚才所描述的初步评估既不包括（R12）类型原则的运用，也不包括本身违法原则的运用，然而，它像是（R12）类型原则的运用，因为它涉及——尽管是以一种粗略的形式——标准的合理推定原则的运用，又像是本身违法原则的运用，因为它并不会考虑（R12）类型原则运用所需要顾及的方面。

---

① Gellhorn 和 Tatham 谈到法院使用了“分析合理推定原则的类型来决定是否运用本身违法原则检验”，见 Gellhorn 和 Tatham（1985），第 156 页。Sullivan（1977），第 209 页，谈到“用简短形式（truncated form，比较正式的翻译是“节录形式”，见《牛津高阶英汉双解词典》。我们以为“简短”作为“节录”之结果，更为通俗一些，所以用“简短形式”——译者注）分析合理推定原则”。也见 Sullivan 对与联合抵制相关的描述性问题的讨论：同上，第 247 页及以后各页。比较 *Northwest Wholesale Stationers* 案（64 页脚注①）和 *Universal Amusements Co.* 诉 *General Cinema Corp.*，635 F Supp 1505（SD Tex 1985）把对市场势力的调查作为本身违法原则初步运用。

2. 源于标准合理推定原则中标准范围的理由

对问题（4）的肯定回答有三个理由，其中第二个理由也以（R12）类型原则要求根据标准的合理推定原则进行彻底评估为基础，也以一些标准合理推定原则要求考虑非常广泛的因素为基础。例如（R3），从字面上理解，要求考虑所有促进和反竞争的效果，无论它们相差多大。法院做不到这一点。一些评论者断定合理推定原则是无意义的，[①] 但那是错误观点，他们什么也没有说。根据这些解释，所讨论的原则阐述得非常清楚，关键在于不能运用它们。

法院的反应是只考虑因素的受限范围。[②] 这种做法与之前描述的初步判定是相似的，当描述方法问题产生时才这样做，除了因素的范围极为狭窄之外。同样，目前的做法是对（4）给予肯定回答的基础：理由也是它既不涉及（R12）类型原则的运用，也不涉及本身违法原则的运用，但是它像前者——因为它涉及（尽管不完全）标准合理推定原则的运用，又像后者，因为没有考虑在（R12）类型原则运用中需要考虑的所有因素。

这个理由比前一个理由的说服力要弱一些。因为它容易受到这样的质疑，即应该根据法院通常的做法界定标准的合理推定原则。例如，如果当法院在运用（R3）时忽视微乎其微的影响，那么（R3）应该被解释为没有涉及这些影响，或者更好的是，应该对它重新改写使之更加清楚。但是，如果恰当受限的标准原则是在（R12）类型原则中提到的原则的话，法院使用它们在（R12）类型原则与本身违法原则之间确立第三种方法的存在是没有意义的。

这种异议有一些影响，但不是不容置疑的，因为法院有时说与做

---

① 见 Easterbrook（1984a），第 12 页，（1984b），第 153、155 页；Piraino（1994），第 1754 页。

② 见 *Standard Stations* 案（61 页脚注⑦），第 309 ~ 310 页；*Professional Engineers* 案（59 页脚注④），第 692 页及以后各页；*United States* 诉 *United States Gypsum Co.*，438 US 422（1978）；*NCAA*（58 页脚注③），2965；*Federal Trade Commission* 诉 *Indiana Federation of Dentists*，476 US 447，460 – 1（1986）；Areeda（1985），第 30 页，（1989），第 403 页及以后各页，第 428、436 页；Easterbrook（1984b），第 158 ~ 159 页；Hawk（1994），第 2 卷，第 112 页（Hawk，像 Sullivan（1977）一样，谈到“简短的”合理推定原则）；Schechter（1982），第 10 页。也见 Wood Hutchinson（1984），第 101 页，关于在权衡各种因素中由陪审团来判断的问题，以及 Areeda（1989），第 394 ~ 395 页，第 405 ~ 408 页，第 414 页，第 427 页及以后各页，Flynn（1982）和 M. Scherer（1987）关于使用假设和经验工作法的讨论。至于假设，见 78 页脚注②。

不统一：对一项标准原则给予宽泛的解释，却很狭隘地应用它。① 在这种情形下，要么根据法院的解释，要么根据法院的惯例对该原则进行合理的描述。假设该原则不属于由一些其他解释所决定的标准原则，如果法院的解释用来裁决该原则，那么法院的惯例可能被用来具体说明第三种方法。

3. 源于另类建议的理由

对问题（4）给予肯定回答的最后一个理由诉诸方法的多样性，即评论者建议根据《谢尔曼法》（1890）第一部分裁定协约的合法性。例如，Piraino 在不同时期为协约分类提出了四重和三重方案，不同的分类代表不同的假定；② Beschle 建议用“严格的反垄断审查”来替代本身违法原则；③ Easterbrook 对于需要根据合理推定原则进行评估的协约提出了五个识别方式；④ Scherer 和 Ross 提出了三重分类。⑤ 这些方法在一些方面与本身违法原则及（R12）类型合理推定原则的运用是相似的，在另一些方面则不同。

可能的质疑是，这些方法与问题（4）不相关。因为它们仅仅是建议，然而问题（4）本质上是探究法院实际使用的方法。但是也可以对问题（4）作更广泛的理解，包含法院可能有效采用的方法。无论如何，在文献资料中新方法的建议与现行方法的说明之间的界限并不总是清晰的，某些案例表明法院与联邦贸易委员会已经使用了折中方法。⑥

结论是上述三个理由结合起来构成对问题（4）给予肯定回答的

---

① 不切实际概略描述的样本出现在芝加哥期货交易所案中（58 页脚注①），第 238 页；*Times-Picayune* 案（61 页脚注⑦），第 614 页及以后各页；*Penn-Olin* 案（61 页脚注⑦）第 176～177 页，见 *United States* 诉 *Columbia Steel Co.*，334 US 495，527－8（1948）。与 Bork 关于“本身违法原则不可能概略描述”比较（64 页脚注③）。

② Piraino（1991），（1994）。

③ Bechle（1987）。

④ Easterbrook（1984a）。

⑤ Scherer 和 Ross（1990），第 323～324 页。

⑥ 见 *Klor's Inc.* 诉 *Broadway-Hale Stores Inc.*，359 US 207（1959）；*Silver* 诉 *New York Stork Exchange*，373 US 341，348－9（1963）；*White Motor* 案（61 页脚注④）；*Broadcast Music* 案（64 页脚注①），第 19～20 页；*Columbia Broadcasting System Inc.* 诉 *ASCAP* 等，620 F 2d 930（1980），450 US 970（1981）；*United States* 诉 *Realty Multi-List Inc.*，629 F 2d 1351（5th Cir 1980）；*Ball Memorial Hospital Inc.* 诉 *Mutual Hospital Insurance Inc.*，784 F 2d 1325（7th Cir 1986）；*Massachusetts Board of Optometry* 案（70 页脚注②）；*Detroit Auto Dealers* 案（70 页脚注②），第 493～494 页；《反垄断指南》（70 页脚注②），第 4、5 段；Areeda（1989），Supplement（1995），第 923～924 页；Bechle（1987），第 502 页及以后各页；Fox（1990），第 204～205 页；Gellhorn（1986），第 220 页及以后各页，第 329 页及以后各页；Hawk（1994），第 2 卷，第 112 页；Joliet（1967），第 55 页；Whish（1993），第 19～20 页；以及 76 页脚注①和 77 页脚注②的参考文献。

有力理由。

3.4.6 问题（5）：司法立场的转变

根据其限制形式，问题（5）提出的问题是，法院曾经是否对一种协约转变过立场，尽管它首先采取本身违法原则，后来转向（R12）类型原则，或者反之亦然。答案是肯定的。① 法院可能公开地或者隐蔽地改变其立场。高等法院在纵向市场分隔上公开改变立场。在 *Schwinn* 案中②它坚持本身违法的立场。在 *Sylvania* 案中高等法院明确采取与 *Schwinn* 案完全相反的立场，坚持用合理推定原则裁定这种协约。③

Sylvana 案是在20世纪70年代末美国法院所持立场发生转变的最引人注目的标志。这件事情被经常谈论，在此作简要概述就足够了。④ 从20世纪40年代到70年代末，法院使用本身违法原则裁定不断增长的协约类型。从那时起，由于部分受芝加哥反垄断学派的影响，部分受更广泛且不容易界定的政治倾向的影响，⑤ 法院已经缩小了本身违法原则的范围，并且相应地扩大了合理推定原则的范围。

在关于五种其他协约的判决中，也可以看到这种立场的转变。高等法院在 *Socony-Vacuum*（1940）案中根据《谢尔曼法》（1890）第一部分的内容裁定横向价格操纵本身是违法的，这是首次使用本身违法一词。尽管认为这种协约本身是违法的，但高等法院在 *Broadcast Music*

① 有些评论者认为法院在本身违法原则和合理推定原则之间是摇摆不定的，见例如 Bork（1990），第57页；Gellhorn（1986），第164页。这似乎是法院对待某些类型的协约所采取立场的真实描绘，例如价格操纵，见80页脚注①。根据某些批评法学理论家的观点，如此摇摆不定是对原则和标准的承诺相互不一致的结果，见 M. Kelman（1987），第15页及以后各页，以及下面问题（6）的讨论。

② *United States* 诉 *Arnold Schwinn & Co.*，388 US 365（1967）。

③ *Continental TV Inc.* 诉 *GTE Sylvania Inc.*，433 US 36（1977）。至于谈到之后情形在 Sylvania 案中发展了这种方法，见 Gellhorn 和 Tatham（1985），第170页及以后各页。

④ 见 Bechle（1987），第477页及以后各页；Bork（1990）；Fox（1990）；Gellhorn（1986），第24页及以后各页，第164页及以后各页；Hawk（1994），第1卷，第276～277页，第2卷，第110页及以后各页；Malina 和 Steuer（1991），第773～774页；Piraino（1991），第692页及以后各页，（1994），第1755页及以后各页；Whish 和 Sufrin（1987），第7～8页；Wood Hutchinson（1984），第99～100页。

⑤ 见61页脚注⑥。

(1979) 案中缩窄了对“横向价格操纵”的解释。① 在早期的 *Dr Miles* (1911) 案中高等法院裁定纵向价格操纵本身是违法的，② 但在 *Monsanto* (1984) 案中也缩窄了对它的解释。③ 高等法院在 *Topco* (1972) 案中裁定横向市场分割本身是违法的，然后下级法庭缩窄了对“横向市场分割”的解释。④ 在 *Klor's* (1959) 案中高等法院裁定联合抵制本身是违法的，但是在 *Northwest Wholesale Stationers* (1985) 案中它缩窄了对“联合抵制”的解释。⑤ 在 *Northern Pacific Railway* (1958) 案中高等法院裁定企业借用市场力量捆绑本身是违法的，但是在 *Hyde* (1984) 案中它缩窄了对“捆绑”的解释。⑥

这些都是公开从本身违法原则向合理推定原则转变的例子。也就是说，法院保留了本身违法原则的形式，但它通过缩窄措辞的含义来替代 (P1) 中的“K 类”表述。它继续把那些含义缩窄的协约种类作为本身违法来对待，但是对于通过举例可以说明属于最初广义类型

① 见 64 页脚注③。法院在处理横向价格操纵上摇摆不定。*Trans-Missouri Feight* 案 (58 页脚注①) 也期望采取在 *Socony-Vacuum* 案中的本身违法原则立场，然而法院在芝加哥期货交易所案中使用的是合理推定原则。在 *Trenton Potteries* 案 (59 页脚注①) 中法院又回到了本身违法原则立场，而它在 *Appalachian Coals* 案 (58 页脚注③) 中又采用了合理推定原则。之后 *Socony-Vacuum* 案确立了本身违法原则，然而，正如所指出的那样，“横向价格操纵”的解释在 *Broadcast Music* 案中被缩窄了。不确定性继续存在：法院显然在 *Catalano Inc.* 诉 *Target Sales Inc.*, 446 US643 (1980) 和 *Maricopa* 案中再次放宽了这种解释 (64 页脚注①)，之后再一次在 *NCAA* 案中缩窄了这种解释 (58 页脚注③)。(一种相似的狭义解释由 Eleventh Circuit 在 *National Bancard Corp.* (*NaBanco*) 诉 *Visa* USA, 779 F 2d (11th Cir), 479 US 923 (1986) 案中给出。) 法院在 *Trual Lawyers* 案中又恢复了广义的解释 (64 页脚注①)，这受到了 Malina 和 Steuer (1991) 的批评，因为与同一时期法院所做出的其他判决不一致。至于价格操纵协议获得法定豁免，见 Scherer 和 Ross (1990)，第 324 ~ 325 页。

② *Dr Miles Medicak Co.* 诉 *John D. Park* 和 *Sons Co.*, 220 US 373 (1991)。

③ 见 72 页脚注①。

④ *Topco* 案中的原则 (见 61 页脚注⑦) 在某种程度上被用到 *Timken Roller Bearing Co.* 诉 *United States*, 341 US 593 (1951) 和 *United States* 诉 *Sealy Inc.*, 388 US 350 (1967) 案中。在低等法院中后续的情形是 *Dreiling Motor Co.* 诉 *Peugeot Motors of America Inc.*, 605 F Supp 597 (D Colo 1985) 及 *Los Angeles Memorial Coliseum Commisson* 诉 *NFL*, 726 F 2d 1381 (9th Cir), 469 US 990 (1984)。见 FTC 在 *General Motors-Toyota*, 48 Fed Reg 57, 314 (1983) 案中的分别裁决。

⑤ 见 64 页脚注①和 78 页脚注⑥。法院对联合抵制的裁定过程一直是错综复杂的。至于该案例评论，见 Areeda (1989), Supplement (1995), 899, n. 12, 第 918 页及以后各页; Bechle (1987), 第 481 ~ 482 页, 第 494 ~ 495 页; Gellhorn (1986), 第 212 页及以后各页; Hawk (1994), 第 1 卷, 第 313 页及以后各页; Sullivan (1977), 第 229 页及以后各页。

⑥ 见 63 页脚注②和 64 页脚注②。*Northern Pacific Railway* 案从 *International Salt Co.* 诉 *United States*, 332 US 392 (1947) 案中接受了本身违法原则，把《克莱登法 (1914)》的第 3 节运用到捆绑协议中，在这个领域，法律的发展道路是曲折的。其他的著名案例是 *Times-PICAYUNE* 案 (61 页脚注⑦); *United States* 诉 *Loew's Inc.*, 371 US 38 (1962); *Fortner Enterprises Inc.* 诉 *United States Steel Corp.*; *United States Steel Corp.* 诉 *Fortner Enterprise Inc.* (Fortner Ⅱ), 429 US 610 (1997)。低等法院在 *Hyde* 案中运用这个原则存在困难，见 *Digidyne Corp.* 诉 *Data General Corp.*, 734 F 2d 1336 (9th Cir 1984); 105 S Ct 3534 (1985)。至于针对捆绑，本身违法原则存在的弱点，见 *White Motor* 案 (61 页脚注④); Bechle (1987), 第 483 页; Joliet (1967), 第 54 页及以后各页; Scherer 和 Ross (1990), 第 565 页及以后各页。

而非缩窄类型的那些协约，它现在受一个或者多个合理推定原则的支配。公开转变立场往往对词语的含义进行人为的限制，所以使描述方法问题恶化。①

这个过程可以通过不同方式来描述，信赖于一个人为了个性化原则而持有的准则，② 特别是信赖于他在原则个性化中对解释作用的态度。当立场从本身违法原则转变到合理推定原则时，可以说初始的本身违法原则被放弃，而代之以（a）一个缩窄的本身违法原则（该原则包括初始的本身违法原则范围中的一个子集）和（b）一个或者多个合理推定原则，包括一些或者所有的初始本身违法原则范围中的剩余部分。换而言之，可以说初始的本身违法原则仍然保留下来，但（i）其“类型K”为一个狭窄的解释所替代，并且（ii）引入一个或多个合理推定原则来涵盖一些或者所有通过举例可以说明属于初始原则类型而非缩窄原则类型的那些协议。

在这种情形中，法院一般不明确说明（R12）类型原则。有时，原因可能是法院没有界定这种原则中包括的恰当的协约类型。在这种情形下，可以非常肯定地认为法院直接把一项标准合理推定原则运用于一项个别协约，法院先前是把本身违法原则运用于该协约，但在许多情形中，法院也不会明确采用一项合理推定原则。尽管如此，可以阐明（R12）类型原则和标准原则是适合法院判决的，在这种意义上可以认为法院正在明确地使用这样的原则。

错综复杂的问题是在这些立场的转变之间存在怎样的关系，什么情形是法院认为不用本身违法原则裁定的例外情形，而要运用合理推定原则。③ 一个观点认为这种情形是立场转变的具体特例；另一个观点认为它是截然不同但又有联系的现象。前一种观点起初在包含一类协约的例外情形下有较大的吸引力，而后一种观点在包含个别协约的

① *Hyde*案（64页脚注①）证明人为地维持本身违法原则的形式，然而采用了合理推定原则的本质，见法官O'Connor和Steven的评论，O'Connor认为针对捆绑抛弃本身违法原则的时间已经到来，Steven坚持认为这种“捆绑”的标签是否可运用到所争论的协约的问题“偏离了主题”。Wood Hutchinson（1994），第174页，评论了这个案例以及同一时期的其他案例，控告高等法院操控法令。也见Bechle（1987），第487页，第514～515页，Piraino（1991），第705页及以后各页，至于这些原则的学说基础被抛弃后对原则保留所进行的更广泛讨论，见Kelman（1987），第46页及以后各页，Kennedy（1973）。

② 见Black（1996）。

③ 至于需要容许本身违法原则的例外情形，见*United States*诉*Jerrold Electronics Corp.*，187 F Supp 545（ED Pa 1960），365 US 567（1961）。

例外情形下有较大的吸引力。在这两种观点之间抉择必须以对例外情形的一般解释为基础。这样的解释将包括理论的评估，因为在例外与例外所不从属的原则之间不存在逻辑的区别，[①] 同样，在产生例外情形与转变立场之间不存在逻辑的区别。这里，问题的焦点是为了个性化原则而持有的准则，所以，这两种观点之间的选择与上面研究的描述立场转变的两种方式之间的选择是相联系的。

3.4.7 问题（6）：矛盾

根据其限制形式，问题（6）所提出的问题是，在（R12）类型原则与本身违法原则的使用之间是否存在矛盾。问题（2）的讨论阐明法院不能把（R12）类型原则和本身违法原则运用到同一个协约。然而，矛盾之说有更广泛的理论基础。在批评法学研究学派中。某些学者认为自由法学思想包含并且系统地抑制了大量的矛盾。[②] 主要涉及的矛盾存在于对呆板原则的承诺与对情境敏感标准的承诺之间。[③] 一些学者认为法院既使用本身违法原则又使用合理推定原则就是这一对矛盾承诺的特例。[④] 用现在讨论的术语来说，这种观点就是用法院使用本身违法原则和（R12）类型原则这一具体特例说明了这对矛盾。

我姑且不论对自由法学思想模糊性的质疑，也姑且不论对（R12）类型原则不宜作为分类标准的质疑，而将焦点集中于矛盾概念。[⑤] 按照传统的命题逻辑，当且仅当“如果 Q 为假则 P 为真，如果 P 为假则 Q 为真”这两个命题同时成立，那么命题 P 与 Q 是矛盾的。根据这种解释，说在对原则的承诺与对标准的承诺之间存在矛盾究竟意味着什么不清楚（从现在起我省略了“呆板的”及“情境敏感的”修饰语），因为承诺既不真也不假。[⑥] 批评法学理论家必定对矛盾持

---

① 见 Schauer（1991a）。
② 见 Kelman（1987），第 3 页及以后各页。
③ 见 Kelman（1987），第 3 页及以后各页，第 15 页及以后各页；Kennedy（1973），（1976）。
④ 见 Kelman（1987），第 34 页；Kennedy（1976），第 1703 页。
⑤ 文献中使用的其他词语是“冲突”和“自相矛盾”，见 Katz 和 Teitelbaum（1978）；Kelman（1987），第 3 页。
⑥ Kennedy 没有使用承诺术语，而使用的是“诉诸标准的意愿”、“坚持刚性原则”、“原则支持”以及“偏好标准”，见 Kennedy（1976），第 1685、1746、1776 页。关于真理的论点同样运用到这些。评论，见下面第 4 章 93 页脚注②。

有不同的解释，并适合于各种承诺。因此，他可能会说，当且仅当若C2不满足则C1满足，并且C2满足则C1不满足，那么承诺C1与承诺C2是矛盾的。

“承诺”是一个朦胧的词语，但它似乎意味着“X有对原则的承诺”是指“X有应用原则的原则”或者“X有单独应用原则的原则”。类似的解释对“X有对标准的承诺”也是成立的。每一个解释性词组在大多数情形下与原则受限的某些领域挂钩。说X做Ax的原则得到满足意味着X做Ax。在这种情形下，批评法学理论家将坚持如下这种或那种主张：

（Con1）（a）如果X不运用标准，那么X就运用原则；且

（b）如果X运用标准，那么X就不运用原则。

（Con2）（a）如果X不单独运用标准，那么X就单独运用原则；并且

（b）如果X单独运用标准，那么X就不单独运用原则。

（Con1）（b）和（Con2）（a）都不成立，所以（Con1）和（Con2）也不成立。很显然，理由是X在给定领域内可能既使用原则也使用标准。事实上，如果承认——如果这个讨论涉及的是本身违法原则和（R12）类型原则，那一定是如此——本身违法原则是原则而合理推定原则是标准，这正是美国法院根据《谢尔曼法》（1890）第一部分在被提起诉讼的协约范围内所做的。

批评法学理论家可能试图通过对矛盾作更进一步解释来拯救他们的观点。然而，困难在于首先没有对传统概念很接近于适合分析矛盾概念作出解释；其次，没有对存在对原则的承诺与对标准的承诺之间的矛盾这一结论作出解释。

结果是承诺之间并不存在矛盾，因此，本身违法原则和（R12）类型原则的使用都不是这种矛盾的特例。没有其他理由相信这两种原则的使用是相互抵触的。因此，对问题（6）的回答是否定的。

3.4.8 问题（7）：判断与正确答案

根据其限制形式，问题（7）所提出的问题是，是否是（R12）

类型原则的使用而不是本身违法原则的使用涉及判断问题，[1] 认为本身违法原则而非（R12）类型原则是呆板的观点支持肯定的回答：见上所述。因此，肯定的回答可能支持这样一种观点，当一种协约属于本身违法原则时，对它是否违反《谢尔曼法》（1890）第一部分的问题存在正确答案，但是如果这种协约属于（R12）类型原则，对它是否违反《谢尔曼法》（1890）第一部分的问题则不存在正确答案。

Ronald Dworkin 把判断描述成一个相对概念。只有当一些人承担按特定权威机构设定的标准进行决策的责任时才使用它。[2] 他区分了三种“自行决定权”情形：

（D1）“有时我们在一种较弱的意义上使用‘自行决定权’，只是说由于一些原因，一个官员必须使用的标准不能被机械地使用，需要有判断地使用。”[3]

Dworkin 认为这种意义对于命令是“模糊的或者难以执行的”情况是恰当的。[4] 这是不准确的，因为这种模糊性并没有使用判断。然而，认为对边界情形使用模糊表述时要求有判断是合理的。[5] 为了对这种观点进行辩护，Dworkin 可能会说它是同义反复，对判断的相关概念作一些解释是必要的。

（D2）“有时我们在不同的弱意义上使用‘判断’这一术语，仅仅说明一些官员具有最终权力做出决定，并且其他官员不能审查和撤销其决定。”[6]

Dworkin 把这两种弱意义与一种强意义进行对比：

（D3）“我们有时使用‘判断’，是说在一些问题上一个官员并不仅仅是根据权威机构的设置标准来进行裁定。”[7]

考虑到“判断”的这三种意义与本身违法原则运用的相关性。问题（1）的答案指出，为识别协约的类型，在本身违法原则中使用的这种表述是模糊的。因此，当相关种类的协约具有模棱两可的临界

---

① 至于合理推定原则运用涉及判断的主张，见 Handler（1941），第 9 页（Handler 把判断与模糊性联系起来，至于这一点，见下面）；Joliet（1967），第 4～5 页，第 116 页；Neale 和 Goyder（1980），第 25 页及以后各页。

② R. Dworkin（1978），第 31 页。

③ R. Dworkin（1978），第 31 页。

④ R. Dworkin（1978），第 32 页。

⑤ R. Dworkin（1978），第 34 页。

⑥ R. Dworkin（1978），第 32 页。

⑦ R. Dworkin（1978），第 32 页。

情形时，本身违法原则的运用就涉及（D1）意义上的判断。本身违法原则的运用是否涉及（D2）意义上的判断依赖于应用原则的主体。低等法院没有这样的判断，因为它的决定可能被高等法院审查，然而高等法院有这种意义上的判断。

假设法院面对原告认为违反本身违法原则的一项协约。当法院使用本身违法原则时没有（D3）意义上的判断，因为在这种意义上，原则是决定性的；如果该协约是属于本身违法原则，法院必定会裁定该协约违反《谢尔曼法》（1890）第一部分；如果该协约不属于这类原则，那么，假设该协约不违反其他原则，法院必定会裁定它没有违反《谢尔曼法》（1890）第一部分。[①] 当然，该协约可能提出描述方法问题，例如，因为它是根据本身违法原则所界定的模棱两可情形，或者因为它也是（R12）类型原则所界定的类型（详见问题（2）中第三种观点的讨论），如果这样，法院在裁定该协约是否属于本身违法原则上必须使用判断。然而，那是在（D1）意义上而不是在（D3）意义运用判断。[②]

同样情况对（R12）类型原则也是适合的：在模棱两可的临界情形下，它们的运用涉及（D1）意义上的判断；它可能或不可能包含（D2）意义上的判断，还依赖于运用的主体；并且它不涉及（D3）意义上的判断。然而，这些原则运用涉及（D1）意义上的判断远远多于本身违法原则运用所涉及的判断。原因是前者包含了标准合理推定原则的运用，这可能要求两个方面的判断。首先，正如问题（1）的讨论中所阐述的，标准合理推定原则是模糊的。其次，正如之前阐述的，它们的运用可能涉及对相互冲突的不同因素之间的权衡，认为权衡是判断的一种形式是合理的。

所以，对问题（7）的回答是有条件的否定。无论采用哪种意义上的“判断”，除（R12）类型原则的运用在（D1）意义上涉及更多的判断这一事实之外，（R12）类型原则和本身违法原则之间没有区别。

最后，指出正确答案的存在。已经提到对问题（7）的肯定回答

① 这扩展了 Dworkin 关于决定性概念的观念，见 R. Dworkin（1986b），第119页。
② Dworkin 认为哲学家通常混淆判断的这两种意义，见 R. Dworkin（1978），第70页。

可能支持这样一种观点，当一种协约属于本身违法原则时，对它是否违反《谢尔曼法》（1890）第一部分的问题存在正确答案，但是如果这种协约属于（R12）类型原则，对它是否违反《谢尔曼法》（1890）第一部分的问题则不存在正确答案。假设涉及相关协约的唯一合法原则是这样一种原则，它们运用于该协约时涉及判断，那么对该协约是合法还是违法的问题没有正确答案。这个假设的含义和真实情况已经得到广泛的讨论，[①] 然而认为该假设为真是合理的。如果该假设成立，只有（D3）意义上的判断是讨论的焦点。[②] 因为既不是本身违法原则的应用，也不是（R12）类型原则的运用在这种意义上涉及判断，按照该假设最合理的解释，该假设没有理由否认，当一种协约属于本身违法原则或（R12）类型原则时，对于它是否违反《谢尔曼法》（1890）第一部分的问题存在正确答案。

---

① 这些问题是 Hart 和 Dworkin 之间关于合法实证理论争论的中心，见 Hart（1961）；R. Dworkin（1978），（1986a），（1986b）。至于评论，见 M. Cohen（1984）。

② 见 R. Dworkin（1978），第 34 页。

第4章

协　议

4.1　概述

EC81款的第一条禁止具有反竞争目标或效果的协议，但是它没有给“协议”下定义：协议这个词的含义从判例法中产生。这种方法的优点是允许一个术语的含义不断发展以适应案例的需要：一个清晰的定义可能会阻碍这种发展，所有作出的决策或判断都要适应这个定义。这样做的缺点，其一是通过案例来定义是一个偶然的过程，它受来自权威当局的特定事实的支配：那些事实的特征在法学中往往放在了不恰当的突出位置。其二是随着案例多样性的增长，这个术语的含义可能缺乏概念的统一性：这个术语被用在没有多少显著共同特征的一堆案例上。可以论证在欧共体的反垄断中“协议”显示了这两方面的缺点，特别是第二个：标准教科书说这个单词有广泛的含义，并且列出了这种定义下的各种描述。[1] 因此，从案例细节中走出来，回到更为抽象的水平上认真思考协议到底是什么将是有益的。

本章的第一部分提出两个协议的模型，发展出一个思想：当一个参与者X给出附带条件的承诺而另一个参与者Y以无条件的承诺来回应时，那么协议存在。在第一个模型（M4）中，X的承诺以Y承诺采取某一行动Ay为条件。在第二个模型（M6）中，X的承诺不以Y承诺去做Ay而以Y正在做Ay为条件。为了协议模型的完备性，（M4）和（M6）对以四个所谓标准为基础的质疑进行了辩驳：对称性、责任性、同时性和依存性。对称性要求协议双方做同样的事；责任性要求协议对双方直接产生履约责任；同时性是指双方在相同时间获得他们的责任；信赖性是指如果一方在他的履约责任上违约则另一方停止他起初承担的履约责任。模型违背这些标准，但是这些标准动机不明，考虑不周，不管怎么样其中一些近似于模型所满足的更有一定道理的标准。接下来我揭示（M4）和（M6）提供了缔结与遵守协议的理由：给出的推论是如果他们是理性的，则X和Y正如模型所揭示将缔结和遵守协议。

然后我转到EC81款所描述的协议目标与效果之间的区别。我声明，我称之为直觉观，EC81款的目标部分准确地描绘了协议而效果部分没有（反之亦然），但是至少目标是效果的根据（但反之不成立）。我把第一个断言称为差别命题，把第二个断言称为证据命题。直觉观有一定合理性，所以任何与它不一致的观点在一定程度上是不合情理的，需要辩护。然后我介绍关于协议目标的其他三种观点：

---

① Whish给出了协议的如下例证：“一个合法的强制合同作为协议是合格的，包括诉讼和解如贸易仲裁协议或专利保护诉讼的协议。‘君子协定’和简单承诺已被认为是协议，尽管没有法律的约束力；不要求协议应该得到强制实施的法律程序的支持。一项‘草案’反映参与者之间真实的一致意愿，根据EC81（1）的意义也被算做协议。一组协议可能作为单个协议来对待。协议可能是口头的。欧盟委员会将把标准形式合同中的合同期限与条件作为EC81（1）中的协议。一个由于时间已经到期但是影响依然能感觉到的协议也在EC81（1）限制之中。根据EC81（1），贸易联合的惯例构成协议。纳入贸易联合的协议也解释为部分成员的协议。创立欧洲经济利益集团的协议（EEIG）或者确定欧洲经济利益集团的条例也在EC81（1）限制之中。一个人发布的指南为另一个人遵循就可以看做是协议，制造商传递给销售商的传单和通告也可以被看成是他们之间已经存在的一般协议的一部分。正式协议没有囊括所有事情的事实也没有预先排除协议的裁决，仍然存在一个协议或者协同行为，虽然只有协议的一方显示了其真实意图。企业不能通过宣称它们是由于其他贸易者的行为强迫进入协议的来证明违反竞争规则是正当的。如果不是自愿加入一个协议，这可能对委员会减轻罚款产生重大影响，而不强加罚款或者不提出诉讼。委员会将避免处罚没有加入协议草案的那一方。”见Whiah（2003），第92~93页。引文省去。也参见Faull和Nikpay（1999），第2段，第27~40页。

Odudu 的观点是如果协议 A 的双方在缔结和执行协议中想要得到 P，则 P 是协议 A 的目标；正统观点是"P 是协议 A 的目标"意味着"P 是协议 A 的必然效果"，这里必然效果是指能够合乎逻辑预见的几乎是肯定的效果，或者至少有很大可能的效果（因此必然效果不一定发生）；标准观点是指如果 P 是 A 的必然效果，则 P 是 A 的目标。

排除传统观点，我考虑 Odudu 的观点和标准观点是否与直觉观一致。这种讨论通过四个问题来进行：（Q1）如果 P 是 A 的效果则 P 是 A 的目标吗？（Q2）如果 P 是 A 的目标则 P 是 A 的效果吗？（Q3）P 是 A 的目标能证明 P 是 A 的效果吗？（Q4）P 是 A 的效果能证明 P 是 A 的目标吗？如果对（Q1）、（Q2）的回答是肯定的，则差别命题进而直觉观是错误的，如果对（Q3）的回答是否定的或者对（Q4）的回答是肯定的，则证据命题进而直觉观是错误的。按照标准观点，对（Q2）、（Q3）和（Q4）的回答是否定的，并且它也支持对（Q1）的否定回答。如果在因果关系中目的不是完全覆盖的（完全覆盖（closure）概念被解释），则 Odudu 的观点支持对（Q1）的否定回答，但是，如果作出非常严格的假设，在因果关系中目的是完全覆盖的，则 Odudu 的观点支持对（Q1）的肯定回答。对于（Q2）、（Q3）的回答，Odudu 的观点是否定的；如果目的不是完全覆盖的，则对（Q4）的回答是否定的，如果目的是完全覆盖的，对（Q4）的回答可能是一样的。

因此，撇开限定条件不说，标准观点和 Odudu 的观点与差别命题一致，与证据命题不一致。因此，它们都与直觉观不一致，在一定程度上是不合乎情理的。另外，标准观点的情况更糟，因为它使得为什么需要 EC81 款目标部分的理由变得模糊不清：按这种观点，EC81 款的效果部分已经足够履行它的职责。

本章最后部分讨论不诚实协议概念，该概念通过"卡特尔犯罪"引入英国的反垄断中，具体表现在《公司法案》（2002）第 188 节。关于不诚实的首个案例是 *Ghosh* 案，根据这个案件，法官在裁决原告是否证明被告有不诚实的行动时，首先必须根据明智的和诚实的人的一般标准裁决他所做的是否不诚实，其次，如果是不诚实的，那么根据这些标准被告是否意识到他所做的是不诚实的。当且仅当这些条件都满足的时候，法官才能做出肯定的结论。

我认为 *Ghosh* 案陷入了循环论证的质疑。首先，要区别可能用 *Ghosh* 案来回答的四个问题：分析问题（什么是不诚实的?），语言上的定义问题（不诚实意味着什么?），条件问题（在什么条件下人或事是不诚实的?），认识问题（通过什么来检验不诚实?）。如果用 *Ghosh* 案来回答第二个问题，它面临循环论证的质疑，因为它给的定义包含单词“诚实”和“不诚实”的非冗余内容；当用对 *Ghosh* 案的这种理解来回答第一个问题时也会遭到类似的质疑。就与第一个问题的区别而言，第三个问题没有什么吸引人的。因此，我们来讨论第四个问题，即不诚实的检验。当用 *Ghosh* 案来回答这个问题时，它又面临另一个循环论证的质疑：检验的第一部分要求法官根据明智和诚实的人的一般标准来仔细审视被告的行动是否不诚实；但是，如果法官不能肯定怎样判断被告的行动是不诚实的，那他至少同样也不能肯定怎样判断其他一些人是诚实的。这种检验是无用的，因为它与被检验的对象一样是难以捉摸的。

接下来讨论对这种质疑的五个回应。第一个回应是被检验的是不诚实的“行为”，然而检验涉及诚实的“人”：判断人的诚实与不诚实比判断行为的诚实与不诚实更容易。第二个回应是被检验的是“不诚实”的行为，然而检验涉及“诚实”的人：判断人或事的诚实比判断人或事的不诚实要容易。第三个回应在诚实的归属上援引自我特权：尽管 X 判断 Y 是诚实的并不比他判断 Z 的行为是不诚实的要容易，但是 X 判断自己是诚实的要比判断 Y 是诚实的要容易。与 *Ghosh* 案的字面意思相反，第四个回应是法官根据自己的一般标准来判断被告的行为是否不诚实：就它被明智和诚实的人所运用而言，明智和诚实的人的概念不是检验第一部分的内容，而是一种解释。最后的回应是检验仅需要用于复杂的案例，但是法官能够使用简单案例来识别诚实的人。

所有这些回应都失败了，因而循环论证的质疑依然存在。为避免这种情况，需要对不诚实做出不同的解释。可以区分广义和狭义的不诚实概念：在广义上，不诚实行为就是指错误行为；在狭义上，是指在具体方式上的错误，包括隐瞒事实。如果（a）某人的行为是错误的，（b）他采取这种行为，以某种方式上打算隐瞒（i）他正在做的事实或者（ii）它是错误的事实，那么，可以通过说人的行为不诚实来对狭义的不诚实概念进行模型化处理。这样就为前面讨论的四个问题给出了一个回答，并且避免了循环论证，因为“错误”一般比“不诚实”更易于理解和应用。但是模型容易遭受其他质疑，类似于其他学者对 *Ghosh* 案已经提出的质疑，例如，如果对于什么是错误的，审查委员持宽松的意见，那么模型就会得到不受欢迎的效果。

面对这种情况，有四种选择：论证它，毕竟，这样的质疑没有削弱 *Ghosh* 案或者模型的基础；试图对不诚实构建一个概念，以避免这些质疑；承认这些质疑；从刑法中删除不诚实概念。就《公司法》的“卡特尔犯罪”而言，第四个选择看起来是最好的。

4.2 协议模型

如果 X 对 Y 承诺倘若 Y 做 Ay，X 就做 Ax，如果 Y 对 X 的承诺相反，那么他们不会就 X 将做 Ax 和 Y 将做 Ay 达成一致，因为如果两个人都不做任何事的话，他们将遵守承诺。所以，没有哪一个协议是通过使条件更复杂而产生的，例如，X 承诺 X 将做 Ax，如果 X 将做 Ax，Y 将做 Ay，如果 Y 承诺相反；总之，取决于对“如果”的理解，要么双方遵守不做任何事，要么各方事实上仅仅承诺去履行正在考虑的行动。[①] 如果 X 仅仅对 Y 承诺 X 会做 Ax，Y 仅仅对 X 承诺 Y 会做 Ay，这仅仅是一对承诺，而不是协议。

根据双方的承诺，能够把协议模型化，做到在某种程度上既要避免这些问题，又要在其他方面满意吗？一些哲学家[②]认为不行，但是就存在而言，传统观点认为能够提出这样的模型。[③] 谈论传统也许是不合适的，因为论述协议本质的哲学著作相对稀少；鉴于协议的数量和重要性，这是令人吃惊的。显然，协议构成社会纽带的主要类型之

---

① 第二个难题是“如果”的使用，“如果”具有真实功能性，“如果 P 则有 Q”意思是“非既 P 又非 Q”。因为，这样理解的话，当且仅当有 P 才有如果（如果 P 则 Q，则 P）。比较 Radford（1984），第 580 ~ 581 页。该条件更详尽的含义是由 Prichard（1949a）在分析交易时提出的。

② 尤其是 Gilbert，见 Gilbert（1996a），（1996b）。

③ 见 Atiyah（1981），第 204 ~ 205 页；Bach（1995），第 199 页；D. Lewis（1969），第 34、35、84 页；Prichard（1949c）；Radford（1984），第 582 页；Raz（1984），第 203 页；Robins（1984），第 105 页；Velleman（2000a）（appendix），（2000b）。对合同本质的类似观点，见 Beale（1999），第 1 段，第 1 页。

一；它们是法律——反垄断法和合同法,[①] 当然，也包括刑法（特别是关于合谋的规则）和公司法（关于协同行为的规则）——的核心；协议概念在各种理论领域中占据显著地位，例如合作博弈理论和社会政治责任合约理论。[②]

通过对两个模型的论证，我将为传统观点辩护，这两个模型详细地阐述了这样一种思想：当一方给出有条件的承诺而另一方做出无条件的承诺时，表明存在协议。再一次对于模型作出整体评论，模型只是打算描述主要概念的主要事实，因此我没有解决某些协议按其他术语会更好理解的可能性，例如在 Gilbert 意义上的“联合决定（joint decisions）”。[③] 没有人认为属于 EC81 款的所有协议都要或者应该严格符合其中一个或其他模型。更准确地说，旨在让模型成为参照点，帮助确定在什么条件下某些东西才能被称为协议，在什么条件下对协议这个术语作了很不合情理的延伸。

4.2.1　第一个模型

考虑第一个尝试：

（M1）X 和 Y 一致同意 X 将做 Ax 和 Y 将做 Ay，如果：

（a）X 对 Y 承诺如果 Y 将对 X 承诺 Y 将做 Ay，则 X 做 Ax；且：

（b）Y 对 X 承诺 Y 将做 Ay。

在这里不对“承诺”做分析。明显的承诺情形是许诺（promising）：所有许诺是承诺，但是似乎一些承诺要弱于许诺——例

---

① 在普通法里，合同的标准定义是协议引起被法律强制或认可的责任，见 Treitel（1995），第 1 页。合同和协议重叠但不完全一致。比如，某人单方面的合同和行为在任何正常意义上都不是协议。合同法自从 19 世纪末也得到了扩充，来保护缺乏协议情况下的有害信赖，而不是一种非常广泛的含义，见 Atiyah（1979）和 Gilmore（1995），Cooke 和 Oughton（1993），第 47 页。关于合同和协议的区别的回顾，见 Beale（1999），第 1 段，第 3～6 页。与之形成对比的是 De Moor 的观点，他说“协议”几乎没有对“合同”增加什么含义，见 De Moor（1997），第 115 页。

② 在这些领域，对协议或合同概念的推测比分析多。博弈论认为讨价还价更能了解协议的本质，但是合作解如纳什均衡假设双方之间有强制性协议，见 Nash（1950）；Dixit 和 Skeath（1999），第 16 章。至于社会契约，Hobbes 把契约简短解释为“权利的相互转移”，见 Hobbes（1968），第 192 页。Hume 区分了“契约”的强意义和弱意义，见 Hume（1963），第 454～455 页。Rawls 对该术语的适当性做了评论，来说明他的理论，见 Rawls（1972），第 16 页。

③ Gilbet（1989），第 380 页，（1996a），第 292 页及以后各页，（1996b），第 330 页及以后各页。可能不止一个协议概念，即使讨论的仅仅是日常的协议而不是法律上的协议。Gilbert 讨论“协议的日常概念”，暗示这里只有一个这种概念，见 Gilbert（1996b），第 314 页；关于协议概念的区分，见 S. Freeman（1998），第 663 页。在这里我也不讨论协议和其他形式的合作之间的关系，这些请参见 Gauthier（1986），第 5 章。协议和联合行动的关系，见后面的第 5 章。

如，誓言就更弱一些，因为它们不需要对任何人做出[①]——而另一些，例如宣誓比纯粹的许诺更强一些。由于很多协议似乎不包括像许诺这样严肃的东西，广义概念就显得更加优越。[②]

（M1）及其后继者只是要表明X与Y之间的相互作用结构：它并不意味着X和Y需要说“我承诺”等等。这种交换更可能是非正式的，例如，X：“为什么不是你洗碟子我来铺床呢。”Y：“好的。”实际上，X和Y可能什么都没有说，他们的承诺正通过其他行动表现出来。

然而，假设X说：“如果你将承诺你将做Ay，那么我承诺我将做Ax。”根据“我承诺”和“如果”的范围，这个句子可以被解释为表达了承诺，这个承诺要么是一个外在条件——“如果你将承诺你将做Ay，那我承诺我将做Ax”——要么是一个内在条件：“我承诺，如果你将承诺你将做Ay，我将做Ax。”[③] 每种解释适合一些协议，但是内在条件的解释似乎更适合一些，因此在这里被采纳。所以，模型变为：

（M2）X和Y一致同意X将做Ax和Y将做Ay，如果：

（a）X对Y承诺，如果Y将对X承诺Y将做Ay，X将做Ax；且

（b）Y对X承诺Y将做Ay。

（M2）有先前提到的缺点：一对纯粹的承诺并不等于一项协议，即使作出每个承诺的人是另一个承诺的接受者。缺失的元素是这样一种观念，即Y作出他的承诺来回应X的承诺（根据合同法的法则，一个合同的存在必须有一个被接受的提议[④]）。这可以通过改进Y作出其承诺的前提得到完善，Y作出其承诺的前提——或者前提之一——是X已经对他作出了承诺。存在多种前提，这里的这种前提是

---

① 见De Moor（1987），第109页；Fried（1981），第40~43页。

② Binmore（1994），第60页，根据承诺刻画协议的特征。Prichard认为“承诺”、“许诺”、“协议”是“相等的”，见Prichard（1949），第172页。模型的另一个特征与承诺的概念有微微不同，见Bach（1995），第606~607页；Tuomela（1995），第113~114页。美国《合同法重述》根据承诺定义了许诺；Binmore则相反，见Binmore（1994），第161页，（1998），第47页。承诺类型的区分，见Bieberman（1998），第5页。

③ 这归纳为Gilbert对条件承诺所做的分类，Gilbert（1996b），第317页及以后各页。

④ 行动完全由因素而不是要约所推动不等于承诺似乎是英国合同法的原则，见*Lark*诉*Outhwait*［1991］2 Lloyd's Rep 132，140。Bach在其对协议的解释中采纳了一个要约—承诺（offer and acceptance）模型来说明承诺的交换，意思是通过X发出要约Y接受它，X和Y交换承诺，要约和接受它们本身就是承诺，见Bach（1995），第606~607页。

实际前提，这种前提由理由和解释两部分组成：X 已经作出了他的承诺既证明 Y 作出承诺是正当的，又解释了 Y 作出其承诺的事实。当考虑导致理性双方作出他们的承诺的实际商议形式时，我将会讨论这一理由的本质。[①] 至于解释，最有前途的想法是它具有因果关系。更具体地说，假设 Ux 和 Uy 分别是 X 和 Y 作出他们承诺的行动，那么存在从 Ux 到 Uy 的恰当因果链的事实可解释 Y 做 Uy 的事实，这里“存在从 Ux 到 Uy 的因果链”意思是“经过因果关系的适当传递，Ux 代表着 Uy”[②]（粗略地讲，这意味着 Ux 引起 Uy，或者引起一些导致 Uy 的事情等等）。要求链条是适当的，旨在排除涉及 Y 的非常不理性的精神过程的异常情况，或者涉及 Y 的根本没有精神过程的异常情况。在这里并不试图作出完全适当的解释，[③] 但是一个必要条件是 Y 相信 X 做 Ux。[④] 通常 Y 不仅相信这些，而且他的信念将被证明是正当的或者是等价于知识的。当信念得到证明，理由就成了认识的理由而不再是先前提到的那种实际的理由，但是可以论证，由于适当性的要求，在这里，这种前提关系的解释性元素需要这种实际理由元素。模型现在变成：

（M3）X 和 Y 一致同意 X 将做 Ax 和 Y 将做 Ay，如果：

（a）X 对 Y 承诺，如果 Y 将对 X 承诺 Y 将做 Ay，X 将做 Ax；

（b）Y 对 X 承诺 Y 将做 Ay；且：

（c）Y 作出（b）中承诺的前提是 X 作出了（a）中的承诺。

（c）说“X 作出”，然而之前的讨论使用的是“X 已经作出”，但是，鉴于“Y 的前提”意味着从 Ux 到 Uy 的因果关系链以及效果通常在其原因之后，[⑤] 可以理解（c）包含 Ux 在 Uy 之前的意识（参

---

① Broome 认为商议不是说明理由，而是“规范要求”问题，见 Broome（2002）和在 105 页脚注③引用的其他资料。我这里在广义上使用“理由”来说明这种区别。在后面的协议模型里，条款（c）能够扩展以包含 Broome 的观点。

② Black（1987b），第 104 ~ 110 页，（1998），第 429 页，这种关系是用来说明一个信念基于另一个之上的观念。

③ 见 Pescocke（1979），第 2 章。

④ 有一个观点认为合同法也许与目前的协议概念有分歧。在英国法律中有根据怀疑一方可能接受一个他不知道的要约的原则，见 *Gibbons* 诉 *Proctor*（1981）64 LT 594，55 JP 616；比较 *Neville* 诉 *Kelly*（1862）12 CB（NS）740 和 Beale（1999），第 2 段，第 38 ~ 39 页。相反的原则是在要约人忽视承诺人时合同也会产生，见 *Henthorn* 诉 *Fraser*［1892］2，第 27、33 章；*Adams* 诉 *Lindsell*（1818）1 B&Ald 681；*Potter* 诉 *Sanders*（1846）6 Hare 1；Harris 的案例（1872）LR 7 Ch. App 587。见 Beale（1999），第 2 段，第 43157 页，在其他情况下要约者的无知没有预先排除合同的产生，para. 2 – 042A。

⑤ 也许有人说维持而不是效率会与它们的结果同时发生，例如重物放在垫子上让垫子凹陷。见 Black（1987b），第 117 页，第 183 ~ 184 页。

阅第1章模型中关于使用永恒一词的评述)。“Y 的前提”旨在包括如果 Y 还有其他前提的情形。注意在(c)中两个承诺之间的关系是外在的，在某种意义上比之前讨论的关系更强，在之前讨论的关系中 X 的承诺不是外在条件：后者的意思涉及“我承诺”和“如果”的各自范围——对于 X 的承诺内容来说原因是内在的——然而(c)中的关系外在于 Ux 和 Uy 的内容，因为它联系着他们各自的行动。还要注意由于这种联系是严格外在的，由于它不是纯粹的条件性之一，(M3)没有之前提到的互为条件承诺的缺点，如果双方都不做任何事的话，则他们都将遵守承诺。

这也许意味着模型不仅应该提到 Y 的前提，还应该提到 X 的前提——不是为做 Ux 而是为做 Ax。想法是这样的：第一，假设 X 明白，如果 Y 做 Uy，则 Z 将强迫 X 去做 Ax，这里 Ax 是 X 希望不去做而且相信做了的话事情会更糟；第二，为了把这些告诉 Y，X 告诉 Y 说，如果 Y 做 Uy，X 将做 Ax；第三，由于 X 把这些告诉了 Y，Y 通过做 Uy 报复性地利用了 X 的困境。然后似乎(M3)得到满足，但是 X 和 Y 肯定不同意他们将各自做 Ax 和 Ay。处理这种情况的一个建议是通过重写(M3)(a)的结尾来排除它，把(a)改为仅由于 Y 将完成 Uy，X 将做 Ax。但是这个建议是不必要的，因为这种情况不是(M3)的一个反例。没有分析承诺的概念，很明显 X 的意见不等于承诺，即如果 Y 做 Uy 则 X 将做 Ax；更准确地说，它是一个有条件的预测或可能是一个预告。

正如之前提到的，(M3)(c)包含 Y 相信 X 做 Ux 的意识，并且 Y 的信念通常得到证实或者等于认识。这也许意味着相应情形应该推及于 X——X 相信，或者有理由相信，或者知道 Y 做 Uy；否则，有人会说模型没有抓住协议包括彼此间深刻理解的事实。这将导致一个无限倒推：如果 X 必须相信 Y 做 Uy，或许 Y 必须相信 X 相信 Y 做 Uy，或许 X 必须相信 Y 相信 X 做 Ux 等等。这些想法激发 X 和 Y 关于他们分别做 Ux 和 Uy 或 Y 做 Uy 的前提是 X 做 Ux 的共同信念或合理信念或知识的条件：简而言之，当且仅当 X 相信 P，Y 相信 P，Y 相信 X 相信 P，X 相信 Y 相信 P 时，X 和 Y 有共同的信念 P。这对于共同的合理信念或知识同样成立。① 沿着这条路要走多远首先取决于协议是否包含了彼此间的深刻理解，② 其次取决于“彼此间的深刻理解”的意义有多强。答案部分是一个协约条件问题，③ 因为这个词组是庄严胜过清晰，可以赋予这个词组一种意义，弱化到足以应用于（M3）。增加一个属于共同信念的条款，使 X 和 Y 获得一个极严格的协议概念，也使他们通过共同提议的态度解决这种普遍难题，特别的，认为人类曾经做到过这些似乎在心理上是不切实际的。④ 一个更吸引人的建议是仅仅增加 X 有正当理由相信 Y 做 Uy 这个条款：直觉上，就得到了这样的观念，即不仅 Y 而且双方都意识到正在进行的事。⑤ 模型变为：

（M4）X 和 Y 一致同意 X 将做 Ax 和 Y 将做 Ay，如果：

（a）X 对 Y 承诺，如果 Y 将对 X 承诺 Y 将做 Ay，则 X 将做 Ax；

（b）Y 对 X 承诺 Y 将做 Ay；⑥

（c）Y 作出（b）中承诺的前提是 X 作出了（a）中的承诺；

（d）X 有正当理由相信（b）。

（M4）是我提出的两个模型中的第一个。

---

① Gilbert 对协议的解释把共同知识归结为双方，见 Gilbert（1996a），第 296 页；也见 Gilbert（1996e），第 109 页。关于一般的共同知识，见第 1 章 12 页脚注④。

② 94 页脚注④的原则支持这种观点，即彼此深刻理解对合同的存在不是必要的观点；进一步见 Beale（1999），第 1 段，第 4 页，引用案例 *Byrne* 诉 *Van Tienhoven*（1880）5 CPD 344 支持合同在双方意见相同不同时也会发生的原则。同样，它似乎也是英国合同法的原则，如果受约人相信要约人有相关意图——要约应该对承诺有约束力——要约人不必要意识到受约人的这种信念（Hannah Blumenthal［1983］1 AC 854，924；Beale（1999），第 2003 段）；这背离了共同信念的要求。一个变种是意愿一致概念，该概念在法国合同法中比在英国更突出，见 88 页脚注①和 De Moor（1986）和（1987），第 115 ~ 116 页。例如，来自欧共体反垄断的例子，见案例 T－41/96，*Bayer* 诉 *Commission*［2001］CMLR 176，法院认为协议包括“意愿一致”。

③ 见 Gordley（1991），第 135 ~ 136 页，引自 Plowden 和 Comyns。

④ 见 Schiffer（1987），第 246 页，以及后面第 5 章。关于心理上形成共同知识或者信念的见解，见 Bennett（1976），第 127 页；Kemmerling（1986）；Loar（181），第 250 页；Tuomela（1995），第 41 ~ 51 页。关于人有无限信念的更广泛问题，见 Black（1987b），第 8 章，（2003e）。

⑤ 这个观点的更强版本体现在 Gilbert 的“认知协议”假设上，如果一个人加入了协议，那么他知道他加入了，见 Gilbert（1996a），第 284 页。

⑥ 当承诺就是许诺时，Raz 认为（a）和（b）是协议的充分条件，见 Raz（1984），第 203 页。他对后面（M6）中的（a）和（b）有相同观点。但是 Raz 明显忽视了内在和外在条件的不同（在职责情形中，他合并了现在和将来责任的不同），见 Raz（1984），第 196 页，n. 1。Bach 同样认为协议包括许诺，许诺在（M4）的（a）和（b）中有各自的承诺结构，见 Bach（1995），第 606 ~ 607 页。Gilbert 理解为包括内在条件的许诺，在（M4）中例示（a）和（b），见 Gilbert（1996b），第 327 页，案例 8。奇怪的是，Gilbert 没有核查案例来示例（M6）的相关条款。

4.2.2 所谓的完备标准

为了协议模型的完备性，可能提出四个标准：对称性、责任性、同时性、依存性。（M4）跟这四个标准都不相符，所以，要么（M4）不适当，要么标准建构不当。后者是事实，但是其中某些标准近似于（M4）所满足的更有一定道理的标准。

对称性是指双方做相同的事。[①] 很难把它精确化，而且也没有必要，因为很明显（M4）是违背这个标准的。具体来说，Ux 的内容是有条件的，而 Uy 的内容是没有条件的，尽管 Y 做 Uy 是因为 X 做 Ux，但反之不一定成立。关于对称性是如此糟糕。（M4）确实反映在协议缔结上通常一方——在模型里是 X——先行动，[②] 而对称性标准没有反映。在要约与承诺学说中合同法认可这点。

其余三条标准由 Gilbert 提出，作为反对传统观点的一部分论据。传统观点认为协议是许诺的交换。Gilbert 表达了责任性，说“协议直接产生了各方相应的履约责任”，履约责任是指“履行具体行动的责任”。[③] 模型中的具体行动是 Ax 和 Ay。现在下面的法则是有道理的：

（O1）如果一个人承诺他将做 ψ，那么他有责任去做 ψ。[④]

（O2）如果一个人承诺如果 P 他将做 ψ，那么：

（a）他有责任，即如果 P 则做 ψ；且

① Radford 谈论了双方所说的该事物的“相似性质”，但是他有效地拒绝了对称性，见 Raford（1984），第 581 页。

② 比较 Bach（1995），第 606 ~ 607 页。Bach 描述了一个反例，第三方提出一个方案来实现它的共同接受。

③ Gilbert（1996b），第 315 页。

④ Raz 阐述了许诺的类似原则，见 Raz（1984），第 202 页。Tuomela 认为协议为双方创造了责任是协议概念的构成。

（b）如果 P，他有责任去做 ψ。[①,②]

（b）中的责任是外在条件，如果单独考虑，（a）中的责任是内在条件，但是就（O2）的前件（即“如果”条款）而言，（a）中的责任（例如“如果”从句）是外在条件。外在条件责任与内在条件责任的区别与外在条件承诺和内在条件承诺之间的区别一致。[③]（O1）和（O2）涉及的是程度责任（我们把“pro-tanto obligation”翻译为程度责任，这种责任没有考虑所有相关的因素，并且还有其他因素尤其是其他责任凌驾其上——译者注）而不是总体责任（我们把“on-balance obligation”翻译为总体责任，它考虑了所有相关因素——译者注）。这里，责任是否是道德问题还悬而未决。[④] 假设在行为准则中责任类型与 Gilbert 的标准相同。[⑤]

Gilbert 没有解释“直接产生”意味着什么，但是似乎就 Y 而言（M4）符合这个标准。根据（M4）（b），Y 承诺他将做 Ay，所以，根据（O1），Y 有责任去做 Ay。然而，X 仅仅在（M4）（a）作出了条件承诺，因此，根据（O2）（a），如果 Y 对 X 承诺他将做 Ay 的话，那么 X 有内在条件责任去做 Ax。但是这不是 X 的履约责任，他

① 对责任的依据，有不同的观点。一种观点认为协议源于承诺导致信赖的事实，或者承诺旨在信赖的事实或者能预见承诺导致信赖的事实，见 Atiyah（1979），特别是第 1、6、22 章，（1981），第 3 和 7 章，（1986）；De Marco 和 Fox（1992），第 48 页；Fogelin（1983）；Knapp（1984）；Maccormick（1972）；Mcmahon（1989）；Scanln（1990），（1998），第 7 章，（2001）。关于批评意见，见 Altham（1985）；Ardal（1976）；Cartwright（1984）；Downie（1985）；Fox 和 De Marco（1993），第 82 页；Fried（1981），第 1～2 章；Morris（1991）；Patterson（1992）；Raz（1972），（1977）；Warnock（1971），第 7 章；Woozley（1981）。关于信赖和责任之间的一般关系，见后面第 5 章的附录。

② 考虑对（O2）（b）的如下异议。假设我是一个牙医，我对我的病人你承诺，当你举起手，我将停止钻孔。如果当你举手，我忽视了你举手的事实但因为其他不同理由停止了，那我就没有履行我的责任。但是如果仅仅是当你举手我停止则我履行了这个责任。所以我的责任是一种更严格的责任，停止是因为你举手。对于这有两种答复。首先，我有更严格的责任不排除我有弱的责任，相反，我有弱的责任来源于我有更严格的责任，所以这个例子没有打击（O2）（b）。其次，我是不是真的有更严格的责任是值得怀疑的。在 Gilbert 的措词里，一个可选择的观点是弱责任是唯一由我的承诺直接产生的责任：如果我停止是因为其他的原因，那么我幸运地履行了责任。可以承认在精神上对责任我没有付出足够的注意。这个过错可以用注意我的责任的元责任来描述。

③ 责任是有条件的还是无条件的问题不同于责任是否被激发的问题。这种区分被 Gilbert 弄得模糊不清了，见 Gilbert（1996b），第 319 页，第 328～329 页。

④ 见第 5 章，特别是附录。程度责任和总体责任之间的区别对应于某一程度上和总体上商品的区别，见第 2 章，脚注 6。程度责任为其他因素所支配，尤其是其他责任：总体责任是当其他相关因素都考虑进去时应有的责任；如果 X 许诺在电影院与 Y 见面，X 在某种程度上有责任去那里见 Y；但是如果 X 在路上发现 Z 在街上快垂死了，X 很可能在总体责任上去帮助 Z，因此而没有履行他的诺言。对表面责任的相关概念的批评，见 Searle（1968）。表面责任与程度责任之间的区别，见 Hurley（1989），第 130 页及以后各页。

⑤ Gilbert 认为协议的责任是程度上的，怀疑是道德上的，见 Gilbert（1996a），第 299～300 页；也见 Gilbert（1996b），第 631～632 页，n. 13，（1996b），第 79 页，（1996e），第 108～109 页，（1996g），第 181 页。Raz 否认此类许诺的责任是道德上的，见 Raz（1977），第 225 页。

只是去做 Ax，所以（M4）似乎没有责任。

但是 Gilbert 对提出如此严厉的检验没有给出理由。（她对于所提标准的所谓来源谈及很少，这是她讨论的一个弱点。例如，她也许认为这些标准不知何故由目的引起，这些目的由协议概念[①]或者协议本身来决定。）因为协议把责任强加给各方参与者，一个更有道理的标准是，在一方给出条件承诺的情况下，他有相应的条件责任，且当另一方给出无条件承诺时，他有履约责任。正如刚才解释的，（O2）（a）确保（M4）满足第一个部分（指条件责任——译者注），（O2）（b）确保（M4）满足第二个部分（指履约责任——译者注）。Gilbert 的标准接近于这个更有道理的标准，如果给予“协议直接产生了相关的履约责任”宽泛的解释，足以覆盖第二个部分，事实上它们可以被理解为是相同的事情。Gilbert 的本意可能是指更狭窄的事情。

下一个标准是同时性：协议的双方在相同时间获得协议所规定的责任。[②]（O1）和（O2）没有论及它们提到的责任所产生的时间，但是引入时间标识可能是合理的，[③] 因此：

（O3）如果在时间 T1 一个人承诺他将做 ψ，那么在 T1 他有责任去做 ψ。

（O4）如果在时间 T2 一个人承诺如果在时间 T3 事件 E 发生那么他做 ψ，则：

（a）在时间 T2 他有责任，即去做 ψ，如果在时间 T3 事件 E 发生；

（b）如果在时间 T3 事件 E 发生，在时间 T3 他有责任去做 ψ。

这些法则可以被精炼（特别是确定一个人去做 ψ 的具体时间），但是对于目前的目的它们足够精确了。在（M4）中时间标识同样可以做到更加精确。使用与这些法则相匹配的时间标识（T1 = T3）：

（M5）在时间 T1，X 和 Y 一致同意 X 将做 Ax 和 Y 将做 Ay，

---

① 把这种方法与 E. Craig（1990）第 1 章中的知识，以及在 B. Williams（2002）中的真理进行比较。

② Gilbert（1996a），第 290 页，（1996b），第 315 ~ 316 页。Gilbert 也许在脑海里有一个严格的标准，但是言辞不够清楚，认为双方在同时获得或者失去责任。如果这样的话，如下的讨论就是自然的。持续相同时间和持续比邻或者交叠时间的区别似乎解决了 Benson（2001b）在合同法中发现的同时性与连续性要求的冲突。

③ 关于责任的时间，见 Prichard（1949d）。

如果：

（a）在时间 T2，X 对 Y 承诺，如果在时间 T1Y 将对 X 承诺 Y 将做 Ay，那么 X 将做 Ax；

（b）在时间 T1，Y 对 X 承诺 Y 将做 Ay；

（c）Y 作出（b）中承诺的前提是 X 作出了（a）中的承诺；

（d）X 有正当的理由相信（b）。

正如已经解释的那样，Ux 在 Uy 的前面，所以时间 T2 在时间 T1 的前面。根据（M5）（a）和（O4）（a），X 在时间 T2 获得责任，根据（M5）（b）和（O3），Y 在时间 T1 获得责任。所以，（M5）没有同时性。

但是这种检验还是太严厉了。与同时性接近的更有道理的标准是双方同时获得他们的履约责任。（M5）符合这个标准：X 和 Y 都在时间 T1 获得他们的履约责任——根据（M5）（b）和（O3），Y 获得履约责任；根据（M5）（a）、（M5）（b）和（O4）（b），X 获得履约责任。在支持同时性方面，Gilbert 说“在很多情形下，特定的一方在另一方已经承担相应的责任之前是没有欲望去承担一些特定责任的”。[①] 但是，如果 X 想要和 Y 达成协议，X 必须愿意去采取必要的措施来达成协议——具体来说，去做 Ux，从而获得一个条件责任。因为责任仅仅是有条件的，所以它并不是难以承受的，因为它不需要 X 去做任何事除非 Y 做了 Uy。也许有人认为条件责任使 X 承担某些无条件的责任——特别是，条件责任不是把 X 自己放到如果 Y 做 Uy，X 将不能做 Ax 这样一个位置上——在某些情况下，这些责任对于 X 是一个负担，但是，即使这是真的，它也不是一个喜欢同时性而不喜欢这个较弱标准的足够好的理由。

Gilbert 的第三个标准是依存性：“如果一方违反了他的履约责任，那么另一方停止承担他原先的履约责任。”[②] 简单起见，回到（M4），就 Y 不履行责任而言，似乎该模型没有标准。如果 X 做 Ux，Y 做 Uy，根据（M4）（a）、（M4）（b）和（O2）（b），X 获得去做

① Gilbert（1996b），第 315 ~ 316 页。

② Gilbert（1996b），第 317 页；Gilbert（1996b），第 219 页，比较 Fried（1981），第 117 页。Gilbert 提出了依存性的更严版本：如果任一方疏怠职责，那么双方的责任都是无效的，见 Gilbert（1996b），第 219 页，以及（1996b），第 316 页。

Ax 的履约责任。在该模型或者到目前为止所提出的标准法则中，不意味着如果 Y 不去做 Ay，X 履行 Ax 的责任就可以消失。也许会有人回应说，如果 Y 不去做 Ay，从而 Y 停止承诺做 Ay,[①] 那么，在这种情况下，（O2）（b）就停止对 X 产生的履约责任。没有必要去考虑这个回应是否能站得住脚——具体地讲，通过再引入时间标识和/或者通过阐述承诺概念（例如，行动状态与结果状态之间的区分）——因为很明显模型违背了就 X 而言的依存性：根据（O1），如果 Y 做 Uy，他就承担去做 Ay 的履约责任，不管 X 是否做了 Ax。（（O1）说的是，如果一个人承诺他做 ψ，那么他就有责任去做 ψ。）正如（M4）（c）所规定的，它并不影响 Y 做 Uy 是因为 X 做 Ux。

Gilbert 对于依存性的立场是以我们对协议的“共同承诺”[②] 为基础的，但我们对协议满足这一标准是否真正达成一致理解是值得怀疑的。一个可信的观点是，至少在某些情况下，如果一方不履行他的履约责任，但另一方的履约责任依然持续下去。这种观点得到了英国合同法的支持，英国合同法规定一方的毁约[③]并不自动终止合同,[④] 而且，如果合同被解除，受害的一方仍有责任去履行废除之前应履行的责任。[⑤] 合作协议可能是一个反例——例如双方同意在某地点和时间见面——因为一方违约使另一方守约变得毫无意义，但是这并不足以支撑同时性作为协议模型完备性要求的一般标准。在更宽松的意义上，（M4）中双方的履约责任是依存性（然而，依存性不能被看成是近似于更宽松意义上的依存性）：Y 的履约责任来源于他作出承诺是因为 X 作出了承诺，这和 Y 的承诺一起共同导致了 X 的履约责任。

X 没有做 Ax 而 Y 仍然有责任去做 Ay 的观点损伤了我们的直觉。这种损伤通过意识到 X 的食言并没有使他解除与协议有关的所有责

---

① 许诺暂时性的讨论，见 Black（2003d）。

② Gilbert（1996b），第 316 页。

③ 在这种背景下使用“废除”已经受到了批评，但却是处理赔偿的普通与方便的快速方法，更广义的，在合同还没有发生时解除受害方的履约责任，见 Beale（1999），第 25 段，第 46 页；Treitel（1995），第 674 ~676 页。见案例，引自 Black（2003d），n. 22。

④ 案例引自 Treitel（1995），第 757 页，n. 9。当合同包含相互依赖的诺言，废除有时但并非总是可取的，主要的决定因素是没有履行的严重后果，见 Beale（1999），第 25 段，第 36 ~45 页；Treitel（1995），第 681 ~739 页。在诺言是相互独立的不正常案例中，双方都没有权利废除另一方没有履行的诺言：食言的一方仍可坚持受害方的诺言。依赖的和独立的诺言的区别，见 Black（2003d），在 nn. 2 和 4 里引用了案例，然而，在那里认为包括独立诺言的合同不等于协议。

⑤ Beale（1999），第 25 段，第 1、50 页；Treitel（1995），第 762 ~763 页。

任而得以减轻。大多数情况下，他有责任对 Y 作出某种形式的补偿（在关于废约的法律条文里，支付赔偿金就是补偿责任）。但是，现在有人可能反对说 X 不依次履行这个责任，但根据（O1），Y 仍然有责任去做 Ay，这是令人难以接受的。针对这种直觉上的反对意见，一个更好的回答应该是，至少部分是归因于把 Y 有哪些责任与 Y 应该有哪些责任才公平的问题混淆了。这里，可以认为强迫 Y 去做 Ay 是不公平的，但是不能得出免除他的这个责任的结论。责任多数是不公平的，明显的例子就是那些来自责任人意愿之外的责任，如照顾父母的某些责任。如果直觉仍然支持依存性，那么我认为应该抛弃直觉。

4.2.3 第二个模型

在（M4）中，X 的承诺以 Y 承诺去做 Ay 为条件。提出的第二个模型是一个更简单的变种，更适合一些情形，其中 X 的承诺以 Y 正在做 Ay 为条件，① 因此：

（M6）X 和 Y 一致同意 X 将做 Ax 和 Y 将做 Ay，如果：

（a）X 对 Y 承诺，如果 Y 将做 Ay，X 将做 Ax；

（b）Y 对 X 承诺 Y 将做 Ay；

（c）Y 作出（b）中承诺的前提是 X 作出了（a）中的承诺；② 且

（d）X 有正当理由相信（b）。

跟（M4）一样，（M6）不符合那四个所谓的标准，同样正确的反应是否决这种标准。存在一些细节上的不同：至于责任性，就 X 的责任来说，修正标准是他有相应的条件责任，如果 Y 兑现了他的履约责任，那么 X 获得了自己的履约责任，（M6）符合这种修正标准。至于同时性，X 和 Y 不需要在同时获得他们的履约责任，因此（M6）甚至不符合之前提出的更弱的标准版本；根据（O3），Y 在时间 T1 获得履约责任，根据（O4）（b），X 在时间 T3 获得责任，但是

---

① 在前面“协议模型”章节里的第一句 X 的承诺就是这类的。

② Radford 认为交流有（a）和（b）的结构，见 Radford（1984），第 582 页。在（c）的因果解释成分和 Radford 的要求之间存在一些相似性，Radford 要求作出无条件声明的那方有适当的动机。比较 93 页脚注④。

与（M5）不同的是没有 T1 = T3 的含义。（（O3）说的是，如果在时间 T1 一个人承诺他做 ψ，那么在时间 T1 他有责任去做 ψ；（O4）（b）说的是，如果在时间 T2 一个人承诺如果在时间 T3 事件 E 发生他就做 ψ，那么，如果在时间 T3 事件 E 发生，在时间 T3 他有责任去做 ψ。）至于依存性，如果 Y 违背他的履约责任，在模型或者在标准法则中没有表明 X 始终有履约责任，因此，就 Y 违约而言，（M6）基本上符合这个标准——之所以说是“基本上”，那是因为如果 X 从来没有获得责任，那么说他停止责任是不正确的。双方的履约责任在更宽松的意义上是相互依存的，Y 的履约责任来源于他作出的承诺是因为 X 作出承诺，如果 Y 兑现他的责任，则产生了 X 的责任。

4.3 缔结和遵守协议的理由

（M4）和（M6）都包含了在直觉上缔结和遵守协议的可信理由。被讨论的理由是导致理性参与者缔结或者遵守协议的根据；根据道德或者公共政策，它们不是缔结或执行协议的正当理由。基本的想法是 X 希望并且相信 Ux 是让 Y 去做 Ay 的最好方式，对 Y 也依此类推。我将仅以（M4）为对象来发展这一想法，从他们各自作出承诺的理由开始分析。由于（M4）（a）把 Y 的承诺植入 X 的承诺中（（M4）（a）说 X 对 Y 承诺，如果 Y 对 X 承诺他将做 Ay，X 将做 Ax），这个处理将揭示 Y 是怎样推论他的承诺，然后揭示 X 在推论他的承诺时是怎样考虑 Y 的推理的。正如前面提到的，Ux 先于 Uy，并且承诺是一个将来时态，但为简化起见，我将在没有时间观念的意义上讨论这个论点，这不会影响它们的实质。

Y 也许会理性地论证他的承诺，如下：

（1）我希望 X 去做 Ax。（假设）

（2）X 做 Ux。（假设）

（3）如果我做 Uy，那么 X 做 Ax。（从（2）推出）

（4）我正做 Uy 是我确保 X 做 Ax 的方式。（从（3）推出）

（5）没有其他的方式让我觉得至少跟我做 Uy 一样好。（假设）

（6）让我能确保 X 做 Ax 的最好方式是我去做 Uy。（从（4）和（5）推出）

(7) 其他事情都一样。(假设)

(8) 我将做 Uy。(从 (1)、(6) 和 (7) 推出)

根据 X 的承诺是可置信的假设,可以从 (2) 推出 (3),也就是说一个人承诺如果 P 他将做 ψ 是可置信的,意味着如果他给出了承诺,事实就是有 P 那么他将做 ψ。这个假设相应地得到在下面讨论的 X 的论据 (24) — (28) 的支撑,根据这种论据可以得到 X 将做 Ax 的结论。在这个假设源于如下两个命题的意义上,可以说这个假设得到了 X 的论据的支撑。两个命题是,(i) 如果 X 和 Y 各自做 Ux 和 Uy,那么 X 使用了这种论据((24) - (28) ——译者注),(ii) 如果 X 形成了某种目的,然后他将想办法实现它,在这个意义上,由这种论据((24) — (28) ——译者注)的结论所表达的目的是可置信的(这段话不太好理解,我们首先进行逻辑的倒推,如果目的是可置信的,X 将做 Ax 的结论是可置信的,因为目的是由该结论决定的;而 X 将做 Ax 这一结论的论据是 (24) — (28),那么 X 是否使用了这种论据?由于 X 和 Y 各自做 Ux 和 Uy,说明 X 使用了这种论据。现在进行逻辑的顺推,由于 X 和 Y 各自做 Ux 和 Uy,说明 X 使用了 (24) — (28) 这种论据,根据这种论据可得到 X 将做 Ax 的结论,而这一结论决定了某种目的,如果这种目的是 X 想方设法要实现的,那么 X 将做 Ax,因此 X 的承诺是可置信的。这两个命题的两个关键点是 X 使用了这种论据以及存在要实现的目的,前者得到 X 将做 Ax 的结论,后者使 X 将做 Ax 变成现实,X 将做 Ax 变成现实正说明 X 的承诺是可置信的——译者注)。

至于从 (3) 到 (4) 的推理,“如果我做 ψ 那么有 P” 本身并不必须“我做 ψ 是我确保 P 的方法”。可能的反例情形是:“我做 ψ” 代替“P”;存在不仅我做 ψ 而且我做 ψ 就是 P 的一些充分理由,但是在我做 ψ 与我做 ψ 就是 P 之间并没有其他的因果关系,也没有必要关系。尽管如此,显然增补“如果我做 ψ 那么有 P” 就能够产生这种反例情形(这不是说“我做 ψ 是我确保 P 的方式” 必须“如果我做 ψ 那么有 P”)。增补的假设信赖于对目的与手段之间关系的分析,这里对此不再继续讨论;容易理解的方法是根据因果关系,也可能是必要关系去分析它。无论如何,假设增补假设的适当替代情形——无论多么精确——都是针对 Y 的。

从（4）和（5）推导出（6），所依据的假设是（5）中提到的其他方式，就它们的长处（goodness）而言，可用Y正在做Uy这一共同标准来衡量（commensurable）。这里没有必要对相关的共同标准（commensurability，公度，我们在这里用共同标准来表述——译者注）与长处（goodness）概念作进一步阐述。① 根据目的—手段推理法则，推出（8）要求使用（7）：

（PR）（a）我希望P。

（b）我确保P的最好方式是我做ψ。

（c）其他事情都一样。

所以（d）我将做ψ。

（a）表达的是愿望，（b）和（c）表达的是信念，（d）是一种目的。（c）是用来排除我希望P小于我不想做ψ的这些情况；需要一视同仁，没有对“事情”类型作非正式的描述，（c）——因此（PR）——是相当琐细的，但是这对现在的目的无关紧要。我将只假设（PR）是有效的，并不需要试图去解释为什么或者在何种意义上是有效的。显然，在演绎逻辑中这是无效的。按照Broome的观点，有人也许会说（PR）的有效性只是（a）—（d）中具有的“正式（formal）”关系，而不是（a）—（d）中具有的逻辑关系，② 但是到目前为止这仅仅是一个符号。人们可能会说——采用Broome的另一个观点——依照（PR）的推理是正确的，因为在如果我有那种欲望和那些信念，我就应当可以确保有那种目的意义上，按（a）—（c）所表达的精神状态“规范地要求”通过（d）来表达目的。③

X理性地论证他的承诺，因此：

（9）我希望Y去做Ay。（假设）

（10）如果我做Ux，Y按（1）—（8）推理。（假设）

（11）如果Y按（1）—（8）推理，那么他打算去做Uy。（从（10）推出）

① 关于（数）公度性，见Chang（1997）。

② Broome（2001a），第182页。

③ Broome（2000），（2001a）。（PR）与Broome（2002）里的最佳推理方案是：主要的不同是Broome的第一个假定表示意图，而我表示为欲望，因此，（PR）包括其他事情都一样的假定。在实际推理的基本方案上，（PR）在其他方面类似于Audi（1989），第99页，主要的不同是Audi方案的结论是规范化的：“我应该做ψ。”关于手段—目的推理中规范化结论的不偏不倚的责难，见Broome（2000），（2001a），（2001b），（2002），（2004）。

(12) 如果 Y 打算去做 Uy，那么他做 Uy。(假设)

(13) 如果 Y 做 Uy，那么他做 Ay。(假设)

(14) 如果我做 Ux，那么 Y 做 Ay。(从 (10) - (13) 推出)

(15) 我做 Ux 是我确保 Y 做 Ay 的方法。(从 (14 推出))

(16) 我没有其他方法来确保至少这跟我做 Ux 一样好。(假设)

(17) 我确保 Y 做 Ay 的最好方法是我去做 Ux。(从 (15) 和 (16) 推出)

(18) 其他事情都一样。(假设)

(19) 我将做 Ux。(从 (9)、(17) 和 (18) 推出)

(10) 假设 Y 足够理性按 (1) — (8) 推理。如解释的那样，(11) 使事实变得清楚，这个事实是 (8) ——Y 推出做 Uy 的结论——表示了一个目的。(12) 的含义是 Y 的目的在上面规定的意义上是可靠的，(13) 的含义是 Y 的承诺在同样意义上是可靠的。这种假设通过下面讨论的 Y 依据 (20) — (23) 推出他将做 Ay 的结论而得到加强。这里，这个观点跟上面讨论 X 的承诺是可靠的假设时相似。根据 (10) — (13) 推出的 (14) 假设了条件的传递性：这个假设成立，信赖于对"如果"的解释。① 推理的余下部分类似于 (4) — (8)。

一旦 X 和 Y 作出了承诺，他们会理性论证兑现承诺的方式。Y 也许会论证：

(20) 我做 Uy。(假设)

(21) 我有做 Ay 的责任。(从 (20) 推出)

(22) 其他事情一样。(假设)

(23) 我将做 Ay。(从 (21) 和 (22) 推出)

(21) 是根据 (O1) 从 (20) 推导 (如果一个人承诺他将做 ψ，那么他有责任去做 ψ) 出来的。根据标准推理法则的要求，推导 (23) 要求使用 (22)：

(NR) (a) 我有做 ψ 的责任。

(b) 其他事情都一样。

所以 (c) 我将做 ψ。

---

① 传递性定义见第 1 章 21 页脚注②。不合格的传递性不支持反事实的条件，见 Stalnaker (1991)，第 38 页；D. Lewis (1973)，第 32 ~ 35 页。

对（PR）的这些评论在细节上作必要的修正得到（NR）。[①]

X 也许论证：

（24）我做 Ux。（假设）

（25）Y 做 Uy。（假设）

（26）我有责任做 Ax。（从（24）和（25）推出）

（27）其他事情都一样。（假设）

（28）我将做 Ax。（从（26）和（27）推出）

（26）根据（O2）（b）得出，（28）根据（NR）得出。（（O2）（b）——与（O2）的首句结合起来——说的是如果一个人承诺如果有 P 他将做 ψ，那么，如果有 P，他有责任去做 ψ。）

这些论据揭示了缔结和遵守协议是理性的，一旦缔结协议就遵守协议。

4.4 协议的目标与效果

4.4.1 协议的目标：四种观点

这样就完成了缔结和遵守协议的理由及协议本质的一般性解释。通过识别关于协议目标的四种观点，我开始讨论在 EC81 款中描述的目标与效果的区别。

4.4.2 直觉观点和 Odudu 的观点

EC81 款第 1 条禁止具有反竞争目标或效果的协议。EC81 款的目标部分反映了协议而效果部分没有反映协议似乎是清楚的，反之亦然，[②] 而且，至少经常是，目标是效果的根据（反之不成立）。称第一个断言为差别命题（Distinctness Thesis），称第二个断言为证据命题（Evidence Thesis），它们共同构成直觉观点。

---

① 在 Broome（2001a）中规范化实际推理方案类似于（NR），但是用“应该”替代了“责任”，并且没有规定其他事情也是一样的。比较在 M. Smith（1994，第 12 页）中的原则 2。“应该”和“责任”的关系，见第 5 章后面的附录。

② 这不同于分支是分离的而不是累积的观点，见案例 56/65，*Societer Technique Miniere*（*LTM*）诉 *Maschinenbau Ulm GmbH*（*MBU*）［1966］ECR 235，249；Roth（2001），第 2 段，第 97 页。

直觉观点是可置信的。任何跟它不一致的观点都是在一定程度上不可信的，因此需要辩护。差别命题是可置信的，因为如果它是错误的，那么 EC81 款就包含多余的措辞，而假设立法通常并不包含多余的措辞是合理的。这个假设包含两个成分：立法者不想产生多余的措辞；立法者的这个目的是可达到的。

证据命题有两个主张：第一，P 是协议 A 的目标证明 P 是协议 A 的效果；第二，P 是协议 A 的效果不证明 P 是协议 A 的目标。[①] 这里“证明”是弱意义上的。第一个主张仅仅是说 P 是 A 的目标是相信 P 是 A 的效果的一些理由：也许存在一个最重要的理由相信 P 不是 A 的效果，例如 A 的执行引起第三方的介入阻止 P。因此，正如所分析的，这个主张是可信的。这也许是基于这样一个假设：通常，如果 P 是 A 的目标，那么 P 是 A 的效果，那么协议在这个意义上是有效的（之所以用“通常”，是为了避免与差别命题相矛盾）。假设我们知道 P 是 A 的一个目标，那么鉴于有效性的假设，我们有理由去相信 P 是 A 的效果。证据命题的第二个主张是可信的，尽管“根据”是弱意义上的。协议 A 也许有很多遥不可及和不可预见的效果：P 是这种效果不作为 P 是 A 的目标的根据。

特别的，差别命题似乎与 Odudu 的观点相一致，Odudu 的观点是在 EC81 款中“主观目的足以满足目标需求”[②] ——或者，把它放在一个更经得起检验的形式下去分析和评估：如果 A 的双方在缔结或者履行 A 中想要 P，那么 P 是 A 的目标。[③]（缔结和执行的区别对这一讨论并不重要，因此，这一讨论能限于双方在执行 A 中的目的。）在这个基础上，Odudu 提出了两个理由来禁止有反竞争目标但没有反

① 我将假定协议的目标、因果关系的条件和证明的命题：“P”、“Q”等相应地作为可互换的示意性句子和示意性名字来为命题所使用。关系条件的假设和目标的假设是武断的，但是这些假设使讨论变得简单和有效，为了避免这些，可以重写假设。一个更精确的观点是原因和结果是事件（见 davidon（1980a）），证明关系的条件是事态。

② Odudu（2001a），第 70 页，引自案例 96 – 102，104，105 和 110/82，*NV IAZ Internatioanal Belgium* 诉 *Commission*［1983］ECR 3369，案例 35/83，*BAT Cigaretten* 诉 *Commission*［1985］ECR 363，案例 T – 1/1989，*Rhone-poulenc* 诉 *Commission*［1991］ECR II867，案例 T – 8/89，*DSM NV* 诉 *Commission*［1991］ECR II，1833。委员会关于《罗马条约》（2004/C 101/08，OJC 101 27. 4. 2004，97）第 81 款第 3 条应用的指南在第 22 段阐述了双方主观意图的证据是协议目标的相关条件但不是必要条件；在主观意图是否是充分条件的问题上他们没有作出说明。

③ 为了简便，我同样假设（无害但在某些案例上可能是人为的）意图的内容是一个命题。我还假定双方有相同的意图。Odudu 认为只有当后面的假定成立的时候 EC81 款的目标部分才是适当的，见 Odudu（2001b），第 384 页，引自联合案例 29 和 30/83，*Compagie Royale Asturienne des Mines SA* 和 *Rheinzink GmbH* 诉 *Commission*［1984］ECR 1679，1703。

竞争效果的协议：

第一，EC81款第一条不仅涉及找出那些造成限制性效果的主体，而且涉及阻止限制性效果的发生……第二，非结果论的理由是没有限制竞争，因为试图限制竞争只是机会而不是选择，选择本身足以导致限制竞争。[①]

第一个理由运用了两个论据，一个是因果关系的，另一个是认识上的。因果关系的论据是，由于反竞争效果是坏的，又由于就常识而言，在因果关系上反竞争目的先于反竞争效果，那么禁止这种目的作为防止这种效果的方式是好的。这个论据与所讨论的协议没有反竞争效果的情形无关。认识上的论据是同样的，除它的第二个假设反竞争目的是反竞争效果的可靠根据外。鉴于这种反竞争的目的，可以合理地推断协议实际上是反竞争的。正如因果关系的论据一样，在那种情形下，这个论据主要关注的不是协议的目标而是协议的效果。因此，可以说该论据"没有严肃地对待"目标/效果的区别，正如Odudu自己对下面所考虑的传统观点所作出的评价。[②] 无论如何，这两个论据都遗漏了它们的目标，因为它们不是把协议效果与协议目标联系起来，而是与双方目的联系起来，根据Odudu的观点，双方的目的仅仅是目标的充分条件。

第二个理由令人置疑。假设这种可争议的主张是允许的，如果双方有反竞争的目的是坏的，那么他们不应该逃避，只因偶然的原因，他们可能没有实现他们的目的。这样就没有理由认为他们有这样的目的是坏的。而且，没有实现目的总是偶然性事件似乎是错误的，也许存在一个可预见的因果关系链导致目的没有实现。进一步的讨论需要对偶然概念作出说明。

这些质疑攻击了Odudu根据其观点提出的理由，他的观点是主观目的对于目标是充分的，但是这些质疑没有攻击这一观点本身。按照Odudu的这一观点，协议目标宽度的变化取决于各种关系下目的的覆盖范围（"closure"一词的基本词义有关闭、封闭、停止等，根据下文的例子来看，作者是表达目的的覆盖范围——译者注）。认为性质F在关系G下是完全覆盖的，就是说如果一件事既有F，又显示

---

① Odudu（2001a），第71页。
② Odudu（2001b），第382页。

G 适合于另一件事，那么另一件事有 F。例如，是一条狗的性质在同胞关系下是完全覆盖的……在任何情况下，狗是同胞的话那也是狗；相反，雄性性质在那种同胞关系下不是完全覆盖的，因为一些雄性与雌性是同胞。现在假设执行协议的两个人打算分享某种信息，那么可以合理地相信他们分享这种信息会导致对竞争的限制。（合理地相信什么将取决于潜在的信徒是谁以及他已经相信什么。）如果做 ψ 旨在 P 的性质在“相信……导致 ……是合理的（it is reasonable to balieve that…causes…）”的关系下是完全覆盖的，这意味着双方想要限制竞争，但是如果在那种关系下这种性质不是完全覆盖的，就不能得出双方想要限制竞争的结论。同样，根据 Odudu 的观点，可以得出在第一种情形而不是第二种情形下协议目标应该是限制竞争的结论。

在直觉概念上，目的（更严格的，正如刚才详细规定的性质）在那种关系下没有完全覆盖。转动这把钥匙，旨在打开这扇门，可以合理地相信打开这扇门导致铰链的磨损，但是我并不打算对铰链造成磨损：它是我行动的非故意的副效果。[①] 类似的，这个例子能够用来说明目的在因果关系下没有完全覆盖……Odudu 谈论“主观”目的的事实表明他同意目的在这些关系下没有完全覆盖，这些关系可以被称为客观的（这个单词的一个意思）。但是，如果目的在“相信……导致 ……是合理的（it is reasonable to balieve that…causes…）”的关系下不是完全覆盖的，那么，Odudu 的观点就没有多少说服力。例如，正如所看到的，它不意味着分享信息的协议有反竞争的目标。因此，Odudu 有理由扩展直觉概念以便至少在那种关系下它是完全覆盖的。[②] 这里用的不是直觉概念而是扩展概念，可以认为这个问题在于如何解释目的（have an “imputed” intention）。

---

① 双重效果的学说，在其一个版本里，把预见性的副效果与作为意图目的的手段的想要结果区别开来，见 Bratman（1999c），第 140 页。这是一种狭窄的区分，因为它仍然留下了可能性空间，即副效果是想要的而不是作为一种手段。该学说其他的版本把副作用归为无意图的，见 Harman（1986），第 99 ~ 100 页。

② 英国犯罪法允许法院裁决被告在涉及因果的更复杂关系下意图是完全覆盖目的的。J. Smith（2002），第 71 页，如此概括目前的法律：“（1）当参与者的目的引起结果时，该结果是想要的。（2）法院或者陪审团也可能发现结果是想要的，尽管不是参与者的目的引起的，当（a）结果是行动事实上的必然结果，以及（b）参与者知道它是一个事实上的必然结果。”（强调固有的。）Black 讨论了在其他关系下意图的覆盖性，见 Black（1995a），第 357 页。

4.4.3 传统观点和标准观点

Odudu 把他的观点与“目标意味着必然效果”① 的传统观点对立起来,② 亦即例如“P 是 A 的目标”意味着与“P 是 A 的必然效果”是一样的。根据“必然效果”，他似乎推测了讨论中的这种协议一贯产生的效果（在下一段中他讨论了“一贯有害的”做法）。司法当局的更好的综合性观点认为协议的必然效果是能够合理预见的——根据经济理论、类似协议的经验和个别案例事实——几乎是可以肯定的，或者至少有非常高的可能性。③ 根据这种解释，略有矛盾的是必然效果并不必然发生。因此，根据已有的解释，Odudu 的观点与传统观点是互不一致的，因为（a）传统观点认为“只要 P 是 A 的必然效果则 P 是 A 的目标”，（b）“只要 P 是 A 的必然效果，A 的双方在执行 A 中旨在实现 P”并不是事实。给定这些假设，就能从这两个观点中推出一个矛盾。

与 Odudu 的主张相反，传统观点很不可信，曾经有人相信它是值得怀疑的。如果“目标”意味着“必然效果”，那么没有必然效果的协议就不能够有目标。这个条件的后果（也就是“那么”这句）似乎是错的；可以肯定，协议可能有目标，但缺乏与反垄断法有关的一系列必然效果——限制的核心部分是价格操纵和市场分享。④ 如果是那样的话，Odudu 是在攻击一个假想的对手。由法律当局⑤支持的一个更可信的观点是，必然效果对目标是充分的，亦即如果 P 作为 A 的几乎可以肯定的效果能够被合理地预见，则 P 是 A 的目标（称之为标准观点）。由于 Odudu 的观点和标准观点各自仅给出了目标的充分条件，它们是相互 致的。

---

① 我增加了初始资本。

② Odudu（2001a），第 62 页。

③ 见委员会关于 EC81 款第 3 条运用的指南（108 页脚注②），第 21 段；Goyder（1998），第 121 页；Roth（2001），第 2 段，第 64 页及以后各页；Whish（2003），第 112 页。

④ *Franz Volk* 诉 *SPRL Ets j. Vervaecke*［1969］ECR 295 就是佐证。

⑤ 最清楚的案例 123/83，*Bureau National Interprofessionnel du Cognac* 诉 *Clair*［1985］2 CMLR 430，445（Slynn AG）。见 *Technique Miniere*（107 页脚注②）；案例 19/77，*Miller International Schallplatten GmbH* 诉 *Commission*［1978］ECR 131；联合案例 T－374/94，T－375/94，T－384/94，T－388/94，*European Night Services Ltd.*（EPS），*Union Internationale des Cchemins de Fer*（UIC），*NV Nederlandse Spoorwegen*（*NS*）和 *Societe National des Chemins de Fer Francais*（*SNCF*）诉 *Commission*［1998］ECR Ⅱ－3141。委员会指南的第 21 段（108 页脚注②）看起来支持标准观点，但也可以看成是支持传统观点。

同样，两者对协议目标是什么都没有提供一个完整的解释。这些论辩并不清晰，[①] 但除必然效果和双方目的以外，好像又暗示下面的因素与目标识别有关：[②] 协议的内容，即它说是什么；[③] 双方的欲望；[④] 协议执行的环境尤其是法律和经济环境；[⑤] 协议可预见的和实际的效果；[⑥] 它的起源；[⑦] 与协议有关的参与者所采取的行动和作出的声明。[⑧] 法律当局没有对这些因素进行足够精确的区分，其中哪些纳入目标概念的分析之中，哪些用来定义"目标"，哪些用作对目标的检验，哪些仅仅是目标存在的这样或那样的条件。[⑨] 同样，把它们或者它们的任何一部分当作目标的必要和/或充分条件是错误的。一个更准确的解释是它们每一个都是法庭要考虑的因素，在不同情况下有不同的权重。那样解释的话，这四种观点的每一个都是相当好的（over-tidy）（在下面的讨论中极端完美（an excess of virtue）是可接受的）。

4.4.4 目标与效果的关系

目标与效果的关系以及这四种观点的关系可以通过考虑四个问题加以阐述，其中两个是关于条件的问题，两个是关于证据的问题。条件问题是协议的目标是否是其效果的必要条件——或者等价地说，效果是否是目标的充分条件——反之亦然；[⑩] 证据问题是协议的目标是

---

① 两个不清晰的例子：（a）使用"效果"来说明目标概念，见 *Technique Miniere*（107 页脚注②），第 249～50 页；（b）谈及"具体结果"——哪些其他结果与之相反？见 *Consten* 和 *Grundig* 诉 *Commission*［1996］ECR 299，342，［1966］CMLR 418，473 的案例 56 和 59/64。

② 关于这些案例的评论，见 Faull 和 Nikpay（1999），第 2 段，第 60 页及以后各页；Roth（2001），第 2 段，第 56 页及以后各页；Whish（2003），第 108 页及以后各页。

③ 见 *Technique Miniere* 案（107 页脚注②），第 249 页；IAZ（108 页脚注②），第 23 段；委员会指南（108 页脚注②），第 22 段。

④ 见 IAZ（108 页脚注②），第 24 段。

⑤ 见 *Technique Miniere* 案（107 页脚注②），第 249 页；IAZ（108 页脚注②），第 23 段；CRAM（108 页脚注③），第 1703～1704 页；委员会指南（108 页脚注②），第 22 段；Cf 联合案例 100－103/80，SA *Musique Diffsion Francaise* 诉 *Commission of the European Communities*，［1983］ECR 1825，第 112 段。

⑥ 见 *Technique Miniere* 案（107 页脚注②），第 249 页；委员会决定 IV/29.883，AROW/BNIC，第 65 段。

⑦ 见 IAZ（108 页脚注②），第 23 段。

⑧ 见 IAZ（108 页脚注②），第 24、25 段；*AROW/BNIC*（112 页脚注⑤），第 61 段；委员会指南（108 页脚注②），第 22 段。

⑨ 分析、定义、条件和检测的区分在本章的最后讨论卡特尔犯罪时将进一步使用。类似的区分见 Parft（1997），第 108 页。

⑩ 条件性的其他问题在这里不作追踪，但是在涉及更复杂的条件时会进一步阐述目标和结果之间的关系，例如 inus 条件，见 Mackie（1974），或者充分条件的无关必要部分，见后面第 5 章的附录。

否是其效果的证据，反之亦然。更精确地说：

（Q1）如果P是A的效果，那么P是A的目标吗？

（Q2）如果P是A的目标，那么P是A的效果吗？

（Q3）P是A的目标证明P是A的效果吗？

（Q4）P是A的效果证明P是A的目标吗？

从对（Q1）的肯定回答不能得到为了证明效果必须证明目标的结论，或从对（Q2）的肯定回答不能得到为了证明目标必须证明效果的结论，因为不证明一件事情的必要条件，也能够证明该事情：我的曾祖父有孩子是我存在的必要条件，但是能够证明我存在并不需要证明我曾祖父的任何事情。更准确地说，四个问题的兴趣都涉及直觉观点：如果对（Q1）或者（Q2）的回答是肯定，那么差别命题就是假的，如果对（Q3）的回答是否定或者对（Q4）的回答是肯定，那么证据命题就是假的。因此，如果其他三种观点中的任何一个对这些问题给出答案，所讨论的观点与直觉观点不一致，从而是不可信的。

4.4.5 标准观点

这些问题答案的改变取决于关于目标的标准观点或Odudu观点是否被采用（传统观点已经被摒弃了），根据Odudu的观点，取决于目的的覆盖范围。从标准观点开始分析，如果把标准观点的前件（前提）替代进（Q1），问题就是如果P是A的效果，那么P作为A的几乎肯定的效果是否能被合理地预见。答案明显是否定的。不能由此得出对（Q1）的回答是否定的结论，因为标准观点仅仅对P是A的目标给出了充分条件：仍然可能是如果P是A的效果，那么P是A的目标。但是，标准观点支持对（Q1）的否定回答。

根据标准观点，对（Q2）的回答是明确否定的。通过正如之前的相同替代，问题现在是如果P作为A的几乎肯定的效果能够被合理地预见，那么P是否是A的效果。答案是否定的。正如之前所解释的，必然效果不一定发生。很容易证明（Q2）有相同的答案，正如下面所讨论的。根据标准观点，如果P作为A的几乎肯定的效果能够被合理地预见，那么P是A的目标。正如刚才所阐述的，如果P作为A的几乎肯定的效果能够被合理地预见，那么P是A的效果，这不是事实。假设对（Q2）的回答是肯定的，即如果P是A的目标，那么P是A的效果。根据标准观点、刚才的假设和条件的传递性，[1]如果P作为A的几乎肯定的效果能够被合理地预见，那么P是A的效果。所以，如果P作为A的几乎肯定的效果能够被合理地预见，那么P是A的效果既是事实又不是事实。通过反证法，对（Q2）的回答是否定的。

如果同样的替代用在（Q3）上，问题是如果P作为A的一个几乎肯定的效果能够被合理地预见是否证明P是A的效果。答案明显是肯定的。同样，不能由此得出对（Q3）的回答是肯定的结论，但现在的问题不仅仅是标准观点只给出了P是A的目标的充分条件：即使假设当且仅当P作为A的几乎肯定的效果能合理地预见，那么P是A的目标，也不能由此得出P是A的目标证明P是A的效果的结论。推论应该采取这种形式：Q证明R；当且仅当S成立则Q成立；所以S证明R。这种推论模式是无效的，正如下面的反例所表明的一样：我看到的所有天鹅是白色的证明所有天鹅都是白色的；当且仅当所有非白色的东西都不是我看到的天鹅，那么我看到的天鹅都是白色的；但是，所有非白色的东西不是我看到的天鹅不证明所有天鹅都是白色的。[2]与直觉相反，两个可能的回应认为前者证明后者，或者给这种推论模式增加限制以确保这种推论既是有效的，又继续允许把目标与效果联系起来所推导的这种结论。这两条道路似乎都没有前途。

如下所述，可以提出一个不同的论点，认为标准观点对（Q3）给予了明确的肯定回答。对于任何命题Q和R，如果Q成立则R成立是事实，那么R证明Q（称之为（CE1）法则）。所以，根据标准观点，P是A的目标证明P作为A的一个几乎肯定的效果能够被合理地预见。正如已经看到的，P作为A的一个几乎肯定的效果能够被合理地预见证明P是A的效果。所以，通过证据关系的传递性，P是A的目标证明P是A的效果。

这个论点有两个弱点，首先断言证据关系是传递的。这里有个反例：乔治是一个不知道IAZ案的反垄断律师证明乔治是个反垄断律师；他是反垄断律师证明他知道IAZ案；但是，他是一个不知道IAZ

---

① 这个见106页脚注①。
② 比较Hempel（1983）。

案的反垄断律师不证明他知道IAZ案。[1] 其次是（CE1）法则。假设R与在遥远的不可知的星系的事有关：肯定R不证明任何事情。一个没有得到（CE1）法则承认的可信观点是证明是一个三元关系：R证明Q，如此这般。根据这个观点，一个命题是否证明另一个命题，信赖于——正如相信什么是合理的（参阅前面）——相关人员的认识立场。但是，即使（CE1）被扩展以适应这种相对性，例如，假设Q和R在某种合适的意义上对相关人员是可以理解的，似乎即使（CE1）法则完全成立，那也只是在一个非常弱的证明形式上成立（比证据命题所描述的形式更弱）。如果R有很多互不兼容的充分条件，那么R充其量是它们中任何一个的非常弱的证据。为了说明这些问题，有必要超越对根据概念的直觉理解，[2] 但暂时拒绝这个论点。

因此，标准观点没有提供证据认为P是A的目标证明P是A的效果。假设对（Q3）的回答是否定的，除非提供了肯定回答的证据，根据标准观点，对（Q3）的回答是否定的。然而，倘若P作为A的一个几乎肯定的效果能够被合理地预见证明P是A的效果，标准观点就需要获得P是A的目标的特定充分条件来证明P是A的效果。

同理，根据标准观点，对（Q4）的回答也是否定的。但是标准观点不必要用P是A的效果证明获得P是A的目标的特定充分条件（刚刚提到的证据命题的反命题）。特别是，它不需要P是A的效果证明P作为A的一个几乎确定的效果能被合理地预见。

4.4.6 Odudu的观点

根据Odudu的观点，为了回答这四个问题，区分双方在执行A中的意图是有用的：他们的外在意图仅仅是他们执行A；[3] 他们各自的意图包含有特定内容，每个特定内容都是A的内容的组成部分，例如“小器具的价格是1英镑”；他们的隐蔽意图涉及在执行A中希

① 类似的例子运用在相关证实之中，见Black（1988），第431页，也运用在相关辩护之中，见Klein（1976），第806~807页，这里涉及辩护。

② Achinstein（1983）是哲学著作的入门。

③ 我有争议性地假设一个人的意图能影响到另一个人的行动。关于这个假设的辩护，见Bratman（1999b），（1999e）；Tuomela（1995），第2章。也见“多元主观意识”的讨论，见Gilbert（1989），第4章，（1996c）。

望完成的事情或通过执行 A 希望完成的事情，例如利润增加。通常参与者将有这三种目的。

如果把 Odudu 观点的前件（前提）替代进（Q1），问题就是，如果 P 是 A 的效果，执行 A 的双方是否想要 P。根据之前界定的直觉上的目的概念，回答是否定的。因此，Odudu 的观点支持但不必对（Q1）作出否定回答：推理正如按标准观点回答（Q1）一样。如果在“相信……导致……是合理的”关系下目的是完全覆盖的，那么结果是相同的。

但是，假设 P 是 A 的效果，如果在因果关系下目的是完全覆盖的，那么答案是肯定的。当且仅当双方执行 A 导致 P 才承认 P 是 A 的效果。所以，他们执行 A 导致 P。在执行 A 中他们有外在目的，就是执行 A。根据覆盖范围，在执行 A 中他们想要 P。按照 Odudu 的观点，P 是 A 的目标。所以，如果 P 是 A 的效果，那么 P 是 A 的目标。然而，在因果关系下目的是完全覆盖的假设仅仅在人为的和非常强的目的概念上才是真的。这个概念承认人可能想要他行动的效果，即使他没有预料到这个效果和不能够合理地实现它。不同于完全覆盖的其他假设，为了使 Odudu 的观点有足够强的吸引力，这个假设似乎并不是必需的（参阅前面）。

（Q2）和（Q3）的答案对目的的完全覆盖形式不敏感。如果把 Odudu 观点的前件（前提）替代进（Q2），问题是如果双方在执行 A 中想要 P 那么 P 是否是 A 的效果。答案是否定的，因为目的可能未能完成。与标准观点同理，对（Q2）的回答是否定的。

又与标准观点同样推理，Odudu 的观点没有提供证据认为 P 是 A 的目标证明 P 是 A 的效果，所以对（Q3）的回答是否定的。但是正如标准观点一样，可能有人认为，Odudu 的观点（在某种假设上）需要获得 P 是 A 的目标的特定充分条件来证明 P 是 A 的效果。论据是这样的。假设双方在执行 A 中想要 P 是 A 的效果。按照 Odudu 的观点，P 是 A 的效果是 P 是 A 的目标的充分条件。假设如果他们想要某事，他们就能实现他们的目的，在这个意义上双方是有能力的（这与前面作为证据命题的第一个主张的根据所使用的意义不同）。如果他们在执行 A 中想要 P 是 A 的效果的话，那么 P 就是 A 的效果。假设对于任何命题 Q 和 R，如果有 Q 就有 R 是事实，那么 Q 证明 R

(称之为(CE2)法则)。那么双方在执行 A 中想要 P 是 A 的效果的话，就证明 P 是 A 的效果。所以，P 是 A 的目标的特定充分条件证明 P 是 A 的效果。

(CE2)比它的反命题(CE1)更可信((CE1)是说，如果 Q 成立则 R 成立是事实，那么 R 证明了 Q)，但是它也有(CE1)的缺点，不承认一个命题是否证明了另一个命题信赖于相关人员的认识立场。因此，为了论据是有效的，需要根据(CE2)可接受的某些修改对其进行改写。这是否能够完成还存有疑问。

如果在因果关系下目的不是完全覆盖的，那么对(Q4)的回答是否定的：推理与标准观点相同。也像标准观点一样，认为 Odudu 的观点必须用 P 是 A 的效果证明获得 P 是 A 的目标的特定充分条件，那是不合理的。如果讨论的条件是双方在执行 A 中想要 P 是 A 的效果，通过假设双方是有能力的，并且(CE1)是真的，这样才可以确保这种必需的观点。但是，再说一次，(CE1)是不可接受的。

正如下面所讨论的，也许有人会认为，如果在因果关系下目的是完全覆盖的，对(Q4)的回答是肯定的。倘若目的是完全覆盖的，如果 P 是 A 的效果，那么 P 是 A 的目标，参阅对(1)的回答。倘若有(CE2)，P 是 A 的效果证明 P 是 A 的目标。但再说一次，没有考虑完全覆盖假设的不合理性，由于(CE2)的缺点，这个论据是失败的，还不清楚对(CE2)进行适当的修改在何种程度上能够使该论据得到通过。

4.4.7 结论

结果是这样的。标准观点是如果 P 作为 A 的几乎确定的效果能被合理地预见，那么 P 是 A 的目标；Odudu 的观点是如果 A 的双方在缔结或执行 A 中想要 P，那么 P 是 A 的目标。根据标准观点，对(Q2)、(Q3)和(Q4)的回答是否定的。标准观点也支持对(Q1)的否定回答。对(Q3)的标准回答是，根据一个可接受的假设，标准观点必须获得 P 是 A 的目标的特定充分条件来证明 P 是 A 的效果。如果在因果关系下目的不是完全覆盖的，Odudu 的观点支持对(Q1)的否定回答。如果作出非常强的假设，目的在那种关系下是完全覆盖的，Odudu 的观点支持对(Q1)的肯定回答。按照 Odudu 的观点，对于（Q2）和（Q3）的回答是否定的，对（Q3）的回答要服从应用于标准观点的限定条件，这个答案是不确定的。如果在因果关系下目的不是完全覆盖的，那么Odudu的观点支持对（Q4）的否定回答，如果目的在那种关系下是完全覆盖的，答案可能也是否定的。

因此，把改进情形放到一边不说，标准观点和Odudu的观点都与差别命题一致，而与证据命题不一致。（差别命题认为EC81款的目标部分反映协议而其效果部分不反映协议，反之亦然；证据命题认为，至少经常如此，目标证明效果，但反之不成立。）那么，它们都与直觉观点不一致（差别论题和证据命题的结合），在某种程度上是不可信的。另外，标准观点的情况更糟，因为它使得为什么需要EC81款的目标部分变得模糊不清。首先，标准观点陈述的P是A的目标的充分条件是用A的效果来表达的；其次，正如已经看到的，这个充分条件的获得证明A的效果。对于第二点，竞争限制作为A的一个几乎确定的效果是可合理地预见的，这个事实能够足以证明限制是A的一个效果，因为根据EC81款的效果部分谴责A是合理的（假设对成员国之间贸易的限制和潜在效果是可评估的）。这里问题不是差别命题，因为事实上证明可能有误导：一个必然效果不一定发生。如果那样的话，根据标准观点，尽管应用了目标部分，但是没有应用效果部分，即使认为应用它是合理的。但是在标准观点中仍然没有东西可以导致目标部分包含效果部分。

4.5　不诚实协议：《公司法》中的卡特尔犯罪

4.5.1　*Ghosh*及其问题

在《公司法》（2002）中引入卡特尔犯罪唤起了反垄断律师的兴趣，在英国法律中，不诚实概念重新让刑事律师产生了兴趣。*Ghosh*案仍然是最重要的案例，至关重要的一段是：

> 在裁定原告是否证明被告正在不诚实地行动时，法官必须首先根据明智和诚实的人的一般标准确定所做的事情是否是不诚实的。如果根据那些标准它不是不诚实的，那么事情就结束了，原告败诉。如果根据那些标准它是不诚实的，那么法官必须考虑被告自己是否一定意

识到了根据那些标准他正在做的一切是不诚实的……被告的行为是不诚实的，在某种意义上被告知道他的行为在一般人看来是不诚实的。[①]

这段话在英国《盗窃法》的背景中招致了很多质疑，尤其是它导致了更多、更长、更难的审讯；它产生了互不一致的裁决，这是不能接受的风险；它假设存在不诚实的社会规范；“不诚实”是一般措辞，这没有排除其在特定语境应用上的争执；这段话对陪审员在具体案例中造成了不适当的导向；如果陪审员应用各自的标准，那么他们可能降低诚实的标准，结果不诚实犯罪的范围通过无意识方式得到减少，如果他们应用更高的标准，那么他们是伪善的；这段话产生了不确定性——特别是它要求道德评估，但又没有为道德评估提供准则，因此允许无政府主义的裁决在技术上是合法的；它允许一个无法接受的无限制的辩护——特别是它没有排除“（罗宾汉式）绿林好汉式”的辩护，它允许用法律的错误作为保护伞；它是对诚实标准的威胁，使被告更可能形成对诚实标准的扭曲信念；没有充分地保护不得人心的受害者；它使得判决有罪非常困难；它错误地以为不诚实行为的分类是实际问题而不是法律问题；它在《盗窃法》内部产生了矛盾；它从根本上远离了以前的法律；试图消除以前法律中的困惑也是徒劳的；它使《盗窃法》中盗窃罪的不诚实与其他罪行的不诚实的关系模糊。[②]为避免这些质疑，对不诚实概念提出了各种可供选择的解释。[③]

除最后四个之外，所有这些质疑同等适用，更不必说适用《公司法》第188节，根据《公司法》，如果他不诚实地同意和某人或者更多人去缔结或者执行协议，或者导致协议的缔结或执行构成赤裸裸的卡特尔，正如《公司法》第188和189节所描述的，[④] 那么个体就犯了罪。这里，社会规范问题是十分严重的。大多数人没有认真思考社会规范应用于卡特尔，至于那些认真思考过的人，对于瓜分市场的

---

① R. v. Ghosh［1982］2 All ER 689，696。

② 对绝大部分质疑的评论，见 Griew（1985）。也见 Elliott（1982）；J. Smithe（2002），第551页及以后各页；G. Williams（1983），第728页。

③ 见119页脚注②的著作。

④ 针对仅仅在卡特尔犯罪中使用不诚实提出了更多质疑，例如不诚实常常和“获罪（acquisitive offence）”联在一起，见 Dean（2003），第910页；Joshua（2003），第626页。

不诚实很可能有不同的意见：也许很少有人在实践中发现不诚实的事情，目的是保证就业，精力充沛的企业家也许在任何情况下看到的都是诚实的。① 而且，就不诚实的社会规范的存在来说，它们在个人和政府层面上发生变迁：两代人以前，为了计划和消除重复浪费，属于第188和189节的行为得到政府的鼓励。② 至于对赤裸裸的卡特尔的憎恶，好像政府设立卡特尔犯罪的目标恰恰是转移公众意见。③

为了应用第188节，已经提出了各种各样对不诚实的检验，特别是被告试图隐瞒他的罪行④或者被告知道它是违法的⑤——根据EC81款或者《英国竞争法》（1998）的第2部分很可能是违法的——或者为个人目的而行动。⑥ 这些情况中的每一个都带来麻烦。比如说第一、二个，如果被告知道行为违反了EC81款，那么他很可能试图去隐瞒行为来避免法律后果，但是不能由此得出结论，像*Ghosh*案要求的那样，要么明智的和诚实的人们认为它是不诚实的，要么他一定已经意识到明智的和诚实的人们认为它是不诚实的：他也许相信任何一个明智的和诚实的人都认为EC81款是不公平的，仅仅是对合同自由的规避与约束。这是“（罗宾汉式）绿林好汉式”辩护的变种。（后面提到的不诚实概念适用了隐瞒概念而抛弃了*Ghosh*案的立场，因此避免了这类难题。）第三个检验似乎把这种犯罪描述得太狭窄，因为它不包括那些过分热心的雇员不是为了自己利益而是为了他的雇主和股东而形成的赤裸裸的卡特尔。

4.5.2 循环论证的质疑

我将提出一个更加抽象性质的质疑，在不那么严格的意义上可以称之为循环论证的质疑。它们一般针对*Ghosh*案中的这段话，而不仅

① Joshua（2003），第626页；Peretz 和 Lewis（2003），第99页；Taylor 和 Mansell（2003），第24页。然而MacCulloch记录司法当局的观点，就*Ghosh*案的目的而言，理智和诚实的人是一般老百姓（the person in the street），而不是商人，见MacCulloch（2003），第622页。

② 见Peretz 和 Lewis（2003），第99页；Whish（2003），第11页。

③ 见Hammond 和 Penrose（2001），第25段；Joshus（2003），第625、640页；Taylor 和 Mansell（2003），第24页。

④ Beard（2003），第156~157页；Peretz 和 Lewis（2003），第99页；据说不诚实的意图可以从“代码使用（use of code）”来推断。仅从代码的使用来推论是非常脆弱的：在不公开的重要交易中使用代码是很普通和无害的，见Taylor 和 Mansell（2003），第24页。

⑤ Taylor 和 Mansell（2003），第24页。Joshua不相信犯罪意识是不诚实的充分条件，见Joshua（2003），第4页。

⑥ Dean（2003），第910页。

仅针对它在卡特尔犯罪背景上的应用。首先，需要区分四个问题，这段话可能用来回答这四个问题。第一是分析问题：什么是不诚实的？对这个问题的主题和满意答案的性质有不同的观点。例如，主题可能被认为是不诚实的概念或者某事或某人不诚实的事实：不解决这类本体性问题，也可以给出答案。一个满意的答案将详细规定一系列不诚实的条件：按照严格的要求，它们各自是必要条件，结合起来构成充分条件；按照宽松的要求，它们仅仅对不诚实的主要情形进行模型化处理（见引言）。为了使分析成立，条件不仅是因果条件，而且必须是一种特殊条件：标准的观点是对于“X 是不诚实的”这句话，它们是真实条件或者可断定性条件。

第二个是语言定义的问题：“不诚实的”本意是什么？由于它涉及特定语言中的特定单词而与分析问题不同，但是对这两个问题的回答本质上是一样的。第三个是关于条件的问题：在什么条件下某人或者某事是不诚实的？取决于所讨论的条件类型，这个问题的某些变种与第一个问题的某些变种是一致的。第四个是认识上的问题：对不诚实的检验是什么？

在 *Ghosh* 案中，法官没有在他们的脑海里明确区分这四个问题。律师往往对这四个问题的区分反应迟钝。例如，有一个检验，一只老鼠在梯子上啃一块奶酪，但是“老鼠在梯子上”并不意味着“奶酪被啃”。法官把对《盗窃法（1968）》第 2 节的描述作为对不诚实的“部分定义”，这种描述为认为被引用的那段话旨在回答第二个问题提供了微薄的理由。① 如果这样的话，答案是不令人满意的。严格来说，如果这段话用这种方式来解读，被定义的词是“不诚实地”。质疑的问题是这个定义包括了“诚实的”和“不诚实的”非冗余部分，“不诚实的”与“不诚实地”太接近而不能阐明它的含义：“不诚实的”仅仅是形容词，其副词形式从形容词构造而来，“诚实的”是“不诚实的”的反义词（而不是相互矛盾的，② 见后面）。

---

① 119 页脚注①，第 696 页。Elliott（1982），第 396 页，类似地把第 2 节的第一部分描述为给出了“部分消极的定义”。比较 Williams 的观点，他反对 *Feely* 案（122 页脚注②）“弄错了诚实的意思”'，见 G. Williams（1983），第 726 ~ 727 页。在澳大利亚的案例中法院明确地讨论“不诚实”的意思，见 *R* 诉 *Salvo* 案［1980］VR 401。

② 认为这两个命题是相反的，就是说它们不能够同时成立；认为这两个命题是相互矛盾的，就是说如果一个是错的那另一个就是对的，如果一个是对的那么另一个就是错的（见第 3 章问题（4）的讨论）。一个相似的区别可用来描绘形容词的适用性。

可以根据倒推的方式进一步阐述这一点。“不诚实地”意思是“用不诚实的方式”。为了简化如果我们仅仅考虑这段话的第一部分，并且对这些话重新表述，结果就是“X 用不诚实的方式行动”意味着“按照明智的和诚实的人的一般标准 X 用不诚实的方式行动”（把这句话称为（S1））。这不能使人获得启发，除非（S1）中“诚实的”和/或者“不诚实的”被定义了。考虑到这段话的材料，试图去定义的唯一方式是把（S1）应用到出现“X 用不诚实的方式行动”的（S1）中，产生了（S2）“按照明智的和诚实的人们的一般标准，按照明智的和诚实的人们的一般标准 X 用不诚实的方式行动”。这种对第一个条件纯粹重复的表达产生了两个问题。首先，它模糊了（S2）中最先发生的事是什么：所提到的标准应该是元标准，不仅是判断不诚实的标准，而且是判断判断不诚实标准的标准吗？其次，（S2）始终包含没有被定义的“不诚实的”。显然，通过把（S1）应用到（S2）中出现的“X 用不诚实的方式行动”，试图解决第二个问题，这延长了这两个问题在每个阶段重复发生的倒推过程。

当 Griew 注意到“在这个问题上存在毫无用处的同义反复，正如在 *Ghosh* 案中的措辞：‘根据……诚实的人的……标准，所做的事情是不诚实的’？”时，[①] 他短暂地考虑过这个问题。在 *Ghosh* 案中，法院旨在把这个词与早期的表述等同起来，这个词的早期表述不包含“不诚实地”的同源词，根据这一点，作为一种“初始情况”，他忽略了这个问题：在 *Feely* 案中，法院说“一般的正派的人的流行标准”。[②] 但是，这解决不了问题，因为首先，“一般的正派的人”与“理性的诚实的人”的意思一样，且并不比它更清晰多少；其次，在这个定义中它遗留了“不诚实地”的同词源：法官必须根据一般的正派的人的流行标准来判断所做的事情是否是诚实的。

对来自 *Ghosh* 案的这段话没有对语言上的定义问题给出满意回答的质疑，很容易表明它没有对分析问题给出满意回答。第三个问题，即条件问题，就它与分析问题的差别而言，它对法律目的没有太多意义。这样只留下对不诚实进行检验的认识问题。把这段话解读为对这个问题的回答有一定道理，因为法院关心的实际问题是辨明被告的行

① Griew（1985），第 342 页。
② *R* 诉 *Feely*［1973］QB530，第 536 ~ 537 页。进一步见 123 页脚注①。

为是否是不诚实的。这种解读也得到了这段话所用措辞的支持（这里用斜体字）“*在裁定原告是否证明被告有不诚实行为的时候，法官必须首先确定是否*……”

但是现在存在另一个循环论证的质疑。如果法官不能确定如何判断被告的不诚实行为，那么就需要对检验进行详细规定。[①] 应用检验的第一部分，法官根据明智的和诚实的人的一般标准来考虑行动是否是不诚实的。因此，法官必须识别这类人。一个问题是明智和诚实的概念是认识论上的问题：关于某人是否明智与诚实，可以认为这是一个不存在的事实（非现实主义），或者存在这样的事实，要么没有人知道它（怀疑论），要么局限于参照群体（reference group）（相对论）。这些主张也许相应地源于一种事实，即无论如何在多元化的西方社会对明智和诚实缺乏一种共识（与对缺乏社会规范的质疑进行比较）。[②] 这个问题可以搁置一边，因为它与循环论证的质疑是截然不同的，循环论证的质疑是：如果法官不能确定如何判断被告的不诚实行为，那么他至少也不能确定如何判断其他某些人是否是诚实的。因此，检验是没有用的，因为它至少跟被检验的对象一样难以捉摸。

4.5.3 对第二个循环论证质疑的回应

一个回应指出被检验的对象是不诚实的行为而不是检验所涉及的诚实的人：可以认为判断一个人是诚实的或是不诚实的要比判断一个行为是诚实的或是不诚实的更为容易。但是反命题也成立。大致地讲，一个诚实的人是一个愿意诚实行动的人，一个不诚实的人是一个不愿意诚实行动的人：为了确定某人是诚实的或是不诚实的，必须确定他的行动（实际的或者假设的）是诚实的或是不诚实的。[③] 因为前者要求后者，前者并不比后者更容易判断。为此，可以作出相应的回应，一个人的诚实或不诚实不仅可以通过他的行为还可以通过他的想

---

① 在 *Feel y* 案中法院似乎认为陪审团不会确定这一点：“当陪审员裁定据为己有是否是不诚实的时候，能够合理地期待他，并且他应该运用理智和诚实的人的现行标准。在他们自己的生活中，他们需要判断什么是不诚实和什么不是不诚实。当他们成为陪审员时，我们不知道为什么他们需要法官来告诉他们什么是不诚实”，见122页脚注②。但是，这段话的目的是说明“我们不同意法官要定义‘不诚实地’的意思”——没有区分认知问题和语言定义问题的一个例子。

② 比较第2章对非现实主义者、怀疑论者、主观主义者对福利观点的讨论，它们与对福利缺乏共识的担忧相联系。

③ 一些美德的空谈家会否认这个观点，见 Crisp（1998）；Crisp 和 Slote（1997）。

法、态度、情绪和情感来辨明。但是这并没有回答质疑，因为这些本身大部分通过行为来识别，无论如何，他们的诚实或不诚实并不比行为的诚实或不诚实更容易识别。

对循环论证质疑的第二个回应指出被检验的对象是行为的不诚实而不是检验所涉及的人的诚实，意思就是判断某人或者某事是诚实的比判断他或者它是不诚实的要更容易。对此的一个质疑是，根据这些人的标准，检验也涉及行为的不诚实，但是暂且不谈。为评估这个回应，必须廓清诚实与不诚实之间的关系。是不诚实的比不是诚实的更复杂：桌子既不是诚实的也不是不诚实的。粗略地讲，在某些方面X是不诚实的，当且仅当X在那个方面可以诚实但是没有诚实。这种双重条件（指“当且仅当”——译者注）似乎支持这种回应，因为它使不诚实看起来比诚实更复杂了，但是这种表象具有欺骗性，因为这种双重条件可以颠倒过来给出相反的表象：在某些方面X是诚实的，当且仅当X在那个方面可以不诚实但是他却没有不诚实。（似乎在“可以”的相关意义上，X可以诚实当且仅当X可以不诚实。）

试图支持这个回应的一个不同方式是坚持认为人们普遍是诚实的，因此在没有理由认为是其他情况时，我们可以假设某人是诚实的。这也许是正确的，但是这是不相关的，因为它没有支持这个回应：诚实的假设会混淆我们在特定案例中对人是诚实的证据判断，正如它会混淆我们对他是不诚实的证据判断。

试图支持这个回应的另一个方式是通过类推法。假设D疾病很难诊断，由于它的症状与另一个疾病的症状是相似的：在那种情况下很难判断某人得的是D疾病。但是，如果每种疾病的症状很明显，就容易判断他没有得D疾病。诸如此类的例子说明，就某些特征而言，判断某些东西不具有这些特征比判断它具有这些特征更容易。①有人也许认为这个法则对不诚实同样适用。这个说法最初在那些对象可以不是不诚实的情况下有一定道理：很容易判断桌子不是不诚实的，但是不可能判断它是不诚实的。由此引出的一个质疑是它偏离了主题：讨论的主题是判断某人或某事是诚实的比判断他/它是不诚实的更容易，而不是判断他/它不是不诚实的比判断他/它是不诚实的更

① 比较B. Williams（1978），第309页及以后各页。

容易。正如桌子的例子说明的，某些对象既不是诚实的也不是不诚实的。但是马上就会看到这个质疑消失了。另一个质疑是有人会认为能够判断可以不是不诚实的某些对象是不诚实的。的确，说我能够判断桌子是不诚实的，那是不可能的。但是可以把“我能够判断桌子是不诚实的”看成是一个条件，大致的方向是“如果桌子是不诚实的，我能够判断桌子是不诚实的”。简单地说，假设“如果P则Q”等价于“不可能的（P成立而Q不成立）”，那么条件变为“这是不可能的（桌子是不诚实的，我能够判断桌子是不诚实的）”。由于桌子不诚实是不可能的，因此在我能够判断桌子是不诚实的情况下这个论断是正确的。阻挡这个结论的方式是拒绝提出的“如果P则Q”的等价关系，因为在这些例子中它给出了正好违反直觉的结论，像这种情况，前件（前提）必然是错误的。[①] 这种对立情况不必要继续探讨，因为它信赖于一个奇异的例子。除了这个例子，没有理由认为判断某人或某物不是不诚实的比判断他/它是不诚实的更容易。但是，如果排除那些例子，不诚实（dishonesty）和没有诚实（non-honesty）是一致的（这就是为什么不相关质疑消失了）。因此，同样，没有理由认为判断某人/某物是诚实的比判断他/它是不诚实的更容易。

对循环论证质疑的第三个回应是在诚实的归属上援引自我特权（first-person privilege，根据上下文来看，它是指自己对自己更加了解，所以翻译为自我特权——译者注）。这个建议是，尽管也许X判断Y是诚实的并不比判断Z的行为是不诚实的更容易，但是一般来说，X更容易判断他（X）是诚实的。（这里，“他”是个“准指代”：[②] 它不能用“X”代替，因为如果X不知道他是X的话，他就很难判断X是诚实的。）所以，陪审员在应用*Ghosh*检验的第一个部分时，确定他本人是明智的和诚实的，然后根据他的标准来裁定被告行为是否是不诚实的。这种检验避免了这种质疑，因为陪审员判断他自己是诚实的比判断被告行为是不诚实的更容易。

这种回应的一个问题是陪审员可能是不诚实的（参考后面的进一步阐述）。对此暂且不说，很显然，就某些属性而言，一般来说一

---

① 这个问题的经典处理，见Lewis和Langford（1959），第174页及以后各页，第248页及以后各页，第503页及以后各页。

② 见第1章11页脚注②。

个人判断他自己有这种属性比判断其他人有这种属性来得容易，在这种弱意义上，自我特权是存在的。① 典型的是精神属性，例如头痛。所以似乎诚实是在恰当的分类之中，因为它是精神属性（这点是可争议的）。但是精神属性并不成为使之从属于自我特权的充分理由：自我欺骗也是精神的，但一般来说某人判断他欺骗他自己并不比他判断别人欺骗他来得更容易。自我欺骗是一种或者接近于不诚实的形式，② 所以也许有人认为不诚实通常不从属于自我特权，从而得出诚实同样不从属于自我特权。不管那些推论是否站得住脚，有两个理由认为自我特权没有应用到诚实上：首先，诚实以微妙的方式渐渐变得缺乏——具体来说，我们的动机经常是名声好与坏的混合物；其次，与头痛的属性不同，诚实本质上不是有意识的表现。率真是诚实的某种特有属性：表现诚实的人没有必要意识到他是诚实的。

无论如何，循环论证的质疑没有否认自我特权在诚实上的应用。这种质疑不是陪审员判断某人特别是他自己是诚实的并不比判断被告是诚实的更容易，而是陪审员判断某人特别是他自己是诚实的并不比判断被告的特定行为是不诚实的更容易。这里关键区别不是在诚实和不诚实之间——第二个回应的主题——而是在人和行为之间。正如对第一个回应的质疑所表明的，判断某人是（不）诚实的并不比判断他的行为是（不）诚实的更容易。认为在很多情况中假设陪审员判断他是（不）诚实的比判断被告是（不）诚实的更有能力，判断行为是（不）诚实的比判断人是（不）诚实的更有能力，后一种能力将胜过前一种能力是有一定道理的，在这种情况下，这种质疑是成立的。

第四个回应探讨前一个回应中采用的自我特权，但并不主张特权。现在的建议是 *Ghosh* 检验的第一部分本意并不指它说什么：更准确地说，陪审团应该根据它自己的一般标准来裁定被告行为是否不诚实。明智和诚实的人的概念不是那种检验的内容的一部分，而是对检验部分的解释，大意是它将被明智和诚实的人所采用（陪审团由 12 个优秀成员组成，陪审团是忠实可靠的）。这也许是 *Feely* 案中的想

① 哲学家已经思考到其他形式的自我特权，例如观望矫正、毋庸置疑、率直、自我授权和肯定，见 Alston（1989）；Black（1988），第 424 页。

② 在 *Scoot* 案中这个主张可能受到以英国国会上议院观点为基础的挑战，见后。

法，法官说陪审员“能被合理地期待应用一般的正派人的现行标准”。[①] 根据这种解释，循环论证的质疑不存在，因为陪审员不需要辨别诚实的人。

这个回应容易遭受其他各种质疑。首先，正如已经阐述的，陪审团也许并不是明智和诚实的，在这种情况下，这种解释就是错误的。其次，这个回应违反了 *Ghosh* 表达的言辞。再次，它在检验第二部分的解释中造成了难题：如果相应地作出那种解释，那么陪审团的问题是根据它的一般标准判断被告是否一定已经意识到了他正在不诚实地行动。但那是荒谬的，因为不能要求被告在他行动时对陪审团的标准有任何看法：很可能他甚至不知道陪审团成员的存在。如果另一方面根据表象来判断，认为检验第二部分涉及明智和诚实的人的一般标准，那么在检验第一部分与检验第二部分之间就存在断裂。也许有人会回应说检验第一部分提出的解释已经防止了这种断裂，因为它假设陪审团是明智和诚实的。但是这个回应是失败的，因为陪审团是明智和诚实的，但是它的明智和诚实的通用标准却不是明智和诚实的人的标准。也许尽管陪审员对他们自己行为的要求是高标准的，但在对人的明智和诚实进行评估时陪审员是非常纵容的（这是在开始时所提到的质疑情形之一，陪审员可能降低诚实的标准）。在这种情况下——也就是第四个质疑——根据已提出的解释，这种检验会产生违反直觉的结论。因为，无论从哪一方面解释检验第二部分，如果被告只要符合陪审团的不严格的标准，那么他将被宣告无罪。也许有人会认为检验涉及的是一般标准这一事实就可以排除这种情况，但是这种辩护没有击中目标。因为，正如刚才提出的，如果检验第一部分的内容涉及陪审团自己的标准而不是明智和诚实的人的那些标准，那么必须说明“一般的（ordinary）”对陪审团来说到底是什么，而不是对那些明智的和诚实的人。

对循环论证质疑的第五个回应，也是最后考虑的一个回应，从检验只需要应用于难解情形的主张开始：上诉法院经常说没有必要在每个情况下为陪审团给出 *Ghosh* 式的指南。[②] 那么，考虑一个难解情形，陪审团不能确定如何判断被告是否不诚实地行动。为应用检验的第一

① 122 页脚注②。
② 见 J. Smith（2002），第 553 页。

部分，陪审团必须识别诚实的人。通常，人的诚实通过其明显诚实的行为展现出来。所以，为了裁定他是诚实的，陪审团不需要考虑难解情形。因此，陪审团对所讨论的人的诚实比对被告行为的不诚实更为肯定。通过初步的类推，这个论点能够得到充实。假设我不能够判断一个或明或暗的物体是否是红色的。检验可以改善光线，然后就能判断物体看上去是否是红色的。显然，说如果我不能确定物体在暗的光线下是否是红色的，那么我至少也不能确定物体在亮的光线下是否是红色的，这是一个没有说服力的循环论证质疑。

这是对循环论证质疑的强烈回应，正如已经对质疑作出的说明，但是它并不证实这个检验。因为，正如已经说明的，检验实质上包括了“不诚实地（dishonestly）”的另一个同源词：根据明智和诚实的人的一般标准，被告行为一定是不诚实的（*dishonest*）。即使判断一些人是诚实的比判断被告行为是不诚实的更容易，根据明智和诚实的人的一般标准判断被告行为是不诚实的也肯定不会更容易。

4.5.4 对不诚实的非循环论证的解释

不管 *Ghosh* 案中的那段话被理解为是给不诚实下定义还是对不诚实的检验，结果是这段话面临一个没有现成答案的循环论证的质疑。如果认为给陪审团提供定义或者检验是必要的，那么所给出的定义或检验一定不出现“不诚实的”这个词的同源词的非冗余部分，一定不包含不容易理解或应用的词的同源词的非冗余部分（进而减少产生歧义的情况）。

把提供避免循环论证的解释作为开始，在广义和狭义上粗略地区分不诚实概念是有用的。在广义上，不诚实行为完全是一种错误的行为。在狭义上，不诚实行为是一种用特定方式隐瞒真相的错误行为：不诚实行为包括欺骗、说谎、欺诈或者其他类似的。在 *Chambers* 中给出的含义之间存在差别——没有诚实、缺乏正直、遭受欺骗、毫无诚意、不守贞节：欺骗和毫无诚意包含隐瞒的含义，不守贞节不包含隐瞒的含义，缺乏正直可能不包含隐瞒的含义。在刑法中的案例和解释没有一致地使用这个或那个概念：刑法修改委员会似乎坚持认为，尽管“不诚实地”比“欺骗性地”更清楚，但是它们有相同的意义，[①] Viscount Dilhorne 在 *Scott* 案中明确表达它们有相同的意义。[②] 这就表明想要的是狭义概念，但是这种立场被法院广泛使用“欺骗罪(fraud)”给模糊了，例如法院使用“欺骗罪”涵盖了不具欺骗性的对财产的强制占有。[③] Elliott 认为原来的盗窃罪从来没有对“欺骗性地”给出明确的定义，与“没有权利的要求”区分开来。[④] 如果这样的话，再假设“不诚实的”与“欺骗性的”含义相同，那么所讨论的不诚实概念不仅是狭义的概念，而且似乎比广义的概念也狭窄一些。对这个词作广义的理解获得了英国国会上议院在 *Scott* 案中所持观点的微弱支持，所持观点是不诚实对于合谋骗取是充分的，但欺骗对于合谋骗取是不必要的，[⑤] 因为这表明不诚实比欺骗含义更广。Williams 定义“诚实”本意包括三个元素：尊重财产权利；制止欺骗(欺骗至少会给另一个人造成损失)；遵守诺言（如果诺言得不到遵守，承诺人至少提供了补偿或者将遭受损失）。[⑥] 考虑“不诚实的”相应定义，第一个元素不属于狭义概念，但是比广义概念狭窄一些；第二个元素属于狭义概念；从违约是或者类似于说谎这一有争议的前提出发，能够论证第三个元素属于狭义概念。[⑦]

可以对狭义概念的主要情形模型化，在一定程度上回答讨论开始时所区别的四个问题。大致是，如果（a）某人的行为是错误的，并且（b）他实施了这种行为，以某种方式试图隐瞒（i）他正在实施行为的事实，或（ii）行为是错误的事实，那么这个人的行为就是不诚实的。这个模型有点类似于 *Ghosh* 案，因为它包含一部分可以称之为客观的内容，另一部分可以称之为主观的内容：（a）是客观的，因为它涉及行为的错误而不是代理人信念的错误；（b）是主观的，因为它涉及代理人的目的。可以用各种方式对该模型进行精炼。例如，可以对“错误”作进一步阐述来涵盖其他道德范畴，例如某些行为没有错，但在某些方面是坏的；对条款（b）可以作进一步扩

① 刑法修改委员会（1966），第39段。
② Scott 诉 *Commissioner of Police for Metroplis*［1974］3 All ER 1032，1038。
③ 见 G. Williams（1983），第705~706页。
④ Elliott（1982），第403页。
⑤ 129页脚注②，1037。
⑥ G. Williams（1983），第726~727页。
⑦ 见 Warnock（1971），第7章。

展，以适合于隐瞒相关事实的那一类人；更可能的是把行为和履行行为的方式区别开来。最后似乎是条件问题：如果我跑得快，我的行为可以被描述为快跑或者把行为——跑——与方式——快——区分开来。这里不必限于这些细枝末节。把该模型应用到卡特尔犯罪上，假设竞争者相互缔结价格操纵协议，并对其他人隐瞒协议。如果价格操纵是错误的，那么（a）他们的行为是错误的，并且（b）（i）他们隐瞒他们正在操纵价格的事实。现在假设他们同意限制产量，掩饰相关条款以确保质量和安全。[①] 如果限制产量是错误的，那么（a）他们的行为是错误的，并且（b）（ii）他们隐瞒了事实真相。

4.5.5 遗留问题

该模型抓住了不诚实的一个重要的和直觉的概念，避免了循环论证，因为“错误”通常比“不诚实”更容易理解和应用：我们也许不能确定是否应该把某些行为归类于不诚实，但我们自信做它是错误的。当然，不可过分夸大这一点，因为我们对错误概念的领会在理论和实践水平上都是不可靠的。当该模型被陪审团当作检验来使用时情况就更糟糕了，因为在经受开始列出的各种质疑上它完全不比 *Ghosh* 更好。例如，社会规范问题依然存在，陪审员对于什么是错误的也许放松要求。

存在四个选择：与表象相反，可以论证这些质疑并不会削弱 *Ghosh* 中的观点或者刚才提出的模型；试图构建不诚实概念以避免这些质疑；承认这些质疑；从刑法中删除不诚实。就卡特尔犯罪而言，第四个选择看起来最引人注目。针对卡特尔犯罪，英国政府考虑根据卡特尔犯罪的流行形式作出取舍，使那些旨在从事赤裸裸的卡特尔活动的人参与缔结协议是非法的，这种协议也涉及违背 EC81 款或《竞争法》第 2 节。这遭到了拒绝，主要原因是它可能要求没有反垄断

---

① 例如，见 IAZ 的案例（108 页脚注②）。也见欧盟委员会关于横向合作协议的指南第 165 段，见 2001/C3/02，OJ6. 1. 2001。

经验的陪审员去考虑潜在的、复杂的经济证据[①]（一个担心的问题是默认 *Ghosh* 在具体案例中没有为陪审员给出满意导向的质疑[②]）。但是，正如评论者所观察的，流行的卡特尔犯罪并没有排除那样一种可能性：具体地讲，根据 EC81 款或《竞争法》第 2 节相信被告的行为不会被抓或者会赦免是否有道理，可能与被告的不诚实有关。[③] 由于现行卡特尔犯罪在这种取舍上存在重要缺陷（但不是反过来），只有一个案例采用这种取舍办法。到底有多大可能性采取这种取舍办法，将部分取决于公平交易局在现行法律下成功[④]获得证明有罪的程度。

① 商务部（2001），第 7 段，第 19 页及以后各页。也见 Hammond 和 Penrose（2001），第 2 段，第 6 页。但是 MacCulloch 认为以形式为基础判断卡特尔犯罪的方法降低了陪审员需要核对经济证据的程度，见 MacCulloch（2003），第 621 页。政府也关心在该布告废除前，被告的雇主会通过通报协议给欧盟委员会来阻止法院的进程，同上，第 7 段，第 32 页。Joshua 提出了进一步的质疑，关押的人为阻止欧盟议程会唤起政治敏感性，对 EC81 款或《竞争法》第 2 节定义得太宽泛，不能构成刑事犯罪的基础，见 Joshua（2003），第 622 页。

② 见 MacCulloch（2003），第 622 页。比较 Scanlan（2002），第 119 页，他认为 *Ghosh* 案在欺骗的复杂案例中效果很好。

③ 见 Beard（2003），第 157 页；Uoshua（2003），第 629 页；MacCulloch（2003），第 621 页；MacDonald 和 Thompson（2003），第 96 页；Peretz 和 Lewis（2003），第 100 页。关于在委员会规则 1/2003/EC 条款 3（2）背景下这方面的问题，见 Peretz 和 Lewis（2003），第 100 页；MacCulloch（2003），第 620 页。

④ 见 Joshua（2003），第 620 页，对违反卡特尔的犯罪立法的其他权限的执行缺乏记录。

第 5 章

协同行为

5.1 概述

实际上，反垄断不仅要针对法律上可实施的合同，而且要针对非正式的协议。所以，EC81 款对协议与协同行为都是适用的：如果协议与协同行为都是反竞争的，可能影响成员国之间的交易，那么协同行为通常受到禁止。类似的，在英国 1976 年制定的《限制性交易行为法》（该法案现在已被废除）第 43 节，对“协议”进行了界定，它包括“所有的协议与协约，不管它是或者打算通过法律程序来实施”。欧共体法规（罗马条约）没有界定“协同行为”：正如“协议”一样，“协同行为”的含义留给了案例法，并从案例法中产生。这种方式的优劣在第 4 章已经阐述：一方面它允许一个术语的含义不断发展以适合于案例的具体情况；另一方面通过案例来进行定义是一个依具体案例而变化的随机过程，随着案例多样性的增加，这个术语的含义可能缺乏概念上的统一性。当然，“协同行为”的含义并不是十分清晰地源于法院的判决。它的权威定义来自 *Dyestuffs* 案中的判决：

在没有达到缔结一项所谓的恰当协议的程度时，企业之间在协调形式上心照不宣地代之以实际的合作以避免竞争风险。[①]

这是无用的，因为相关的合作（cooperation）概念并不比“共商（concertation）”概念更容易理解：[②] 有许多以“co”开头的单词——一致（concert）、合作（cooperate）、协调（coordinate）、和谐（concord）、关联（correlate）、共谋（collude）、合谋（conspire）、共识（consensus）——经常用于反垄断、经济学及博弈理论中，但是都没有对它们的含义及相互关系（在第6章将继续探讨这一问题）给出清晰的界定。而且，在这一引文中“心照不宣地（knowingly）”的约束力是模糊的：合作及替代似乎都是心照不宣的。在这样一种情况下，除非这个词的次级含义是不确定的（second-order knowledge is in question），否则，这个词似乎是多余的，因为在不确定的意义上，假设合作是一种心照不宣的行为是有道理的。

这一解释闪烁着微弱的光亮。Faull 和 Nikpai 说：

首先，需要企业间的一些直接或间接的合同形式，其次，必须在合作的而不是竞争的参与者之间存在某些意见一致或共识。[③]

“意见一致（meeting of minds）”是一种神圣而又朦胧的表达，正如第4章所阐述的，“共识”一词也毫无帮助；正如 Whish 所认为的那样，说共识“存于内心”，也消除不了这种困境。[④] Phlips 认为如下情况可以认为“协同行为”存在：

意愿一致导致了共谋结果，虽然在共谋者之间不存在任何明确的合作。[⑤]

“意愿一致（corcordancc of wills）”的表达同样是蹩脚的，Phlips 不去解释协调（concordance）、协作（cooperate）和共谋（collusion）之间的关系，使这一问题变得更加严重。

---

① 案例48/49等，*ICI* 诉 *Commission* ［1972］ECR 619，［1972］CMLR 557，第64段。
② 对第4章中的循环论证质疑与 *Ghosh* 案不诚实的解释进行比较。
③ Faull 和 Nikpay（1999），第2段，第49页。
④ Whish（2003），第100页。
⑤ Phlips（1995），第2页。

鉴于美国反垄断通常比欧洲更先进，可能有人希望根据《谢尔曼法案》第一节关于合谋的情形能够被用来解释协同行为概念。这种希望是徒劳的，因为美国法院所诉诸的概念同样是模糊的，例如：

如果事实有如授权陪审团查明合谋者之间有一致目的或共同企图与默契，或在非法协议中意见一致的情况，那么，合谋被证实的结论就被证明。①

如果证据证实协同行为，所有参与者按照唯一的企图心照不宣地一起运作以实现一个共同的目的，那么，非法协议可以被证明。②

第4章阐述了协议，本章阐述协同行为：把它们模型化，从而提供一个参考点，有助于确定行为在什么情况下能够被恰当地界定为协同行为，以及在什么情况下延伸协同行为的范围。提供两个模型。第一是语言哲学中的理论模拟，即 Grice 的语义分析。根据 Grice 的理论，当一个说话者要使其复杂的意图得到理解，会通过说话的方式来表达其意识：首先，听者应该形成某种信念；其次，听者应该认同最初的意图；最后，听者的认同应该引导他形成这种信念。这种分析面临一些反例，可以通过进一步精炼这种分析而排除这些反例。“协同行为”的第一个模型反映参与人的意图，与 Grice 的分析相似。

在直觉上，这一模型是引人入胜的，但第二个模型更强有力，因为它用理论使人们在直觉上更加相信“协同行为”是更加广泛的联合行动现象的特例。联合行动的核心是相互信赖。我给出一个信赖模型，然后把它发展为联合行动模型，以免该模型遭受某些质疑，我再论证协同行为是所构想的联合行动的特例。论证表明该模型既适合于协同行为的情况，在更一般的情况下也满足反垄断目的需要。具体而言，它把协同行为与协议及个体行为区分开来；它解释了“寡头问题”（在第6章阐述）；它反映了信息交换的重要性；它包含协同行为涉及互惠互利与相互制约的观点；它适用于其他司法管辖权中类似于 EC81 款的条款。

下一节说明这一模型不应用于协议的情况，揭示对合同法和反垄断都有影响的结论。对于前者（合同法），这一结论对信赖是合同的核心这一广泛持有的观点产生了怀疑。对于后者（反垄断），它强化

---

① *American Tobacco Co.* 诉 *US*，328 US 781，809－10（1946）。
② *US* 诉 *Charles Pfizer & Co.* 等，SD New York，来自于审判档案的第 6200～6201 页。

了协同行为与协议是本质上不同现象的观点。这种观点驳斥了协议与协同行为难以划分的主张（这是一种常常听到的主张），也驳斥了由于协议与协同行为都包含在EC81款中，从而这种划分实际上并不重要的主张。这种主张只有在不把协同行为与协议理解为属于同一序列，且协同行为是一种朦胧的协议时才能够被接受。实际上，联合行动模型不适用于协议的论点支持了相反的观点，即协议是一种朦胧的协同行为，当人们对联合行动没有形成足够共识时，才会缔结协议。

Grice模型和信赖模型之间有本质的差别，但是，正如下面将要揭示的，它们在两个重要方面是一致的：两个模型都有这样一种观点（这种观点得到法律当局的支持），即协同行为包括参与者之间的交流，但不意味着包括责任。在后一个方面，模型与法律当局的观点是冲突的，但是我坚持认为法律当局关于责任的论点是混乱且引入歧途的。协同行为不包括责任的中心论点是这样一个命题，即不存在有吸引力的把信赖与道义责任联系起来的条件性关系。这一命题——对许多法律领域来说是重要的（远远超出了反垄断），在这些领域中信赖概念是最重要的——在本章附录中讨论。

讨论如下：假设事态可能是或不是真实的，设SR代表这样一种状态，即X在做Ax时信赖于Y做Ay，设SO代表这样一种状态，即Y在道义上有责任做Ay。显然，对于SO而言，SR既不是必要的，也不是充分的。然而，SR是SO之充分条件的必要部分。也就是说，进一步的事态S3是，首先，如果有SR和S3存在，那么SO成立；其次，不存在如果有S3则SO成立的情况。但这微不足道的结果，因为很容易说明每种状态都是其他状态之充分条件的必要部分。一个更有趣的问题是SR是否是SO之充分条件的无关（independent）必要部分，而这意味着SR是SO的某些充分条件的必要部分，SO不是通过一个连接“X在做Ax时信赖于Y做Ay”的句子和一个逻辑复合句来描述（前一个句子是后面逻辑复合句的成分）。这里，论证比较困难，但是，答案是否定的。假设不存在其他有吸引力的产生不同答案的条件性关系，那么，不存在有吸引力的把信赖与道义责任联系起来的条件性关系。

那么，在道德和法律中为什么信赖是重要的呢？信赖对法律的重要性部分由公共政策因素来解释，公共政策可能超越道德的界线，但是有两个理由解释信赖对道德和法律的同等重要性。首先，责任概念属于不断扩展的道德概念层次——理由（reason for）、应该（should）、应当（ought）、强制（obliged）、责任（duty）——结果适用于这些概念。例如，纯粹的理由是不真实的：SR 对于 Y 做 Ay 的理由是充分的。其次，一般情况是，如果有 SR，则附加成分存在，无论是否包括 SR，这些附加成分对获得 SO 是充分的，所以信赖是责任的相当可靠的指示者。

5.2 Grice 方法

发展第一个模型从条件开始，毫无疑问，这些条件对协同行为来说似乎是必要的，通过逐步加入一些更具直觉吸引力的条件以得到满意的模型。（这一节的最后讨论这种方法在方法论上的局限性。）正如引言所解释的，一个模型没有它的条件可能是适当的，这些条件分开来看构成必要条件，而结合起来构成充分条件。简单起见，仅考虑两个人之间的协同行为，但是可以把这种分析一般化，涵盖涉及更多参与者的情况，其中一些是企业或集团（这同样可以应用于本章随后讨论的信赖与联合行动模型）。再次简单起见，将根据特定的行动进行讨论。这里存在一些人为加工的成分，因为坚持人的行为作为一个持续过程（*a durée*）而经常发生是有道理的，这种持续过程不能分割成独立行动（在第 1 章阐述了这一点），而且协同行为可能存在于跨时期（over extended periods）的行为过程之中。这些给反垄断当局带来了特殊问题。一个问题是行为（长期）一致就可能发展成惯例。例如，在寡头垄断中某些惯例可能是反竞争的，但是一个惯例在参与者之间没有协同行为时也可能持续存在。[①] 类似的，惯例在没有协同行为时可能产生，即使协同行为形成某种惯例，其维持惯例的因果作用随时间推移而归于消失。[②] 在这种情况下，竞争当局以协同行为作为参照物达到对惯例的禁止就面临进退两难的困境。它可能坚持由于最初的协同行为是反竞争的，由此而生的惯例也是反竞争的；但

① 为 D. Lewis（1969）所揭示，第 1 章。Lewis 阐明了惯例在寡头中可能如何产生（46）。

② 比较 D. Lewis（1969），第 83～88 页。

是这不能令人满意，因为该惯例现在不同于没有协同行为时产生的惯例。或者它可能坚持只要协同行为的持续影响超过某一极限，惯例就是违法的。但这样一来就产生了不可克服的证据问题，如果当局想要禁止该惯例（作如此假设），那无论如何也不能解决问题。这个例子构成如下结论的依据：反竞争的寡头垄断问题通过结构矫正来治理比通过行为矫正来治理更好一些。与《英国公司法（2002）》的市场调查条款比较，欧共体反垄断的软肋就在于缺乏结构性武器。

考虑如下两个条件：

（1）X 做 Ax；

（2）Y 做 Ay。

这些似乎是必要的，但显然是不充分的：如果它们成立，任何一组行动都将构成协同行为。就协同行为中参与者根据对彼此行为的信任而行动的事实而言，还缺少一个基准点。这激发了如下条件：

（3）X 相信 Y 做 Ay；

（4）X 的信任是 X 做 Ax 的部分理由。

相应条款可以把“X”转换为“Y”（从现在开始这一附加条款将被省略）。所以，X 做 Ax，是因为他相信 Y 做 Ay，Y 做 Ay，是因为他相信 X 做 Ax。在一些情况下，其中一方的信任或双方的信任将是可以预料的。正如第 1 章所阐述的，在模型中永恒概念的使用包容了各种时间关系。如果 X 期望 Y 做 Ay，这种背景中的“期望”有纯粹地肯定的意义，而不是规范的意义：这不意味着 X 相信 Y 应该或有责任做 Ay（后面讨论协同行为与责任之间的关系）。

可以说这些条款还不能够给出一个满意的协同行为模型，因为它们仅仅是刻画了彼此相信的特征，至于信任是怎样产生的，则什么也没有说。即使修改（3），引入一个信任条件，通过条件把 Y 的行动与 X 的行动联系起来，也改变不了这种情况。例如：

（3′）X 相信，如果他做 Ax，Y 会做 Ay；

或

（3″）X 相信只有他做 Ax，Y 才会做 Ay。

或者上述两种情况都存在。可以认为，还需要更多的条件，以便 X 的信任源自于 Y 的行为：

（5）Y 做 Ay′；

(6) X 的信任（如 (3) 所描述的）由 Ay′产生。

在这里，“产生”表明一种适当的因果链条（详情见第 4 章）。或许 Ay′与 Ay 是同一种行动。

但是，可以认为这是不充分的，因为 (1) — (6) 仅仅作为 X 和 Y 相互观察的结果是满意的，正如寡头垄断中非合谋协调所发生的情况（在第 6 章和本章随后予以讨论）。Y 可能做 Ay′，并没有打算产生 X 相信他做 Ay 的情况。结果似乎还需要更多的条件：

(7) Y 做 Ay′旨在产生 X 的信任。

但是，可以认为这仍然是不充分的，因为尽管如此，如果 X 没有意识到 Y 的目的意图，将不会存在协同行为。这促使提出如下条件：

(8) X 意识到 (7) 中 Y 的意图。

但是，可以说尽管 X 意识到 Y 的意图，如果 Y 不指望 X 这样做，协同行为还是不会存在。在那种情况下，还需要更多的条件：

(9) Y 做 Ay′旨在 X 应该意识到他 (Y) 在 (7) 中的意图。

但是，可以说仍然不会存在协同行为，除非 Y 也认为 X 对 Y 意图的认可对产生 X 的信任是有效的，于是：

(10) Y 做 Ay′旨在 X 对 (7) 中 Y 的意图的认可对产生 X 的信任应该是有效的。

这种协同行为模型与 Grice 的语义分析在结构上是类似的。Grice 坚持 Y 做 Ay，进而意味着 P（目标）存在，当且仅当在做 Ay 时他想要：

(ⅰ) X 应该相信 P;

(ⅱ) X 应该意识到意图 (ⅰ);

(ⅲ) (ⅱ) 中 X 的认可应该促使 X 相信 P。[1]

Grice 的分析容易受到下面反例的攻击，这应归于 Strawson。[2] Y 想要通过某种行动来促使 X 相信 P，于是他使 (ⅰ) 得到满足。他安排看上去令人信服的证据证明 P，在某个地方 X 一定可以看到它。Y 这样做，知道 X 正在观察他的工作，但也知道 X 不知道 Y 知道 X 正在观察他的工作。Y 明白 X 不会把这种“安排”证据当 P 的真实

① Grice (1957)。
② Strawson (1971)，第 28 ~ 29 页。

的或正常的证据，但是，Y明白并想要X将把Y的行为安排作为认为Y打算促使X相信P的依据。所以，Y想要X认可他在（ⅰ）中的意图，于是Y使（ⅱ）得到满足。Y知道X有多方面的依据认为Y不想使X相信P，除非Y让人知道P，所以，在X对（ⅰ）中Y的意图的认可将似乎是X相信P的充分理由。并且Y以有充分根据的方式使X认同（ⅰ）中Y的意图，于是Y使（ⅲ）得到满足。

Y满足Grice分析方法的三个条件，但是并不在“交流信息”的意义上试图与X交流，Strawson认为，Grice试图对此进行解释。原因大概是在这种意义上进行交流，参与者之间就透明了,[①] 而在Strawson的例子中，Y设法做到使他与X产生误会。这种反对的理由适用于协同行为模型，并且基于相同的理由：在协同行为中，参与者必须相互交流（见下面论述）。

Strawson为Grice的分析提出了更多条件，Y想要：

（ⅳ）X应该认同意图（ⅱ）。[②]

把这一提议运用于协同行为模型：

（11）Y做Ay′旨在X应该认可他（Y）在（9）中的意图。

但是，这仍然是不令人满意的，因为无论对Y的意图作何规定，总是有一些因素使X误会Y的意图等，即总是能够构建一个更加详细的Strawson式反例，在这个反例中Y设法做到使他与X产生误会。[③]

各种精炼Grice分析的方法已发展起来，同样可运用于协同行为模型。需要指出的是，在反例回归分析中，一旦到达某一阶段，就要给出心理状态的基准点，心理状态太复杂。那么，在分析中需要加入足够多的条件预防心理上的可能状态。然而，对这种方法存在两个反对意见。第一，依靠心理的偶然性，在理论上是不精致的。第二，人们有不同的心理能力。所以，提出的解决办法或者要求对每一层次的心智进行系列分析，或者需要心智最高的人能够交流。另一项建议是增加一个条件，即Y想要X和Y对Y的意图具有共同知识[④]（关于

---

① 见接下来讲到的各种沟通情况，包括一些似乎不涉及这种透明的情况。
② Strawson（1971），第29页。
③ 见Schiffer（1972），第17～23页。
④ 见Schiffer（1972），第30～42页。比较D. Lewis（1969），第52～60页。

共同认知，参见前述第 4 章）。这也不可避免地面临两个方面的异议：第一，人们是否具有共同知识值得怀疑；第二，它承认了反例的可能性，在反例中 Y 想要 X 应该误信 Y 没有打算使其相关意图成为一种共同知识。[1] 最有希望的解决方法是增加条件，即 Y 没有任何意图属于某些能列举的递归序列。[2] 关于这一点，可能遭到的异议是没有人能知道这个条件得到满足，所以，没有人知道一个人的意图，或者没有人知道两个人是协同行为的伙伴。[3] 这种异议比那种陈旧的、虚假的异议要有说服力一些，格言是你不能举反证：就提出的条件而言，由于没有证据证明一个意图属于这个序列，对知识的要求可以实现。（这不是否认对于协同行为来说，发现证据问题可能是严峻的，见下面论述。）

假设模型能够以这种或其他方式得到补充，以排除 Strawson 式的反例。可能仍然存在三种方法论上的异议，所有这些都涉及该模型发展中直觉判断的运用。正如引言中所解释的，一个模型应该考虑直觉判断，但这种异议的主要观点是这里援用的直觉是不足以支持该模型的。第一个异议是"协同行为"的表述变成了欧共体反垄断及其派生物的一个专门术语，所以，我们对它的直觉理解或者是不相关——因为它属于该词语的一般意义——或者是太无力而不能提供分析标准。第二个异议是该模型没有对法院所赋予的"协同行为"的意义给予足够的重视，法院具有语义上的权威性，因为它们能够裁定一个词语的法律意义与其一般意义不同：在法律背景下，如果存在法官意见与直觉之间的冲突，法官的意见会占上风。第三，可能的反对意见是该模型中的一些条件太复杂，以至于使直觉无用武之地。

在这些异议中存在一些缺点。对最后一个异议的回应是直觉判断可能是复杂的。至于第一个异议，已经阐明"协同行为"不是按法律来定义的，所以，这个词语应该按其一般意义来理解。至于第二个异议，的确法院能够裁定一个术语的法律意义不同于其一般意义，但这只是讲了故事的一半，因为它没有说明法院用什么标准来裁定词语

---

① Schiffer 试图避免这种异议，见 Schiffer（1972），第 39 ~ 42 页，但是他的这种解决方法受到 Harman 的质疑，见 Harman（1974），第 224 ~ 229 页。

② 见 Bennett（1976），第 126 ~ 127 页。

③ 见 Schiffer（1987），第 246 页。

的意义。在这方面，这种异议有点像法律现实主义的拙劣形式，把法律视为法院什么都决定的东西。正如这里一样，如果没有法定的定义，法院的解释必须至少部分以直觉理解为基础。

尽管如此，这种异议的主要观点还是有些说服力的：来证明该模型各种条款的直觉是存在问题的，它们本身得不到支持。至于协同行为何时存在或不存在，一个更有力的解释将提出模型不仅以直觉判断为基础，而且以理论为基础——例如，把协同行为视为一种更为广泛现象的特例会得到更好的理解——将揭示模型怎样既反映法律当局的意见，又在更为一般的意义上满足反垄断目的的要求。提供这样一种解释是本章余下内容的计划。将要提出的模型完全不同于刚才给出的模型（从这些反对 Grice 式语义分析的观点看所具有的优势），但是，正如在最后一节所阐明的，它们在两个重要方面达成一致：都包含协同行为涉及交流但不意味着涉及责任的论题。

5.3 以信赖为基础的方法

第二个解释的中心思想是联合行动思想。我将论证，信赖是核心，协同行为是这种现象的特例，从而逐步给出对协同行为的解释：首先，我给出一个信赖模型，然后把它解释为一种联合行动模型，进而在模型上把协同行为作为联合行动的特例来处理。

5.3.1 信赖

信赖模型是这样的：①

X，在做 Ax 时，信赖 Y 去做 Ay，如果：

（Ⅰ）X 做 Ax；

（Ⅱ）X 有目标 Gx；

（Ⅲ）如果 X 做 Ax，当且仅当 Y 做 Ay 时，目标 Gx 才能实现；

（Ⅳ）X 相信（Ⅲ）；

（Ⅴ）X 相信 Y 做 Ay；

① 对于信任的其他解释，见 Hertzberg（1988）；Holton（1994）；Lagenspetz（1992）；MacCormick（1982），第 195 页；McMahon（1989）；Regan（1985）；Rotenstreich（1972）；Stoljar（1988）；Strasser（1985）。

（Ⅵ）（Ⅰ）为真，因为（Ⅱ）、（Ⅳ）和（Ⅴ）为真。

像以前一样，对模型作一般性说明。特别是，在每一种信赖情况中不是把（Ⅰ）—（Ⅵ）所有条件列出来。例如说X有一个目标有时可能是误导，一个更宽泛的语言表达方式可能是更加精确的，即S想要某事态是真实的，这将要求修改（Ⅱ）、（Ⅲ）和下面的（Ⅷ）。在一些情形之下，假设如（Ⅲ）所陈述的，如果X做Ax，当且仅当Y做Ay时，Gx才能实现是真的，即使X没有（Ⅳ）所表达的信任，X也信赖于Y。相反，在另一些情形下，假如（Ⅳ）是真的，即使（Ⅲ）是假的，X也信赖于Y。这里，（Ⅳ）中所表达的X的信任是错误的。再者，如果（Ⅴ）是假的，X在心理状态上缺乏信任，那么X有时也信赖Y。例如，X希望Y做Ay。[①] 然而，这样的观点并没有怀疑（Ⅰ）—（Ⅵ）构成信赖模型的中心要件。

该模型通过MacCormick设想的案例来具体说明：

假设琼斯在一个暴风雨的日子里于悬崖绝壁之下的海滩游泳。他没有注意到涨潮的速度，现在在这种情形下，在他没有被潮水卷走之前，海滩的猛浪可能将他带到安全地带。就在这时，麦克唐纳碰巧沿着悬崖边沿巡游，随身带着几百英尺长的攀绳。他发现琼斯处于困境中，于是沿着峭壁放下攀绳。琼斯看到了他所做的一切，等待攀绳，所以失去了时间，以至于在潮水来临之前他不能再到达安全地带。然后，他开始攀缘绳索。[②]

很显然，MacCormick把这设想为一种信赖情形：我应该做这样的理解，即琼斯在等待绳索的时候（以及随后攀缘绳索），相信麦克唐纳会牢牢抓住绳索，直到琼斯爬到安全地带。这个例子没有明确包含与该模型条款相一致的要素，但当然可以想象隐含地包含了它们。[③] 在该模型中作如下替换：

（Ⅰ*）琼斯等待绳索。

（Ⅱ*）琼斯有避免溺死的目标。

（Ⅲ*）如果琼斯等待绳索，当且仅当麦克唐纳牢牢抓住绳索时，

---

① 关于信任不必涉及信念的观点，见 Holton（1994）。Holton 也坚持认为（Ⅴ）没有完全描述X的精神状态的全部内容。

② MacCormick（1982），第198页。

③ 根据Unger的用词，该条款的替代情形是MacCormick描述的“无聊的”含义，见Unger（1996），第25～26页。

琼斯才能避免溺死。

（Ⅳ*）琼斯相信（Ⅲ*）。

（Ⅴ*）琼斯相信麦克唐纳会牢牢抓住绳索。

（Ⅵ*）琼斯等待绳索，因为他有（Ⅱ*）描述的目标，并有（Ⅳ*）和（Ⅴ*）所表达的信任。

在该例中，有一个方面是该模型没有捕捉到的，那就是琼斯有实现其目标的替代途径，即跑到安全地带。可以认为只有存在这样的替代途径时信赖才存在。这种主张是值得怀疑的，但可以通过增加更多条款进行调和以形成一个“牢固的”信赖模型。

（Ⅶ）X做Ax′。（琼斯能够跑到安全地带，通过排除琼斯被潮水卷走之前是否能够到达安全地带的不确定性，使案例简单化。）

（Ⅷ）如果X做Ax′，即使Y不做Ay，目标Gx也能够实现。（如果琼斯跑到安全地带，即使麦克唐纳不抓住绳索，琼斯也可以避免溺死。）

（Ⅸ）如果X做Ax，则X不做Ax′。（如果琼斯等待绳索，他就不能跑到安全地带。）

（Ⅹ）X相信（Ⅶ）、（Ⅷ）和（Ⅸ）。

为了当前的目的，更为简单的模型仅包含条款（Ⅰ）—（Ⅴ）就足够了。

5.3.2 联合行动

1. 模型

联合行动概念在日常生活中是平常的，但在法律、社会理论和部分哲学中是重要的。 个基本问题涉及联合行动与独立行动的关系，特别是从前者转化为后者的可能性。理论界对此进行了许多讨论，[①]这里，我不进一步讨论：答案将取决于对该问题条款给定的含义，这些含义出自于已提到的许多冲突。[②] 概而言之，模型根据个体当事人的行动、目标和信任来描述联合行动，在这种意义上，这里提出的模

① Gilbert（1989）提供了大量文献，特别是其第1、7章，还有Tuomela（1995）。

② 需要把这个问题与联合（或集体）代理人与个体代理人之间的关系问题区别开来。例如，在足球比赛中，球队的成员是集体行动的个体代理人，然而，存在这样一种意义，球队是集体的代理人，可能与其他球队各自或联合行动。

型是个人主义的①。鉴于所描述的协同行为的目标，这是恰当的，典型的情况涉及企业追求它们自己的利润。这里需要提出告诫，存在个人主义模型不能够解释的其他联合行动的可能性。②

考虑一个非常简单的联合行动的样本。X 和 Y 正在给货车装载，其中被装载的箱子太重，依靠自己个人的力量不能把它扛上去。X："我们将不得不齐心协力来抬它，为什么不你抬那端我抬这端。"③ Y："好的。"他们做好准备。X："1，2，3，抬起！"他们把这个箱子抬上了货车。

这个样本有四个重要特征。第一，每个人在抬箱子的一端时信赖另一个人抬另一端，所以存在彼此信赖。第二，每个人在信赖另一个人时有着相同的目标，即把箱子抬上货车。④（在确定目标是否一致上存在的潜在困难，见第 1 章。）第三，每个人知道前述两个命题是真的。第四，X 有这种知识，部分因为 Y 与 X 交流与 Y 相关的第 1、2 个命题所包含的那些要素，反之亦然。⑤

当然，这种情况可能通过如下方式来发展或改变，即减少某些特征条件。至于相互信赖，Y 可能不相信这个箱子对他自己来抬太重了，在这种情况下，他将不相信（Ⅲ）的有关情况——如果他抬起他的那一端，箱子就可以被抬上货车，当且仅当 X 抬起另一端——所以将不信赖于 X 抬起另一端。至于共同目标，Y 的目的可能是阻挠卡车装货，但表面上又做出帮助装货的样子。至于知识，X 可能误信这是 Y 的目的，所以不知道 Y 有把箱子抬上货车的目标；或者 X 的认知状态可能缺乏知识，代之以被证实的信任，或纯粹的信任。（反之，可以认为 X 和 Y 不仅有知识，而且有共同知识。⑥）最后，

---

① 在博弈理论中个人主义方法是标准方法，见 Binmore（1994），第 142 页；Binmore（1998），第 96 页；Gilbert（1996f）；Scherer 和 Ross（1990），第 210 页。

② 对于联合行动种类之间的差别，见 S. Miller（1992）；Tuomela（1995），第 88 ~ 93 页。

③ 按照 McMahon（1989）的术语，X 提出了一个"协调建议"。

④ 这种主张要比那种认为他们有"团体目标"甚至"共同目标"要弱一些，Tuomela（1995，第 6 章）在这种意义上进行了详细说明。按照博弈理论的条件，这是纯粹的协调情况。关于从这种博弈到纯冲突博弈的序列，见 D. Lewis（1969），第 13 ~ 14 页；Shelling（1980），第 83 ~ 118 页，第 291 ~ 303 页。

⑤ 对于合作博弈来说沟通是必要的，但不是充分的。在这个案例中没有假设的另一个条件是参与者能够缔结有约束力的协议，见 Luce 和 Raiffa（1985），第 89、114 页。由于纯协调与纯冲突，坚持存在从完全合作到不合作的序列是有道理的，同上，第 105 页。把合作博弈还原为非合作博弈，见 Binmore（1998），第 42 ~ 43 页。

⑥ Gilbert（1989，第 4 章）认为联合行动包括共同知识。

可以论证X和Y不必交流，他们只要走到箱子前，各抬一端，把箱子抬上货车。

然而，可以以各种形式在不同程度上进行交流。典型情况是说话者以双方都能够理解的正常语义向听话者说一些事情。这可能是假设案例中说的话是真的，但是按照案例中第四个特征识别的这种交流，它就不是那种交流。然而，交流不必是语言的或——一个不同点——口头的：它涵盖的范围从刚提到的情况到一个人只是使另一个人相信某事的某些不完全情况（或者有一些其他的精神状态）。① 可能是间接的——X告诉Y，Y告诉Z——或者不具体的——某些人进行一般谈话——或是不明确的，于是听者为了理解说话者的意识需要进行推论。（这里“默示的”可以作为“不明确的”同义词来对待，但最好避免这样，因为它是定语，“默示交流”意味着行为似乎是交流，但实际上不是。“默示的”这种意义在寡头垄断默契协调中被频繁讨论，② 这一点在第6章讨论。）交流可能也遭受各种形式语言缺点之害——暧昧（vagueness）、含糊（ambiguity）、语法或词汇缺陷——或者是令人误解的，这或者是错误所致，或者有意为之。一旦认可这种范围，它必定是联合行动，特别是协同行为的一种解释，例如，假设Y——可能通过点头和眼神，可能通过在恰当时间抬起箱子的一端——向X传递他正信赖于X的信息是有道理的。

通过对该样本四个特征描述的概括并使之更加准确，就可以提出联合行动模型：

X与Y联合行动，如果：

（a）X，在做Ax时，信赖于Y做Ay；

（b）Y，在做Ay时，信赖于X做Ax；

（c）X，在信赖于Y做Ay时，有日标Gx；

（d）Y，在信赖于X做Ax时，有目标Gy；

（e）Gx = Gy；

（f）X知道（a）—（e）；

---

① 可以认为Strawson对Grice的反例在这序列范围内更接近于后者，而没有超出这一范围。Lewis的“信号”接近于前者，不等于完全的语言沟通，见D. Lewis（1969），第4章。Bennet（1976，第127～128页）认为存在X与Y沟通仅仅证明X使Y相信某种行动。

② 见Full和Nikpay（1999），第1段，第76页。

(g) Y 知道 (a) — (e);

(h) (f) 是真的，部分因为 Y 向 X 传递 (b) 与 (d) 的信息;

(i) (g) 是真的，部分因为 X 向 Y 传递 (a) 与 (c) 的信息。

这一模型在一些方面是凌乱的。特别的，如果假设在 (f) 条款中 X 的信息明确表达，所以他不仅知道 (a) 而且知道信赖模型的每一个条款，然后 X 知道 (Ⅲ)。因为知识意味着信任,[1] 条款 (Ⅳ) 成立，即 X 相信 (Ⅲ)。在那种情形下，(f) 使 (Ⅳ) 成为多余的。同样的情况对 Y 也是真的。这些问题留待后面解决。

2. 异议与回应

对这个模型的异议应该是，要么它的某些条款不代表联合行动的必要条件，要么它的全部条件不代表联合行动的充分条件。这种异议足以提出联合行动与独立行动的关系问题，特别是把前者还原为后者的可能性。那些拒绝个人主义方法的人很可能认为该模型没有给出充分条件，因为它没有表达联合行动的“联合”,[2] 但是这样的主张是模糊的，正如本章打算做的，通过说明该模型恰当地描述我们直觉判断的情形是联合行动的核心情形来对这种主张予以反驳。

至于必要条件，已经允许对该样本进行发展或改变，以便它不需要该模型所包含的某些特征。在那种情况下，问题在于是否还是联合行动的样本。直觉在这里容易失效，因此，考虑其他作为反例提出来的情况是有益的。

在一个聚会上，X 开始唱歌，Y 加入进来。这似乎是联合行动的情况。但是 X 希望引人注意，希望 Y 停止唱歌，从而 X 不是信赖 Y 而唱歌。所以，异议产生，条款 (a) (X 在做 Ax 时信赖于 Y 做 Ay) 不必具体例示，不代表联合行动的必要条件 (对 (b) 也可以提出类似异议)。一个回应将是勉强承认该样本，作为外围条件对它不予考虑。另一个回应将是论证这不仅是联合行动的情形，而且是弱意义上的协调行动的情形。这两者 (联合行动与协调行动) 之间的关系需要解释。正如已经阐明的，在这里使用的各种术语没有指明相互之间的含义与关系。对这种异议最好的回答是，如果 X 和 Y 唱歌是联合行动的情况，X 例示 (a): 他可以不信赖于 Y 而唱歌，但如下假设

---

① 这有时被否认，见 Radford (1966)。
② 见 Gilbert，特别是第 4 章; (1996f)。

是有道理的。例如，只要Y坚持唱歌，X在唱调和音量上就信赖Y，不至于淹没X的声音，也信赖于Y继续唱同一首歌而不是不同的歌等等。

现在设想X和Y是政客，为他们自己有分歧的结论就某些问题一起进行投票。这里可以说他们联合行动但没有共同的目标。在这种情况下，不具体例示条件（e）（Gx = Gy），所以不代表联合行动的必要条件。像前述一样，可能的回应是这是一种外围情况（a peripheral case）；或者——如果投票不是产生于他们之间的某些协议或安排，这也是有道理的——它不仅是联合行动的样本，而且是条件要求较弱情况的样本；或者例示（e），因为X和Y拥有使投票通过的共同目标，即使他们的其他目标不同。① 对这最后的回应，可能提出的异议是X不愿意投票：他不想让投票通过，仅仅按规则（ways of log-rolling）投票而已。在那种情况下，还存在三个更进一步的回应。一是应该把个人目标与行动目标区别开来：即使X没有个人目标，他的投票行动有使投票获得通过的目标。然而，这种回应要求修改（c）和（d），因为他们通常是根据个人目标来表述的，对此还可以提出异议，严格地说是只有人才有目标，而不是行动有目标。② 另一个是把有什么与想要什么区别开来：X有使投票通过的目标，但这是并不情愿的追求（比较第1章对强迫竞争（unwilling competition）的讨论）。另外一个区别可能是不把Gx作为目标与把not-Gx作为目标的区别：X，不愿意投票，有使投票通过的目标——或者，如果那听起来不自然的话，他希望投票不通过——但是，由于他投票，他也有使投票通过的目标。所以他的目标存在冲突，这是一种常见的困境。

我们回到货车与箱子去讨论条件（f）和（g）是否代表联合行动的必要条件。（这些条件分别是说X和Y知道（a）—（e）。）考虑这种情形的两个变种，没有具体例示（f）：在一变种中X对Y有一个错误信念，在另一变种中X的认知状态是知识不足，代之以被证实信念或纯粹信念。如果任意一个变种构成联合行动，则（f）没有代表必要条件（对（g）也是类似情况）。关于这些条件的前提，

---

① 比较Tuomela（1995，第149页）对“联合行动‘底端’”的评论。
② 见Frankfurt（1999d），第83页。

在变种之间存在重要的直觉差别。如果 X 有被证实信念，或者一个纯粹信念，则（b）、（d）和（e）是真的，说——假设所有其他条件都例示出来——X 和 Y 联合行动则是有道理的，因为这将作为一个“弱”联合行动样本而被接受，“弱”联合行动样本是通过调整条件（f）和（g）而进行模型处理。然而，如果 X 对（b）、（d）或（e）有错误信念，则意味着他和 Y 之间产生了矛盾（对 Strawson 的反例与 Grice 的分析进行比较）：直觉表明这不是一个联合行动的样本，这种情况下它不是初始模型的反例。最后，关于条件（h）和（i），起初对交流程度与形式的简单讨论是打算预先防止反例的情况。这里并不试图对交流概念作更为详细的阐述。

5.3.3 协同行为

1. 理论

如果联合行动模型应用于协同行为，在本章开始所引用的令人难以理解的格言就被澄清。假设 X 和 Y 为双寡头垄断，没有缔结协议，协同行为分享地区市场：X 仅供应法国市场，他这样做，信赖于 Y 仅供应德国市场，反之亦然；他们各自有分享他们之间市场的目标；他们各自完全知道这一点，部分因为每个人以一些方式与另一个人交流，所以为了分享市场的目的，各自信赖于对方。

该理论认为协同行为是联合行动的特例。这比“协同行为”是联合行动的同义词或是联合行动的延伸的主张要更谨慎一些。正如先前所阐明的，“协同行为”已成为欧共体反垄断及其派生物的专门术语。所以，尽管“联合行动”有普遍应用，但可以论证“协同行为”的应用现在局限于法律与公共政策的领域。该理论有几个吸引人的地方：第一，该模型把协同行为与协议、个人行为区别开来，所以防止 EC81 款遭到这样的异议，即不需要一种中间类型。第二，正如在下一章解释的，它阐明了“寡头垄断问题”——在某些情况下寡头垄断将显示反竞争的相似行为，但这种行为源于按个体标准作出的抉择，进而被描述为合理的。[①] 第三，交流的要求反映对信息交换的关

① 在本章一开始就指出，术语含义的模糊和/或没有区分下面的本质与证据问题而对这个问题的讨论经常造成损害（进一步参见第 6 章）。

注，这是EC81款所关注的。[①] 第四，关于X和Y的条款之间的对称性包含这样一种观点，协同行为涉及参与人之间的相互性。[②] 第五，该模型包含这样一种有一定道理的观点，即协同行为经常涉及相互之间的威慑：[③] 每一方知道或者相信如果他们中的任何人偏离所讨论的行为，则其他人将报复。在这种情况下，每个人有理由相信其他人履行他们的协同行为。所以，为信赖模型中条款（V）所明确规定的信念提供一个理由：Y相信如果Y没有做Ay，则X将背叛，这个事实是X相信Y做Ay的一个理由（前提）。第六，该模型能够应用于类似EC81款的条款——不仅应用于国家法规中的许多类似情况，而且应用于《谢尔曼法案》的第1节（和《限制性交易行为法》关于“协议”的条款：见以下部分）。

2. 异议与回应

正如对联合行动模型一样，对协同行为理论存在一些相同形式的异议：不是模型的某些条件不代表协同行为的必要条件，就是全部条件合起来不代表协同行为的充分条件。另一种异议形式是如果该模型准确地描绘了协同行为，则协同行为概念作为反垄断的工具是没有用的。

关于必要条件，就原则来讲，企业可以有权利参与协同行为，即使它不情愿参与。[④] 在那种情况下，异议产生了，它将不会共享其他当事人的目标，与该模型中条款（e）相反。例如，如果Y强迫X协同行为来操纵价格，X将不会把价格操纵作为目标。这里，一个有效的回应类似于先前考虑的基于两个参与者案例对联合行动所提出异议的回应。一是应该把人的目标与他的行动目标区别开来，二是应该把有什么目标与想要什么目标区别开来：X有操纵价格的目标，但是不

① 见Freeman和Whish（2002），div. Ⅱ，第3章。

② 见Opinion by Darmon AG in Wood Pulp：Case 89/85第170、171段等，*Ahlstrom*诉*Commission*［1993］ECR 1－1307，［1993］4 CMIR 407。

③ 对这一观点，我不知道绝对的权威。在案例T－342/99（*Airtours plc*诉*Commission*［1993］ECR Ⅱ－2585，［2002］5 CMLR 317）中，这种判断被确定集体优势要素的障碍，与“默示协调”相联系（第62段），但是它把协调与协同行为区别开来（第61段）。在案例T－102/96（Gencor *Ltd.*诉*Commission*［1999］ECR Ⅱ－753，［1999］4 CMLR 971，第277段）中描述了同样的区别。无论如何，默示协调在特定意义上不适合于联合行动模型。进一步参见后面的第6章。

④ 案例16/61，*Modena*诉*High Authority*［1962］ECR 289，［1962］CMLR 221；合并案例100－103/80，*Musique Diffusion Francaise*诉*Commission*［1983］ECR 1825，［1983］3 CMLR 221，第90和100段。

愿意从事之。三是应该把没有目标 Gx 与有 not-Gx 目标区别开来：X，不愿意参与，因为他有不操纵价格的目标，但由于 X 参与，他也有操纵价格的目标。

关于必要条件的第二个异议是与条件（a）和（b）相反，协同行为的参与者不必相互信赖而行动：对于他们来说交流他们的意图而行动就足够了。所以，在制糖卡特尔案例（*Sugar Cartel* case）中坚持这一点，在如下情况下，协同行为存在：

在这样的经营者之间任何直接或间接合约，目标或效果在于或影响实际或潜在竞争者在市场上的行为，或向这样的竞争者暴露他们自己在市场上已决定采纳或打算采纳行为方针。[①]

以同样的方式，Whish 引用 the *Hüls* 的判断来支持这个原则，即协同行为不必要“付诸实施”。[②]

再次利用各种回应。一个回应应该是说，如果在参与者仅仅交流他们意图的情况下，交流行动符合该模型中的条款（a）和（b），但是这不令人满意。第一，因为似乎参与者的交流（正如（a）和（b）要求的）是不必相互信赖的；第二，因为条款（h）和（i）涉及（a）和（b）中的行动交流，所以，难以置信的是这意味着在这种情形下存在次级交流（second-order communication）。一个更有希望的回应应该是驳斥协同行为不必实施的思想，Whish 承认造成了“语义问题，实际上是哲学问题”：就协议而言，不存在这样的问题——在同意做某事与做某事之间存在简单的区别——但在协同行为中这种区别变得模糊了。不管这种困难，值得怀疑的是 *Hüls* 在协同行为不必实施这一原则上的权威性。正如 Whish 所观察的，法院承认协同行为概念包含市场行为。[③] 必须指出在协同行为是否涉及市场行为——和符合条件（a）与（b）的明确行为——和这种行为是否有反竞争效果

① 案例 40/73 等，*Suiker Unie* 诉 *Commission*［1975］ECR 1663，1942，［1976］1 CMLR 295，425。

② 案例 C－199/92 P 等，*Hüls AG* 诉 *Commission*［1999］ECR Ⅰ－4287，［1999］5 CMLR 1016；Whish（2003），第 102 页。

③ 见 *Hüls*（150 页脚注②），第 161 段。根据 Whish 观点，法院增加一个必要假设，在参与者相互签订合约的情况下，这样的行为将产生。事实上法院的观点相反（第 162 段），在参与者从事市场活动的情况下，假设他们考虑相互之间交换信息。另一种权威命题是协同行为要求市场行为，见案例 C－49/92 P，*Commission* 诉 *Anic Partecipazioni SpA*［1999］ECR Ⅰ－4125，第 118 段。

之间存在的区别:[①] 对第一个问题的回答也许是肯定的，即使对第二个问题的回答是否定的。所以，按 Whish 阐明的观点——法院承认协同行为可能仅有反竞争的目标,[②] 以及在英国制糖案例（*British Sugar*）中欧洲委员会推断协同行为在缺乏反竞争效果的情况下存在[③]——不支持这种异议。

尽管有这些回应，但是来自于制糖卡特尔案例法庭判决的那段话清晰地说明在参与者不仅相互信赖而且仅相互交流他们意图的情况下，协同行为可能是存在的。然而，司法当局对这些情形感兴趣，只是因为意图的交流通常是迈向预谋行动的第一步，这也是明白无误的。[④] 因为一些特别的原因，如果都知道参与者不按自己或相互表示的意图行动，则这些情形将不属于协同行为的范畴。所以，它们被作为外围情形而被接受，可以通过要求条件较弱的模型来描述。

并非该模型中所有条款都是协同行为的必要条件，对这种观点的第三种异议是，与条款（h）和（i）相反，在参与者不交流的情况下，协同行为可能存在。这种异议是对前述异议的补充。因为那里所讨论的某些类型的交流是充分条件，而这里所讨论的交流不是必要条件。在 *Soda-Ash/Solvay* 案例中欧盟委员会指出：

对 EC81 款的侵犯很可能存在，参与者不仅没有说出协议条款，而且每一方根据行为推断另一方的承诺。[⑤]

这种反对意见的一种较弱形式是交流甚至是单方面的，而不必是相互的。Faul 和 Nikpay 给出了如下设想的协同行为样本：

如果 X 单方面告诉他的竞争者 Y，他将在一个月内提高其产品价格，目的是使 Y 也这样做，如果 Y 通过提高其产品价格来回应，那么，就会发现协同行为已经产生了。如果 X 不直接告诉其竞争对手，而是以特定方式公开宣布其行为意图，如果 X 知道其竞争对手将会跟进，他就会这样做，那么，可以认为协同行为已经产生了。[⑥]

---

① 在 *Hüls*（150 页脚注②）中指出了这种区别，第 165 段。
② *Hüls*（150 页脚注②），第 164 段。
③ *British Sugar plc*，*Tate & Lyle plc*，*Napier Brown & Co. Ltd.*，*James Budgett Sugars Ltd. OJ*（1999）L76/1，（1999）4 CMLR 1316，第 95 ~ 97 段。
④ 见 *British Sugar* 第 97 段（151 页脚注③）。
⑤ Soda-Ash/Solvay，OJ（1991）L152/1，第 59 段。
⑥ Faul 和 Nikpay（1999），第 2 段，第 49 页，为了一致，可以把 X 和 Y 替换成 A 和 B。

一种回应应该是复述交流以各种形式和不同程度出现，这种陈述可能不够清晰。但是这仍消除不了这种异议。因为即使承认这一点，如果X仅知道Y的一些行为或Y仅对X的陈述作出反应，就认为Y在任何事情上都与X交流，这是不合情理的。更好的方式是在协同行为中不考虑这些条款，或者至多把它们作为外围的情况，由约束条件较弱的模型来描述。因为一旦允许没有相互交流的协同行为存在，那么它们可以被勉强接受。寡头垄断问题是较难处理的，见下章。

接下来的一种异议认为该模型中的条款结合起来不构成协同行为的充分条件。在一些情况下，更多的因素没有包含在模型之中，而这些因素对于协同行为是至关重要的——尤其是市场结构的特征；① 像信息交换、最惠顾客条款或统一交货价格等“促进行为（facilitating practices）”；② 或反常的行为与利润。③ 可以把这种主张理解为这样一种主张，即所涉及的这些因素能够替代模型中的条款，而不是对条款进行补充。在这样一种情况下，这种形式的异议关系到的是必要条件而不是充分条件。下面对每种观点进行讨论。

市场结构是协同行为的构成部分的观点混淆了结构与行为问题：市场结构在评估协同行为的反竞争效果上也许是重要的，但是不能决定协同行为是否存在；至多在某些时候构成协同行为存在的部分证据。④ 在问题之形成——什么构成协同行为？——与问题的证据——什么可以证明协同行为存在？⑤ ——之间的差别也是对“促进行为”和反常行为或利润的一种回应。在回答后一个问题而不是前一个问题时，讨论这些因素或许是恰当的。至于它们相关，是指它们都瞄准模型所讨论的问题。例如，“促进行为”通常包括或允许企业之间交流。⑥

---

① 在欧盟委员会指南中关于横向合作协议重点是强调市场集中度，2001/C3/02，OJ6.1.2001，第27～31段。关于在评价信息交换上市场结构的重要性，见Whish（2003），第487页。

② 见Rees（1993），第27、35～37页；Whish（2003），第516～517页。在对待“促进协调行动”上，美国法律比EC法律更加宽容，见Scherer和Ross（1990），第345～345页，比较Faull和Nikpay（1999），第1段，第104页。

③ 法律当局认为反常行为或利润象征着协同行为的观点是不确定的，见*Dyestuffs*案判决书中的第65和66段。这一命题在美国法律中也是不确定的，见Scherer和Ross（1990），第346页。

④ 正如*Dyestuffs*案判决书中第66段所表明的。

⑤ 这个问题被清晰识别，在*Dyestuffs*案的第65和66段（133页脚注①）。

⑥ “所有这些手段的共同之处是把信息交换作为中心要素”，见Faull和Nikpay（1999），第1段，第98页。

最后，不仅可以根据反例，而且可以根据实用思想，对该模型提出异议。这种异议是如果该模型准确地描述了协同行为，那么协同行为作为反垄断的工具是无效的：该模型包含了太多的条款（信赖模型把条款（a）和（b）都扩展成另外6个条款），它们所关注的问题难以实证（参与者的信念、目标、知识与激励），实际上不适用。

人有可能回应说，这种境况不会比在法律的其他领域的情况更糟糕。例如，在刑法中，某些类型的犯罪意图是难以证实的。但是，联合行动模型比所有或大多数类型犯罪意图的解释更为复杂。如果现在人有回应说，这只是因为那些解释没有达到清晰分析的程度，那么可以从反面思考这种回应：它意味着那些类型的犯罪意图遭受到同样的质疑。一个不同的回应应该是说竞争的证据标准是低的，足以处理这个问题，但是，那也是不令人满意的。首先，这等于是回避问题——我们不能判断一个协同行为是否存在，于是我们所持有这种态度；[①] 其次，如果参与协同行为是刑事犯罪，就要求有超越合理怀疑的证据。[②] 一个更为极端的回应是对反垄断概念进行修正。这种态度的一种版本是简化协同行为模型，但是，这将冒随意杜撰概念的风险，偏离我们对联合行动的直觉理解，这种直觉理解在该模型中有明确阐述。另一种更苛刻的版本是放弃协同行为概念，通过扩展结构的种类来处理协议问题。对于这种观点，可能的回应是协同行为实际上是弱化的协议，所以有理由认为协议概念也会受到同样质疑。但是，正如下面所指出的，这种回应是不周详的。对这种异议的最简单回应是：如果协同行为是联合行动的特例（正如模型所阐述的），则证明协同行为存在实际上是困难的，但是，这并不使协同行为概念没有用处：对反垄断是有用的，正如联合行动在其他情况下有用一样。

结果是理论经受住了异议。该模型完全符合司法当局的立场，某些外围情形不把每个条款都具体例示出来：正如已经公认的，可能存在多个协同行为概念，对于给定的概念，无论如何这种模型不需要详

---

① 要冒把寡头垄断市场中的相似行为过度推论为合谋行为的风险，见 Whish (2003)，第513页。

② 正如第4章所阐述的，如果他不诚实地同意与一个人或多个人缔结协议或履行协议，导致缔结协议或履行协议，形成《公司法》（2002）第188、189节描述的赤裸裸的卡特尔，那么英国《公司法》（2002）第188节裁定个人犯罪。在相关意义上协同行为是否够得上是一项协议还不清楚。

细规定其每一用途的必要充分条件。当然，还有进一步的工作需要做，特别是在条款（h）和（i）中提到的交流形式，在那些条款中通过“因为”来表示的关系，以及在信赖模型第6款中通过“因为”来表示的可能的差异关系，需要进行更为详细的探讨。此外，更不必说一般联合行动模型不能刻画各种事实与理解差异，这是在个别情形中协同行为模型所要探究发现的，这正是本书应该做的事情。

5.3.4 联合行动与协议

一项协议是否像协同行为一样属于联合行动的情形，这还是模棱两可的问题：它可能涉及协议的缔结或参与者同意执行的行动。从内容来理解，后者似乎更支持肯定回答，所以将在这里采用，正如将要论证的，即使根据这种理解，答案也是否定的。更准确地讲，结论将是按照协议行动的核心问题——与协议模型匹配的一种情况已经在第4章阐述——没有具体说明联合行动模型；对于各种被称之为协议的事情，或许本模型对其中的一些是适用的。①

假设X与Y同意X将支付10英镑给Y，Y将向X提供10件小器具作为回报。如果联合行动模型是适用的，那么，根据条款（a），X支付10英镑给Y，信赖于Y向X提供10件小器具。在信赖模型中作如下替换：

（I**）X支付10英镑给Y。

在那个模型的条款（Ⅱ）中，X有目标Gx。就导致理性的X签署一项协议的实际推理而言，第4章的解释说明是X的目标是Y向X提供10件小器具。但X也很可能有比这更明确的目标，即Y向X提供10件小器具作为X支付10英镑给Y的回报。把“回报”作为一个双重条件解释，目标是Y向X提供10件小器具和（当且仅当X支付10英镑给Y时Y向X提供10件小器具），简单地说，Y向X提供10件小器具，X支付10英镑给Y。于是条款（Ⅱ）变为：

（Ⅱ**）X的目标是Y向X提供10件小器具，X支付10英镑给Y。

条款（Ⅲ）说，如果X做Ax，当且仅当Y做Ay时Gx方能实

① Tuomela的“恰当”联合行动在广泛意义上包括协议，但没有具体说明该模型，见Tuomela（1995），第79~81页。

现。如果把“Y做Ay”相应替代为“Y向X提供10件小器具”，那么条款（Ⅲ）变为：

（Ⅲ**）如果X支付10英镑给Y，（Y向X提供10件小器具，X支付10英镑给Y）当且仅当Y向X提供10件小器具。

这是同义反复。除非使用“信念”（belief）这一脆弱的没有多少意义的概念。由此，一个人相信一切的同义反复，X相信（Ⅲ**）很可能是假的。在这种情况下，（Ⅳ**）是假的：

（Ⅳ**）X相信（Ⅲ**）。

但是（Ⅳ**）是对（Ⅳ）的相应替代，所以，如果协议正如已经模型化处理的联合行动的特例，则应该是真的。所以，信赖模型，出于联合行动模型的同样原因，不适合典型协议的情形。该模型在其他方面也是失败的。例如，在信赖模型中，对条款（Ⅴ）作如下相应替代：

（Ⅴ**）X相信Y将向X提供10件小器具。

但是X不可能相信这一点。他可能知道Y将违约并希望法院提供补救。同样，如果X信赖于Y是假的，那么，Y知道X信赖于他是假的。在这种情况下，联合行动模型中条款（g）不适用。

根据对参与者信念的合理假设，结论是按照协议行动的核心问题用具体例证说明联合行动模型。所以，按照协议行动不适合所模型化的联合行动。反过来说，后者至少不适合前者的一些情形（根据这一点，不能得出结论说这样的情形用具体例证说明该模型，除非被狭义地理解为“满足该模型”的条款而已）。根据第4章给出的协议模型，签订的协议中包含参与者相互作出的承诺，但很显然，没有参与者相互作出的承诺，特别是没有X承诺自己做Ax或Y承诺自己做Ay，这里所模型化的联合行动也可能发生：实际上参与者可能清晰地说明他们不对自己作如此承诺，所以他们冒险相互信赖。顺理成章的结论是按照那些协议模型，联合行动不是按照协议行动。①

这些结论对合同法和反垄断都有影响。关于前者，讨论小器具案例得到的一个引理是信赖对按照协议行动是不必要的，这使人怀疑信

① 比较*Dyestuffs*案中的评论（第65段）：“本质上，协同行为没有合同的全部要素。”

赖是合同之核心的共识。[①] 有人可能回应说这一引理涉及按照协议行动，而所讨论的观点涉及合同责任的根据。但鉴于在本章下一节概况的论点，那种辩解难有好的结果，在信赖与责任之间不存在令人感兴趣的条件性关系。

至于反垄断，人们常说由于EC81款包括协议与协同行为，所以难以划清它们的边界，实际上这不重要。[②] 但只有不把它们解释为同一序列，协同行为是一种较弱的协议形式时，这种观点才能被接受。[③] 尽管关于承诺的论据可能被用来支持这种解释，但是关于小器具案例的论点（即按照协议行动不适合所模型化的联合行动）支持相反的观点，即支持协议是一种较弱联合行动的观点，只有当参与人在他们执行联合行动没有足够共识的时候，他们才会签订协议。无论如何，这两种观点起到合成效果，应该把协议与协同行为区分开来，表明协同行为与协议是截然不同的现象。

5.4 协同行为中的交流与责任

协同行为包含交流的命题是联合行动模型条款（h）和（i）的组成部分，同样，它促成在提供的Grice式模型中包含阻止Strawson式的反例。所有一切像它本来的那样，司法当局认为交流是非常重要的。在制糖卡特尔（the *Sugar Cartel*）案中强调协同行为中的交流成分（正如前面所阐明的），在已废除的英国《限制性交易行为法》中有关“协议”概念的情况也强调交流的重要性（就现在的目的而言，在协议与协同行为之间不存在显著的差别）。在碱性炉渣案（*Basic Slag*）中，Gross J说：

无论是协议或是协约，我认为它必须源自于参与者的某些交流

---

① 这常被引证的章句是Fuller和Perdue（1936）的。关于这种观点背后的历史和价值的解释，见Atiyah（1979）。正如第4章脚注5提到的，Atiyah揭示了自19世纪后半叶以来合同法是如何被扩展的，以保护缺乏协议时的信赖损害，除了在非常广泛的意义上。这证明而不是消除我提出的怀疑。关于合同的一个相反的观点，见Fried（1981）。

② 见案件209/78等中Reischl AG的观点，*Van Landewyck* 诉 *Commission* ［1980］ECR 3126，3310，［1981］3 CMLR 134，185；Faull Nikpay（1999），第2段，第54~55页；Whish（2003），第94页及以后各页。

③ “打算用协议和协同行为来理解合谋形式有相同性质，相互之间只是强度和形式的差别，它们用这些来表明它们自己”，见 *Commission* 诉 *Anic*（脚注44），第131段。这种观点难以与脚注60中引自 *Dyestuffs* 案的观点调和。

——一些想法的交流……正如我对它的理解，构成协约所要求的一切依法不可强制执行，是参与协约的一方将以某些方式与另一方交流，交流的结果是一方有意激起另一方期待他将以某种方式行动。①

当然，Gross J在这里所阐述的满足协约的条件比任一个模型给出的所有条件要弱得多。

权威观点——正如将要讨论的，尽管是错误的——是协同行为包含责任。② 在《限制性交易行为法》中对协约的含义作了最清晰的陈述。在*Austin*中Upjohn J坚持：

一项协约必须至少包含一项其参与者接受彼此权利与责任的协约。③

正如先前从*Dyestuffs*所引用的那段话，如果被作为定义来理解，首先它是循环论证——被定义的词“协约”重复出现在定义之中，其次因为权利、责任及相互性概念并不比协约概念更清晰，那么这就毫无用处。Upjohn J否认他正在下定义，但是，如果他只是试图对协约是什么作非定义性的解释，那么这两种批评还是适用的。

Gross J的意见在碱性炉渣案中得到确认，在该案件中，他似乎接受相互的权利与责任对一项协约来说是必要的。④ 这种主张与上述所引用的Gross J的评论不大吻合，Gross J的评论是通过交流有意激起的期待是“构成协约所要求的一切”。因为，如果那是充分的，权利与责任的相互关系为什么应该是必需的则不清晰。除非Gross J相信相互的权利与责任以某种方式从如下事实中产生：通过交流，参与者有意相互激起期待，这种充分性命题必然被看作预先假设的必要性命题等等。毫无疑问，Gross J的思想是假如存在相互的权利与责任，则通过交流有意激起的期待对一项协约来说是充分的。

Upjohn J的见解得到Whish的支持，在其书的早期版本中写道：

在谈到一项协约必须包括接受相互的权利与责任时，Upjohn J只是重复了《限制性交易行为法》中的条款：如果一项协议必须是可

① 关于*British Basic Slag Ltd's Application*［1962］1 WLR 986，995。也见关于*Agreement of the Mileage Confernce Group of the TyreMunufactures' ConfernceLtd.*［1962］2All ER849，859，其中作了在协约中交流不必是文字的陈述。

② 许多作者坚持责任是联合行动的要素。Gilbert是一个典型，他的观点以对联合行动的非个人主义解释为基础，见Gilbert（1989），第162、380、411～415页。

③ 关于奥斯汀汽车有限公司的协议［1958］1 Ch. 61，74。

④ 见157页脚注①，第996页。

表示的，那么至少参与者必须接受某些限制。任何接受限制的人都承担责任，至少是道义的责任，如果两个人都这样，那么必然存在相互关系。①

从各个方面来看，这是不能令人满意的。第一，Upjohn J 的陈述不只是简单重复《限制性交易行为法》中的条款。第二，尽管认为任何承担责任的人都受到限制是有一定道理的，但责任一定源自于对限制的接受似乎是错误的。Whish 的论点难以按《限制性交易行为法》的“限制”意义来评估，“限制”这个词已经是声名狼藉、晦涩难懂。② 可以肯定，在某些限制情况中，它是错误的。因为，接受一项限制可能只是阻止某些人采取某种行动，而不是强迫他不采取这种行动。如果我允许把自己栓于栅栏之上，我没有责任不离开：我不能这么做。第三，提出道义责任是毫无帮助的。说接受限制的人至少处于道义责任之下，意味着把道义责任作为一个箩筐来使用，什么都可以放进出。似乎责任不是法律的，而是道义的，似乎道义责任比法律责任要弱一些。这些观点都是不正确的。此外，Whish 似乎认为道义概念足以清晰解释存在的非法律责任。这种命题是值得怀疑的。第四，“相互”一词的含义是模糊的，而且无论它意味着什么，认为在两个人接受限制的任何情况下就存在相互性这是不正确的。假设 X、Y 和 Z 签订一项协议，在协议中 X 向 Y 和 Z 提供商品，Y 和 Z 接受限制。尽管两个人接受限制，但不存在相互性的问题，只有当 X 也接受限制时相互性才存在。在 Whish 对 *Dyestuffs* 的评论中，他使用责任概念把协议与协同行为联系起来。他写道：

Dyestuffs 案中的观点与 *Austin* 案是一致的，即一项协议必须由相互的权利与责任构成（因为合作替代竞争至少从道义上约束参与者以避免对竞争的扭曲）。③

但是，责任怎样从合作替代竞争中产生并不比从接受限制中产生更加明显。

在其他地方我已论证，按 Grice 的方法进行模型化处理，协同行

① Whish（1993），第 129 页。
② 见 Black（1993），（1994b），（1995a），（1995b）；Lever（1969）。
③ Whish（1993），第 196 页，也见 483 页。

为不包括责任。[①] 这里，概而言之，作为联合行动的特例进行模型化处理，协同行为也同样不包括责任。争论的焦点是这样的命题，即不存在有吸引力的把信赖与道义责任联系起来的条件性关系。更准确地说，在事态（SR）与事态（SO）之间不存在如此关系，（SR）表示X在做Ax时信赖于Y，（SO）表示Y有道义责任做Ay。这一命题背后的推理将在本章附录中给出。如果存在更大争议的话，如果就SR而言，增加X已向Y传递SR的事实，并且因此Y知道SR成立，认为这个命题仍然成立是有道理的。从这一小步出发，通过假设“涉及”包含有吸引力的一般条件性关系，得到的结论是所模型化的联合行动不涉及道义责任。

5.5 附录：信赖与责任

在我们一般的道德观念中，一个人信赖另一个人做某事的事实往往被理解为是判断后者有责任做那件事的相关因素。当某个人辜负我们的时候，我们带着责备的口气对他说“我正信赖你做它”，其中的含义是他有责任做它。

同样，信赖与对法律责任的判断相关。正如Lord Diplock主张的，一个人对另一个人所做事情的信赖损害（injurious reliance）可能是对他不利的法律权利之源，这是英国法律的普遍原理，[②] 即使这一点是否存在值得怀疑，但在英国法律中仍然有许多方式保护信赖他人的人，[③] 最显著的是各种各样的禁止翻供的教义。[④] 在民事侵权法（如裁定供词责任[⑤]）、合同法[⑥]（如它关心的是协议的客观现象而不是主观根据[⑦]）与赔偿法[⑧]（例如，如果按无效合同提供服务，可以

---

① Black（1992），第203页及以后各页。

② *The Hannah Blumenthal* [1983] 1 AC 834，第916页。

③ 对信任的一种法律上的分类，见Cooke与Oughton（1993），第75~79页，第153~158页。

④ 见Cane（1992），第10章；Cooke和Oughton（1993），第74~75页；M. Thompson（1983）；Treitel（1995），第100页及以后各页，注意只有禁止翻供的一些形式预设损害，关于在财产权禁止反悔原则中使用的信赖概念的范围，引起了不确定性，见E. Cooke（1995）；Davis（1995）。

⑤ 见Rogers（1994），第11章。

⑥ 见Feinman（1984a）。

⑦ 见Treitel（1995），第1页。

⑧ 见Beatson（1987）。

利用救助减轻损失[①]）中信赖也是重要的。自19世纪后半叶契约自由的全盛时期以来，公认这三个领域的界限已经变得日益模糊，主要原因之一是法院对信赖保护的愿望增强，尽管信赖不是契约的主题。[②]

在损害赔偿法中，标准衡量办法之一是所谓的“信赖利息（reliance interest）”。[③] 这种用词是不当的（一个更好的名称是“现期利息（the status quo interest）”），因为根据这种衡量方法，索赔者所讲的信赖对于其损失赔偿而言，既不是必要也不是充分的。[④] 然而，索赔者的信赖是这种损失裁定的重要原由。信赖也是构成公平信托关系观念[⑤]和各种宪政原则的基础，尤其构成法律确定性[⑥]及其相关的非追溯既往[⑦]与合法预期原则的基础。[⑧,⑨] 在更高层面上，信赖是法则本身的中心，[⑩] 是法学原理的中心。[⑪,⑫]

对法律中信赖的重要性的解释，部分是出于公共政策的考虑，可以说公共政策超越了道德的范畴；这种考虑对在市场经济中保护和促进某些商业关系的形式（如信贷）是必需的。[⑬] 但似乎法律对信赖的关注至少部分通过对信赖的道德意义的普遍信念来解释。

在这一附录中，我考察信赖与道义责任之间的关系，尤其是信赖与责任（从现在起省略“道义”二字）之间是否通过某些条件性关

---

① 见 Cooke 与 Oughton（1993），第47页。

② 见157页脚注①和第4章92页脚注①。这些发展已经让一些学者考虑合同法与民事侵权法的融合，形成一般责任法，见 Rogers（1994），第15～16页。关于19世纪前这是广泛存在的观点，见 Atiyah（1979），特别是第1部分和第461～462页。

③ 存在各种各样的衡量办法，见 Kelly（1992）。

④ 见 Cooke 与 Oughton（1993），第125页。

⑤ 见 Martin（1985），第577页及以后各页。

⑥ 见 *Broome* 诉 *Cassell*& Co. Ltd. ［1972］1 All ER 801，809；*Wright* 诉 *British Railways Board*［1983］2 All ER 698，705。

⑦ 见 *Phillips* 诉 *Eyre*（1870）LR 6 QB 1，23；*Lewis* 诉 *Lewis*［1985］2 All ER 449，HL；*Atiyah*（1979），721，（1986），7。

⑧ 在英国法律中信赖损害对合法预期是必要的，这一点值得怀疑。相反的观点，见 Cane（1992），第143、229页；Shah（1995），第1616页；Singh（1994），第1215～1216页。在一个澳大利亚的案例（*Teoh*（1995），69 ALJR 423）中，在缺乏任何信赖的情况下可以发现合法预期，信赖损害或相反，见 Targgart（1996）。关于合法预期与禁止翻供之间的复杂关系，见 P. Craig（1992）；Ganz（1986）；Shah（1995）。

⑨ 法律确定性、非追溯既往和合法预期等原则在欧共体法律中更加清晰地成为系统的整体，见 Hartley（1994），第149页及以后各页；Schwarze（1992），第6章。

⑩ 见 Boardman（1987），与哈耶克比较（1982），第1卷，第95页及以后各页，第2卷，第37页。

⑪ Raz（1979），第214页及以后各页，与 Fuller（1969）比较，特别是第2章。

⑫ 关于法律中信赖的局限性，见 Morris（1991），Morris 认为援引信赖作为法律裁定的依据通常是循环论证或多余的，也见 Fuller 与 Perdue（1936），第420页。

⑬ Atiyah（1979），第390页；与 Feinman（1984b）比较，第716页，至于经济因素构成道德判断之基础的观点，见 Posner（1979），（1994）。

系联系起来。我将考虑四种关系，论证唯有一种关系把信赖与责任联系起来，并且仅以一种微不足道的方式来实现这种联系。假设不考虑其他任何条件性关系，协同行为不涉及责任就成为论证的主要前提，即在信赖与责任之间不存在有用的条件性关系。最后，我为信赖在道义与法律上仍然是重要的事实提供一些辩护。

5.5.1 信赖

把来自 MacCormick 案例的信赖模型及其替代情形重复一遍是有益的：

X，在做 Ax 时信赖于 Y 做 Ay，如果：

（Ⅰ）X 做 Ax；

（Ⅱ）X 有目标 Gx；

（Ⅲ）如果 X 做 Ax，当且仅当 Y 做 Ay 时，目标 Gx 才能实现；

（Ⅳ）X 相信（Ⅲ）；

（Ⅴ）X 相信 Y 做 Ay；

（Ⅵ）（Ⅰ）为真，因为（Ⅱ）、（Ⅳ）和（Ⅴ）为真。

替代情形：

（Ⅰ*）琼斯等待绳索。

（Ⅱ*）琼斯有避免溺死的目标。

（Ⅲ*）如果琼斯等待绳索，当且仅当麦克唐纳牢牢抓住绳索时，琼斯才能避免溺死。

（Ⅳ*）琼斯相信（Ⅲ*）。

（Ⅴ*）琼斯相信麦克唐纳会牢牢抓住绳索。

（Ⅵ*）琼斯等待绳索，因为他有（Ⅱ*）描述的目标，并有（Ⅳ*）和（Ⅴ*）所表达的信任。

5.5.2 信赖作为责任的必要与充分条件

根据该模型，可以重构如下问题：一些条件性关系与 X 在做 Ax 时信赖 Y 做 Ay 且 Y 有责任做 Ay 的事实有关吗？首先考虑两种最简单的条件性关系，各自表述为“S1 是 S2 的必要条件”和“S1 是 S2 的充分条件”。

这里，一些本体论是有用的。我将把 S1 和 S2 理解为事态，[①] 一个事态可能是或可能不是实际存在的，最简洁地是用一个名词化的陈述句来描述。像句子“琼斯等待绳子（Jones waits for the rope）”就能用多种名词化方式来表述，例如通过使用动名词词组（Jones's waiting for the rope），或使用前置代词“事实（the fact that）”（琼斯等待绳子的事实，这个“事实（the fact that）”通常只用于实际存在的情形，但我将广泛地使用它，涵盖不实际存在的情形）。为简单起见，我将假设（a）若有的话，所有名词化的陈述句描述同样的事态；（b）每一个陈述句代表一种且只代表一种事态；（c）每一种事态用一个且只用一个陈述句来描述。

现在，必要条件与充分条件的概念可以解释如下：假设“S1”、“S2”是某些事态的简略名词，“P1”、“P2”是相应地描述它们的简略陈述句。那么，说 S1 是 S2 的必要条件，等于说如果 P2 存在，则 P1 成立；说 S1 是 S2 的充分条件，等于说如果 P1 存在，则 P2 成立。

现在考虑这样一种提议：X 在做 Ax 时信赖于 Y 做 Ay（称这种情形为 SR），这个事实是 Y 有责任做 Ay（称这种情形为 SO）的必要条件。按照对必要条件概念的解释：如果 Y 有责任做 Ay，则 X 在做 Ax 时信赖于 Y 做 Ay。显然这种条件是假的，因为 SO 有许多充分条件，而这些充分条件与 SO 没有关系。假设 X 为了兑现自杀承诺爬到了窗户的边缘。他没有正当理由去自杀（他想自杀是由于暂时的、可治疗的精神抑郁），而其他人有理由希望他死。Y 跟在 X 后面进入房间，很容易把 X 拉回房间。X 没有意识到 Y 在他的后面，甚至没有意识到 Y 的存在。如果不是极不寻常的情况，Y 有责任——基于对 X 造成的伤害——挽救 X。但是 X 并不在依靠 Y 来救他，特别是，与该模型中条款（Ⅱ）和（Ⅲ）相反，Y 的干预将阻止而不是促进 X 的目标实现。因为他没有意识到 Y 的存在，该模型中条款（Ⅴ）的信念即 Y 将救他的信念是不存在的。假设该案例不涉及其他信赖的情形，所以 SR 不是 SO 的一个必要条件。

接下来考虑 SR 是 SO 的充分条件的情形。根据对充分条件概念的解释：如果 X 在做 Ax 时信赖于 Y 做 Ay，则 Y 有责任做 Ay。这个

---

① 与 J. Kim（1971）第 71 页比较：“必要性与充分性的关系似乎最适合财产和像财产一样的实体如一般事态和事件”。

条件也是假的。标准的反例是康德（Kant）习惯从事保健散步，如此有规律，以至于哥尼斯堡的人把他作为他们的钟表。① 假设这些人信赖康德在每天同一时间进行散步，从而认为康德有责任这样做是非常不合情理的。如果附加进一步的假设，那种主张会变得有一定道理。例如，康德打算让这些人信赖他，或者能合理地预见到他将造成这些人信赖他。直觉判断康德没有这种责任，与“总体责任”（on-balance obligation）情形比较，这种直觉判断较少确信“程度责任”（pro-tanto obligation，这里的主题）情形，② 但尽管如此，它确信这两种情形。所以 SR 不是 SO 的充分条件。

在这里及其他地方的讨论中，吁请慎重考虑责任的直觉判断，这并没有把这种辩论降低到纯假设性的程度（“如果这些判断是真的，那么信赖与责任之间的关系就是如此这般”），因为这样的判断在道理上都有独自的说服力。对责任提供一个普遍性的解释以支持这些判断不是我的目的，相反它们理性的说服力不要求那样。这不是说直觉判断是神圣不容置疑的。这正是常听说的来自校正均衡（reflective equilibrium）讨论的核心问题，它们在直觉与理论的辨证调和过程中得到修正（见引言中对模型的讨论）。③那些过于相信某个理论说明这里所拒绝的条件性关系的人能够把演绎推理（modus tollens）④ 应用于这种辩论而拒绝直觉判断。但是，为那种信念的优点找到合理的根源是困难的。

5.5.3 信赖作为责任之充分条件的必要部分

简单的必要与充分条件关系的问题在于它们使问题变得太容易：似乎存在更重大的问题，危如累卵，所以，需要对另一种关系进行界定以把握基本内容。我假设通过这样一种句型来描述这种关系：S1 是 S2 之充分条件之无关必要部分（简写为 inpsc）。这首先有利于界定更简单的充分条件之必要部分（npsc）。直觉观念能够通过更多方

① 见 Simmons（1981），这里样本被用于反驳 Postow 的“理性预期原则”，见 Postow（1981）。其他样本见 MacCormick（1992），第 198 页，Atiyah（1981），第 36 页。
② 关于两者的差别，见第 4 章 100 页脚注①。
③ 关于校正均衡，见 Daniels（1979）；Goodman（1973），第 65 ~ 68 页；Rawls（1972），第 20 页。
④ 推理原则是“非 P”可以从“（如果 P 则 Q）”和“非 Q”推出。

式来详细解释，我使用如下定义：

（NPSC）“S1 是 S2 之充分条件的必要部分”意味着，就事态 S3 而言，首先，如果 P1 和 P3，则 P2；其次，不存在如果 P3 则 P2 的情况。①

三点评论：第一，它是从上面概述的本体论得出，一个逻辑复合陈述句——如形式“P1 和 P3（P1 and P3）”——描述一种事态。第二，为简单起见，我忽略重复联结的可能情况，如“P1 和 P1 和 P3（P1 and P1 and P3）”，以及联结秩序中其他各种情况，所以能够讨论下一类陈述句的“the”连接词。第三，对 npsc 的一个可替代定义不同在于对该定义的第二个条件的否定形式，所以，不存在如果非 P1 和 P3（not-P1 and P3）则 P2 的情况。那种条件句的先行词是非 P1（not-P1），然而，我不考虑 P1 是否成立的问题。随细节变化，依据 npsc 的任一定义，完成对该论点的系统阐述。

现在可以提出对该问题进行认真阐述，所以，SR 是 SO 之充分条件的必要部分吗？但是，鉴于 npsc 的定义，回答是轻微肯定的。所以，按照这一表述，该问题简直太容易了，尽管现在——不像简单的必要性与充分性的情形——回答是肯定的，而不是否定的。作出轻微肯定回答的理由是每一事态是另一事态之充分条件的必要部分。假定有任意的 S1 和 S2。例如，S1 是 S2 之充分条件的必要部分，S2 的充分条件用“P1 和如果 P1 则 P2”来描述。因为，第一，如果 P1 和（如果 P1 则 P2），那么 P2，但是，第二，不存在如果（如果 P1 则 P2）那么 P2 的情况。同样，S1 是 S2 之任意充分条件的必要部分，通过“P1”和一个句子的连接描述，这个句子相当于一个必要条件，在这个必要条件中“P1”作为前提，“P2”作为结果。②

5.5.4 信赖作为责任之充分条件的无关必要部分

这些琐碎的情况需要从讨论中排除。它们有相同之处，在每一种

① 如果 Mackie 的 inus 条件概念根据这里提出的本体论来重写，那么，S1 是 S2 之充分条件的必要部分如果但非只要 S1 是 S2 的一个 inus 条件，见 Mackie（1974），第 62 页。（inus 定义：An insufficient but necessary part of a condition which is itself unnecessary but sufficient for the result。该定义也被称为马奇定义——译者注）

② “如果 P1 则 P2”，理解为必要条件，等价于“非既 P1 又非 P2”和“要么非 P1 要么 P2”。

情况下，描述S2之充分条件的句子与“P1”结合，并且“P1”是一个逻辑复合句的成分。那么，一个简单的解决办法应该是把讨论限制于充分条件的无关必要部分。所以界定如下：

（INPSC）“S1是S2之充分条件的无关必要部分”意味着S1是S2之某些充分条件的必要部分，不是通过“P1”与一个逻辑复合句结合成的句子来描述，“P1”是该逻辑复合句的成分。

这一解决办法或许需要进一步改进，特别是如果这种简化假设被遗漏，就使陈述句与事态之间的陈述关系变成一一对应关系，但这正好满足现在的目的。

现在问题如下：

（Q）SR是SO之充分条件的无关必要部分吗？

与（Q）一致的陈述句是：

（R）SR是SO之充分条件的无关必要部分。

进一步扩展为：

（S）X在做Ax时信赖于Y做Ay，这是Y有责任做Ay之充分条件的无关必要部分。

如果（S）为真，则对（Q）的回答为肯定；如果（S）为假，则对（Q）的回答为否定。（Q）和（S）是简略表达式，所以意味着一般表达式为：如果（S）的替代情形至少一个是假的，则（S）是假的。我将论证（S）的替代情形至少有一个是假的，从而对（Q）的回答为否定。所以，这一主张与——只是更令人感兴趣——对待必要性和充分性的简单关系的主张一样。

讨论中的替代情形取自MacCormick的样本：

（SUB）等待绳子的琼斯信赖麦克唐纳抓住绳子（称这种情形为SR*），这是麦克唐纳有责任抓住绳子之充分条件的无关必要部分（称这种情形为SO*）。

出于已经考虑的理由，坚持SR*本身既不是SO*的必要条件也不是SO*的充分条件似乎是合理的。但是可以设想这个样本暗含了更多的要素。琼斯相信麦克唐纳将抓住绳子是合乎情理的；麦克唐纳能够抓住绳子；如果麦克唐纳不抓住绳子，琼斯将受到严重伤害；如果麦克唐纳不抓住绳子，麦克唐纳相信琼斯将受到严重伤害是合理的；[①] 麦克唐纳有意让琼斯信赖他，或者麦克唐纳相信他正让琼斯信赖他是合理的。[②] 下面的句子作为此例的扩展：

（A）琼斯，在等待绳子，信赖麦克唐纳抓住绳子。

（B）对琼斯来说，相信麦克唐纳将抓住绳子是合乎情理的。

（C）麦克唐纳能够抓住绳子。

（D）如果麦克唐纳不抓住绳子，琼斯将受到严重伤害。

（E）麦克唐纳相信（D）是合乎情理的。

（F）麦克唐纳放低绳子。

（G）麦克唐纳放低绳子导致（A）是真实的。

（H）或：

（ⅰ）麦克唐纳放低绳子旨在（G）是真实的；

或：

（ⅱ）对麦克唐纳来说，相信（G）是合乎情理的。

显然，（A）—（H）的结合描述了麦克唐纳有责任抓住绳子的充分条件。也就是说，如果这种结合是真的，那么：

(J)[③] 麦克唐纳有责任抓住绳子。

与此相反，有人可能会说在这种结合之中需要增加一个附加句，以排除困扰这种充分性要求的可能环境。这样的句子将应用于 MacCormick 的样本中，像（A）—（H）一样自然，但是，对这样的环境是什么还不清楚，特别像“程度责任”（pro-tanto obligation）而不是“总体责任”（on-balance obligation）还在争论一样。继续探讨这种争论是没有必要的，因为充分性要求完全能够满足这种争论。

现在，SR*由（A）来描述，SO*由（J）来描述。根据对充分条件之无关必要部分（inpsc）的定义：SR*是 SO*之充分条件之无关必要部分，这通过（A）—（H）的结合来描述，当且仅当：

（α）如果（A）—（H）的结合是真，则（J）是真；

（β）不存在如果（B）—（H）是真则（J）是真的情况；并且

---

① 关于在过失侵权行为中预知性概念的中心作用，见 Rogers（1994），第 78 页。

② 关于民事侵权行为中债务的相关因果关系，见 Rogers（1994），第 6 章；Thomson（1994）。

③ 是“J”而不是“I”，避免与信赖模型第一个条款混淆。

（γ）（B）—（H）的结合不是一个逻辑复合句，（A）是该逻辑复合句的一个成分。

（α）已得到承认，（γ）是否为真取决于一个逻辑复合句概念在什么范围内应用：在标准逻辑常项（不，和，或，如果……那么……）的任何范围中（B）—（H）的结合不包含（A）的明确存在，但是可以论证（G）（麦克唐纳放低绳子导致（A）是真实的），所以这种结合在更广意义上是一个逻辑复合句，（A）是该逻辑复合句的成分。这里不需要对此进行仔细研究，因为似乎（β）是假的。就是说，如果（B）—（H）的结合是真，则（J）是真。所以，SR*不是SO*之充分条件的无关必要部分，SO*之充分条件的无关必要部分由（A）—（H）的结合来描述。假设如果SR*不是SO*之充分条件的无关必要部分，那么它也不是SO*之任何充分条件的无关必要部分（我称这一假设为“可争议假设”，将在下面对其进行辩护）。如果是那样的话，（SUB）是假的。所以，（S）是假的，对（Q）的回答是否定的。

5.5.5 可争议假设

可能的异议在于上述可争议假设似乎不合情理。SR*不是SO*的由（A）—（H）的结合来描述的充分条件之无关必要部分，唯一理由是（B）—（H）的结合等于这样一种严格要求：那就是为什么（β）是假的。但是可以弱化（B）—（H），尽管把（A）与弱化的（B）—（H）结合起来，（J）是真，但是不存在如果只有弱化的（B）—（H）结合而（J）是真的情形。所以，假定作相应的修正，（γ）为真，SR*是SO*之充分条件的无关必要部分，这由（A）与弱化的（B）—（H）结合来描述。所以，与前一节的论点相反，（SUB）为真。

为简单起见，我将通过对（B）—（H）的适当子集作出要求来分析这种异议。这里忽视了通过省去或修正部分句子弱化（B）—（H）的可能性。所以，被分析的这种异议说：

（δ）如果（A）与（B）—（H）子集的分句结合是真，则（J）是真；

（ε）不存在如果只有（B）—（H）子集的分句结合是真而

(J) 是真的情况；并且

(ζ) (B) — (H) 子集的分句结合不是一个逻辑复合句，(A) 不是该逻辑复合句的成分。

现在的问题是应该省去 (B) — (H) 中的哪一个产生 (δ) — (ζ) 的一个子集，使该子集为真。显然可以省去 (G) (麦克唐纳放低绳子导致 (A) 是真实的)，理由有两个：第一，省去 (G) 可以支持 (ζ)：(G) 被视为对相应无关条款 (γ) 的威胁。第二，(G) 需要 (A)。这种限定确保如果 (α) 为真，则 (β) 为假。但是，省去 (G) 显然是不够的，因为该子集包括剩余的句子，(ε) 是假的。就是说，如果 (B) — (F) 和 (H) 的结合为真，则 (J) 为真。所以，如果仅省去 (G)，则包含 (ε) 的情况与包含 (β) 的情况是一样的。

所以，异议者将会说省去 (B) — (H) 中的附加句以形成恰当的子集。一种意见是省去至少在内容上与 SR^* 紧密联结的三个句子：(C)、(D) 和 (E)。但是，这显然是矫枉过正，因为如果该子集包含那些剩余的句子，则 (δ) 是假的。就是说，不存在 (A)、(B)、(F) 与 (H) 结合是真而 (J) 是真的情况。我们不打算说麦克唐纳有责任抓住绳子，即使下面的要求——那种结合匹配——是真的：与 (C) 相反，麦克唐纳不能抓住绳子，因为他太虚弱了（他有责任抓住绳子的主张将违背“有责任”必须包含“能够”的原则），与 (D) 相反，如果麦克唐纳不抓住绳子，琼斯将不会受到严重伤害（附近的船赶过去救了她）。与 (E) 相反，麦克唐纳相信 (D) 是不合乎情理的（他能够看到船来了）。与 (G) 相反，麦克唐纳放低绳子不会导致 (A) 是真实的（琼斯的信赖有其他原因，例如第三者事先告诉她麦克唐纳将放低绳子）。所以，当根据提出的两种子集的任何一个来发展时，这种异议是失败的。相反，没有 (B) — (H) 的其他恰当子集再对异议者的情形有帮助。所以，由 (A) 与 (B) — (H) 中句子的结合所描述的事态没有一个是 SO^* 的充分条件，SR^* 是 SO^* 的无关必要部分。

异议者可能通过如下论证来加强攻击。为了寻找这种充分条件，没有正当理由限制对 (A) 与 (B) — (H) 中句子的结合所描述事态的搜寻。强加这种限制的唯一理由是这样的想法，即构成这种充分条件的任何事态必须在 MacCormick 的样本中获得。但是这种想法是错误的，因为一种事态能够成为充分条件，不在于它是否获得。所以，为了证明可争议假设，检讨在样本中获得的事态是不够的：这种假设要通过对所有事态进行检讨才能证明。但这样的检讨是不可能的。所以，可争议假设不可证明，上一节的论证无效。

然而，在这一点上，寻找证据的任务理所当然由异议者来承担。因为像任何是 SO* 的充分条件、SR* 是 SO* 的无关必要部分的事态一样，（A）与（B）—（H）中句子的结合所描述的事态作为可供选择的对象似乎是合理的。所以，鉴于事实上没有一种事态是这样一种充分条件，认为在其他所有事态中找不到这样的充分条件是合理的。异议者需要从不是那些句子的结合所描述的事态中找到一个，但是，除非提出合理的选择对象，否则可争议假设是可接受的。所以，上一节的论证成立。

5.5.6 结论的扩展

结论是 SR 不是 SO 之充分条件之无关必要部分。现在问题产生了，这个结论是否能够扩展到道德上的概念而不是责任上的概念。我将仅提供一些初步想法。

道德上的概念似乎是一个不断增长的层级结构，如果说概念 C1 比概念 C2 要严格，等于是说如果（但并非只要）C1 适用，则 C2 就适用。因此，说应用 C1 的句子比应用 C2 的句子更严格，等于是说如果（但并非只要）前一句为真，则后一句就为真。道德概念的层级通过应用它们的句子很容易得到阐明：

（REA）存在 Y 做 Ay 的一个理由；

（SPT）Y 可以（should）有“程度责任”做 Ay；

（SOB）Y 可以（should）有“总体责任”做 Ay；

（OPT）Y 应该（ought to）有“程度责任”做 Ay；

（OOB）Y 应该（ought to）有“总体责任”做 Ay；

（LPT）Y 有法律上（is obliged to）的“程度责任”做 Ay；

（LOB）Y 有法律上（is obliged to）的“总体责任”做 Ay；

（DPT）Y 有职责上的（has a duty）“程度责任”做 Ay；

（DOB）Y 有职责上的（has a duty）“总体责任”做 Ay。

例如，（LPT）似乎比（OPT）更严格，因为说某人有法律上的责任做某些事情，等于是说他不仅应该做，而且必须做。[①] 依次类推，认为（DPT）比（LPT）更严格是合理的，根据在于前者意味着Y的责任来自于Y的某些职位、角色或职能。然而，在所列的句子中，不是每一句都比前面的句子更严格。更准确地讲，这种观点似乎是涉及"程度责任"的每个句子比其先前涉及"程度责任"的句子更严格，涉及"总体责任"的每个句子比其先前涉及"程度责任"与"总体责任"的句子更严格，但是，涉及"程度责任"的句子既不比先前处于中间状态涉及"总体责任"的句子更严格，也不比它更弱。例如，不存在如果（LPT）Y有法律上的"程度责任"做Ay而（OOB）Y应该（ought to）有"总体责任"做Ay的情形，或者相反。

我已论证SR不是（LPT）所描述事态之充分条件的无关必要部分。这个结论是否能够被扩展在于是否能够解决一系列问题，这是（REA）—（DOB）中其他句子面临的共同问题。在每一种情形下，问题在于SR是否是争论中的那个句子所描述事态之充分条件的无关必要部分。不存在把这种"充分条件之无关必要部分（the relations …is an inpsc of…）"的关系与"比……更严格（…is stronger than …）"的关系连接起来的简单原则，使得从已经解决的情形推理到其他情形成为可能。特别是，下面两种形式的推论是无效的：（a）S1是S2之充分条件的无关必要部分，如果（但非只要）P2成立，则P3成立，所以S1是S3之充分条件的无关必要部分；（b）S1是S2之充分条件的无关必要部分，如果（但非只要）P3成立，则P2成立，所以S1是S3之充分条件的无关必要部分。假设这种条件的传递——如果"是充分条件"，则（a）是有效的；如果"是必要条件"，则（b）是有效的——是替代"充分条件的无关必要部分"，但是充分性与必要性的简单关系已经被拒绝。所以，各种情形需要分别考虑。

SR不是（LPT）所描述事态之充分条件的无关必要部分的结论很容易推及到（LOB）：所需要的假设是在MacCormick的样本中麦克

---

① 见Warnock（1971），第94页。对照Pietroski（1993），第490、497页。

唐纳不须服从其他任何“程度责任”来否决他抓住绳子的责任。

至于（REA），说如果 X 在做 Ax 时信赖 Y 做 Ay，则存在 Y 做 Ay 的理由，这是非常合理的。在这种情形下，SR 是（REA）所描述事态的充分条件。但另一方面，SR 是这种充分条件的无关必要部分。所以，（LPT）的结论不能推及到（REA）。

至于（OPT），Raz 已经论证当且仅当存在 Y 做 Ay 的理由时则 Y 应该（ought to）做 Ay。他根据语法规则解释了这两种主张之间的差异。[①] 在“应该”（oughto）负有“程度责任”的情况下，这种等同关系是非常合理的，依据同样的道理，能够推及到“可以”（should）负有“程度责任”的情形。[②] 如果这种被扩展的等同关系是真的，在（SPT）和（OPT）情形中的主张与在（REA）情形中一样，亦即（LPT）的结论既不能推及到（SPT），也不能推及到（OPT）。如果这种被扩展的等同关系是假的，就得不到清晰的结论，但至少可以说（SPT）或（OPT）在含义上越接近（LPT），那么推断（LPT）的结论扩展到（SPT）和（OPT）就越有道理。[③]

现在剩下（SOB）、（OOB）、（DPT）和（DOB）。我的假设是（LPT）的结论推及到所有这些情形，因为 MacCormick 的样本（正如扩展了的情形）能够得到进一步修正，从而证实 SR 不是它们任何一个所描述事态之充分条件的无关必要部分。

5.5.7 道德与法律中信赖的重要性

我已经论证 SR 不是 SO 之充分条件的无关必要部分，更不用说是 SO 的必要或充分条件，但这是微不足道的。在这个程度上，信赖在道德上的重要性并不比在本附录开始提出的要素更重要。所以，赋予信赖在道德与法律上的重要性，需要有正当理由。它在法律上的重要性，部分可以通过对公共政策的考虑来解释，正如前面所提到的。公共政策可能超越道德的范畴，但是有两个理由说明它在道德与法律上的重要性：首先，前一节提出的初步结论。SR 是 Y 做 Ay 的充分

① Raz（1977），第210页，（1990），第28～33页。

② Raz 说他论证的这种等同关系意味着“‘应该’表示‘道德上应该’的意识”，见 Raz（1977），第210页。

③ Warnock 可能会说 SR 是（OPT）所描述事态之充分条件的无关必要部分，但不是（LPT）所描述事态之充分条件的无关必要部分，见 Warnock（1971），第101页。

条件——并且如果 Raz 扩展的等价关系是真的——也是 Y 可以（should）有“程度责任”和应该（ought to）有“程度责任”做 Ay 的充分条件。其次，在通常情况下，如果 SR 被具体列示，附加要素是存在的，不管是否存在 SR 的情形，附加要素构成相应 SO 情形的充分条件。这在 MacCormick 的样本中可以看到：自然可以设想它暗合一些附加要素，这些要素共同构成 SO* 的充分条件。之所以是自然的，原因在于这些要素在信赖情形中是共同的。所以，信赖是责任的一个非常可靠的标志。这种显示关系在指导道德与法律上的责任判断上是有用的。

第 6 章

从独立行动到合谋的序列

6.1　概述

反垄断始终存在的一个问题是怎样解决从独立行动到合谋的序列。在此序列内任何一点上的行动都可能是反竞争的，但不同的干预方式适合不同的点。在此序列中合谋这一端适用 EC 81 款的规定或英国《竞争法（1998）》第 2 节的规定以及美国《谢尔曼法》第 1 节的规定。这些法律涉及协议、协同行为和串谋的问题。在独立行动这一端，多种方法都是有效的。比如市场调查，正如《公司法》第 4 章规定的；管制，正如在公共事业上的应用；如果市场支配力量成为一个问题，那么应用 EC 82 款或英国《竞争法（1998）》第 18 节以及美国《谢尔曼法》第 2 节的规定（随着集体控制力量而非单个支配力量的产生，越发趋向于合谋）；[①] 如果存在集中的问题，那么应用兼并控制。

这一序列中间包含着难以处理的情形，尤其是寡头垄断问题。如第 5 章所讲的那样，在某些情况下，寡头垄断显示的是反竞争的相似行为，但这种行为源于按个体标准作出的抉择，进而被描述为合理的。[②] 一个问题是：适用于合谋的干预措施是否能在不扭曲法律概念的前提下延伸到这些情形，如果能，那么延伸到哪些情形。[③] 法律和事实之间的关系存在一个更深层次的问题：法律的差别通常是二元的，而它们被应用到的事实的差别只是程度的问题（这种差别就导致了美国反垄断法中合理推定原则的使用，见第 3 章）。比如，一种情形是否适用 EC 81 款，只有肯定或否定两种回答（鉴于违反的潜在后果，那么知道事实真相是重要的），然而法律工作者要处理的事实却有着多维度的考量：对州际贸易的影响程度，对竞争的限制程度（现在要考虑的），与典型的协同行为和协议情形的近似程度。

为了形成关于哪种干预措施适合于此序列中哪一点的原则性观点，对这种序列本身的理解是必需的。权威当局和理论文献都没有提及这点。如第 5 章所讲，问题部分来自于词汇的普遍乱用，尤其是以“co”开头的一组词（concert（一致），cooperate（合作），coordinate（协调），concord（和谐），correlate（关联），collude（共谋），conspire（合谋），consensus（共识））。这些词汇在反垄断中经常用到，但更多的是在经济学和博弈论中使用，然而对于它们的含义及相互关系则没有说明。[④] 最后一章的目的就是使用第 5 章的材料进行建模，以确定不同行为在此序列中的位置及相互关系。我偏爱使用“关联”一词，并把不同行为作为关联等级来描绘。广义上，就充分性而非必要性而言，每一级都比前一级关联更加紧密。然后我利用这

---

① 关于集体控制的标记，见案例 T－342/99，*Airtours plc* 诉 *Commission*［2002］ECR Ⅱ－2585，［2002］5 CMLR317，第 62 段。

② Posner（2001），第 3 章；Scherer 和 Ross（1990），第 6—9 章；Whish（2003），第 14 章。

③ 一审法院对单边行为适用 EC81 款施加了限制，见案例 T－41/96，*R. Bayer AG* 诉 *Commission*［2001］CMLR 176。

④ 见例如 Baird 等（1994），第 5 章；Phlips（1995），第 2、15 页；Soames（1996），受到 Black（1996a）的批判。

些结果引入一些术语规则，[①] 并解释寡头问题和相关的“协调效应”概念（欧盟委员会关于横向兼并评估的指南中使用的概念）。在讨论欧盟委员会的指南时也将包含对 *Airtours*（空中旅游公司）判决的评论。

6.2 关联等级

跟前面一样，为简单起见，我们只考虑两个当事人 X 和 Y，他们各自的行动是 Ax 和 Ay。我在大多数情况下只会考虑相互性，比如 X 信赖于 Y，Y 信赖于 X。

第一级的关联是不相关：

（1）X 做 Ax；

（2）Y 做 Ay。

双方的行动是完全独立的，比如，X 既不期望 Y 做 Ay，也不信赖于 Y 做 Ay。我们称之为独立行动。

第二级是彼此相信，如果（3）、（4）是对（1）、（2）的补充：

（3）X 相信 Y 做 Ay；

（4）Y 相信 X 做 Ax。

所以，（1）—（3）和前面章节中协同行为的 Grice 模型的前三个条件是一样的。正如这里所解释的，相信包含了期望。彼此相信可以加强到各种程度，因此相信可以用有正当理由的相信来代替（理由可以是行动或者口头的，见第 1 章），或者用知识来代替，或者用迭代法（比如 X 相信 Y 相信），或者用共同概念，比如共同知识。（共同概念不过是迭代的一种特例，此时为无穷迭代。）彼此相信也可能减弱，比如 X 和 Y 仅仅是希望而非相信。

第三级是彼此信赖，（1）、（2）被（5）、（6）取代：

（5）X 做 Ax，信赖于 Y 做 Ay；

（6）Y 做 Ay，信赖于 X 做 Ax；

对信赖的理解如同第 5 章的模型所阐述的。（5）和（6）取代（1）和（2），而非像（3）和（4）是对（1）和（2）的补充，因

① 秩序的其他意见见 Faull 和 Nikpay（1999），第 1 段，第 76 页；Ullmann-Margalit（1977），第 129 ~ 133 页；Whish（2003），第 505 页，第 508 ~ 509 页。

为（5）、（6）成立，必有（1）、（2）成立。

彼此信赖比彼此相信意义要强（但并不一定比后者所有的变化形式要强），因为（3）仅仅相当于信赖模型的一个条件（V）（见第5章）。只要在我们对此概念直觉理解的模糊边界内对信赖模型进行修改，彼此信赖同样可以被加强或者减弱，正如第5章所描述的。

在（5）、（6）的基础上增加以下条款，用共同目标增强彼此信赖：

（7）X信赖于Y做Ay，有目标Gx；

（8）Y信赖于X做Ax，有目标Gy；

（9）Gx = Gy。

正如第5章，我忽略了"确定什么时候目标是相同的"这个潜在困难——在第1章所描述的。

第四级是具有共同目标和知识的彼此信赖。附加的两个条件是：

（10）X知道（5）—（9）；

（11）Y知道（5）—（9）。

同样，用已经考虑的其他情形替代知识，这些彼此信赖也可以增强或者减弱。如后面所表明的，某些减弱对寡头问题的解决很重要。

联合行动，如第5章所讨论的，包括（5）—（11）和：

（12）（10）为真，部分地因为Y将（6）和（8）传达给X；

（13）（11）为真，部分地因为X将（5）和（7）传达给Y。

信息传递的概念在寡头问题中同样是重要的（见下面）。信息传递的概念在此序列中又产生了序列，因为，正如先前阐述的，信息传递也有形式和程度之分。

第5章论证了协同行为在EC 81款的意义范围内是联合行动的特例。大家不禁认为通过增加更多的条件对协议模型化就成了联合行动模型，但如第5章所论证的，联合行动对协议而言既非充分的也非必要的。因此，将协议看做关联的最高等级，构成此序列的一端是一种误解，此序列的另一端是独立行动。最好降低协议在此序列中的位置。（比较前面的观点，协同行为不应被看做是减弱的协议）。

6.3 应用

《欧盟委员会关于横向兼并[①]评估的指南》（简称《指南》）将协调效应与非协调效应区分开来（第24—27段），但并未对协调进行定义。《指南》的第40段区分了不同形式的协调，但并没有解释什么是协调。第42段引入了协调的“条件”这一概念，说到条件也就表明协调类似于协议——在第42段中出现了“达到”条件的措辞支持这种意见——但是这个意见受到《指南》第39段的反驳，第39段从 *Airtours* 和 *Gencor*[②] 案中得出结论：在EC81款的含义内，协调在没有协议或者协同行为的情况下也可以存在。也许，协调的条件应该不仅是承诺（承诺可能构成协议，正如第4章模型所讨论的），而且是前瞻性的条件：如果一方这么做，则另一方那么做。这和《指南》第44段中的陈述一致：“如果企业能就协调如何工作达成一致，那么协调就出现了。”委员会如何看待协调与其条件之间的关系是不确定的：也许协调就是行为与条件的一致。

《指南》第41段指出了协调可持续的三个必要条件。它们源自 *Airtours* 案判决的第61段，在那里它们被看做是裁决集体控制力量的必要条件。这就提出而不是回答问题：集体控制力量与可持续性协调是否同一回事？简而言之，条件是：（a）企业监督彼此行为的能力；（b）存在威慑力量；（c）局外人无力破坏结果。与 *Airtours* 案偏离最大的是（b），《指南》将（b）看做可持续性协调的一个条件，而 *Airtours* 案把条件说成：协调必须是可持续的。也就是说，在 *Airtours* 案中可持续性协调是一个条件，而在《指南》里要给可持续性协调设置条件。在 *Airtours* 案的版本中，省略了一些词，在下面的引用中，它们用斜体表示，省略的词用下划线划出：

默示协调的情形必须是可持续的，<u>也就是说，</u>必须要有一个激励使其不偏离共同的政策……<u>所以，</u>该条件内在地包含对偏离共同政策

① 根据委员会关于在企业之间集中控制的规章指导横向兼并的评估，2004/C 31/03，OJ C31/5，5.2.2004。

② Airtours（174页脚注①），第61段；案例T－102/96，*Gencor Ltd.* 诉 *Commission*［1999］ECR Ⅱ－753，［1999］4 CMLR 971，第277段。

的行为进行报复的概念……必须有足够的威胁……这意味着每个成员……必须意识到自己的激烈竞争行为……将激起对手同样的行为。

尽管在考虑兼并控制的情况下，这些事情通常会一起发生，但这种表达仍然令人费解，因为至少在理论上它们可以单独存在。这种可能性可以通过扩展定义来排除，因此欧盟委员会出版的《指南》草案中使用了一个广义的“威慑力量”：

当有人背叛时，如果企业想使协调中断足够长的时间，因此回到非协调的结果，这本身就构成一个威慑机制。[①]

当提到“默示（tacit）”协调时，这个观点就更加令人费解了。明示协调与默示协调之间的差别，和合谋协调与非合谋协调之间的差别是否一样（这个概念出现在《指南》的草案中，[②] 但没有出现在《指南》的终稿中）？或者这种差别既适用于合谋协调，也适用于非合谋式协调？或者只适用于后者？“默示”协调是协调吗？或者仅仅像玩具鼠是老鼠这么一回事而已吗？第二种理解是，“默示”做定语，有“似乎”的意思，“默示协调”意味着行为似乎是协调，但并不是协调。（比较第5章的默示交流。）

这三个条件最接近《指南》来解释什么是协调，但它们可以用不同方式来解释。它们是作为必要条件提出来，但把它们结合是否也可以作为充分条件呢？它们是什么种类的条件？这里有四种可能性（对应第4章讨论 *Ghosh* 案的四种分类）：它们定义协调的含义，或者作为对协调的分析或检验，或者是协调的某些其他类型的条件。将这几个条件当作定义或者分析是不能令人满意的，理由有两个：首先，这些条件的满足应该不等于协调，而是可持续性协调，这就意味着条件不满足时，仍然可能出现非可持续性协调。其次，定义或者分析将是循环论证的：第一个条件写道“协调的企业必须能监督……协调的条款是否被遵守”（比较对 *Ghosh* 案的循环论证质疑）。

Airtours 案第62段将这些条件当作检验来解释，它说道“它们对集体控制的裁决是必要的”，它还讲到了证明和证实。鉴于《指南》第41段将条件仅仅看做“必须满足以使协调是可持续的”，可见委

---

① 根据委员会关于在企业之间集中控制的规章，起草委员会关于横向兼并评价的通知 OJ C331/18，31.12.02，第61段。

② 见178页脚注①，第61段。

员会并不是将条件看做检验。最好的解释应该是《指南》将条件看做原因：在《指南》最初的版本中是说条件的满足产生协调，但因果关系远不止这么简单。然而，问题在于因果关系并不能解释什么是协调。有人也许会说这无关紧要，因为协调有一个确定的含义，但在这种语境中它的含义太不清晰，所以这种回应不能让人满意。

利用关联等级对含义进行限定，可以将意思讲清楚。我认为X与Y合谋意味着X与Y要么有协议，要么有协同行为，如第4、5章的模型所讨论的。这同样适用于合谋协调。非合谋协调——在《指南》第39段承认的（见上）——是彼此信赖，或在某些情况下彼此相信，具有共同目标和知识（关于共同目标和知识的条款运用于彼此相信需要修改），或具有一些淡化的知识条件，如前面描述的。《指南》草案提到了“彼此协调”：① 这如果不是冗语，那么意味着协调（合谋的或非合谋的）。“非彼此协调”如果不是矛盾说法，可以用来描述一方根据另一方的行为调整行为，但反之不成立：这相当于在模型中仅考虑X。至于明示协调与默示协调之间的差别，我建议放弃这一说法：要么这个差别等同于合谋协调与非合谋协调之间的差别——在这种情况下附加条件引起混淆——要么在这种语义背景下“明示”与“默示”的含义不清楚。

这些建议如何适合《指南》？假设《指南》第42段本意是三个条件都满足是非合谋式协调的必要原因，也就是具有共同目标和知识（可以对知识条件淡化一些）的彼此信赖（或相信）的原因。至于第一个条件（监督），假定X做Ax和Y做Ay，就是遵守了协调的条件。给定合理的背景假设，可以说X监督Y是否做Ay的能力是（10）成立的一个必要原因（X知道（5）—（9）），相应的，可以说Y监督X是否做Ay的能力是（11）成立的一个必要原因（Y知道（5）—（9））。为了适应缺乏知识的案例，（10）和（11）削弱得越多，为了证明必要性的合理，背景假设就越强。例如，需要更强的假设排除Y不能监督X时仅仅相信（7）（X信赖Y做Ay，有Gx）的可能性。具有共同目标和知识的彼此信赖模型为第一个条件提供了一个合格基础。

---

① 见178页脚注①，第41段。

至于第二个条件，模型并不支持威慑的存在是非合谋协调的一个必要原因。[①] 但是，给定合理的背景假设，对于模型涉及兼并控制的特定情形，这个命题是成立的。因为在这些情形中，X 与 Y 通常选择搭便车而不是各自做 Ax 和 Ay：威慑可以防止搭便车。同样，尽管第三个条件没有被模型说明（局外人的破坏），但它也可以应用到相关情形。

非合谋协调不满足信息交流的条件（12）和（13），这一观点（暗含在前面对含义的限定中）导致了一个困境，因为《指南》似乎允许协调包括彼此交流，所以《指南》第 47 段写道："市场环境越复杂，就越需要透明度或信息交流以达到对协调条款的共同理解。"[②] 对这一困境有两种回应方式。一种是将（12）和（13）中狭义的"信息交流"和《指南》中广义的"信息交流"区分开来。如第 5 章所解释的，"信息交流"最基本的意思是一个人通过语言将事情告诉另一人，他们都能理解词语的通常意义。最广泛的意思则包括这种情况，也包括另外更简练的情况：一个人仅仅让别人相信某事。（12）和（13）的意思以及《指南》的意思属于两个极端之间的不同点。另一种回应就稍微不太仁慈，认为欧盟委员会混淆了合谋协调与非合谋协调的区别。

非合谋协调至少涉及造成寡头垄断问题的一些情形：可以说其中的一些说明了（5）—（11），但并没说明（12）和（13）（如果双方在相关方面有信息传递，则会产生协同行为[③]）。而另外的一些说明了（5）—（9），以及减弱的知识条件（10）和（11），因为双方缺乏知识：寡头通常不得不依靠对对方行为的脆弱推断。将非合谋协调定义成具有共同目标和知识（知识的条件可以减弱）的彼此信赖或者彼此相信，有利于划定有疑问情形的边界。但它并不是要像法律或者政策那样去回答这些情形如何解决的问题，这也不是本章的目

① 第 5 章有不同的观点，认为协同行为模型与彼此威慑的观点相适应，因为这是 X 相信 Y 做 Ay 的理由（在依赖模型中得以说明）。当协同行为弱化成非合谋式协调时，该观点仍然成立，因为弱化并没有去除信赖条件，即（5）和（6）。

② 我们并不清楚"透明度或信息交流"是意味着"要么透明度，要么信息交流"，还是"透明度，即信息交流"。第 53 段支持前者，当企业能观察彼此的行为时，它提到的是透明度，因为观察不等于信息交流；第 51 段也支持前者，它提到一些描绘成信息交流的行为可以提高透明度，如果信息交流和透明度是一回事，那么"可以"就成为重复多余的。另一方面，"可以"可能是说在某一方面提高，综合考虑时可能会减少。

③ 寡头合谋中信息交流的重要性，见 Scherer 和 Ross（1990），第 345 页。

的。这一问题产生的一个困难是，给定不同形式和程度的信息传递，在实践中很难将这些情形和协同行为区别开来。这一事实也被用来支持存在争议的观点：至少某些非合谋协调应该用适用于合谋的干预措施进行处理。

先前列出的以“co”开头的词有“cooperate（合作）”、“concord（和谐）”、“conspire（合谋）”、“consensus（共识）”。“合作”已经成为博弈论的一个专门术语，合作博弈是参与者有完全的自由预先进行信息交流，缔结有约束力的协议。[①] 这个意义上的合作不与任一级别的关联匹配，也不是反垄断关注的对象（这并不是要否认博弈论，博弈论尤其是非合作博弈理论对该领域还是很有价值的[②]）。一种选择就是利用定义中提到的交流，将合作看做联合行动；[③] 另一种选择同样利用定义，将合作看做协议。但两者都只是术语重复，对增加博弈论所作定义的含义并无助益。“concord（和谐）”和“consensus（共识）”都被用来描绘协同行为这一概念，但它们对解释这一概念毫无助益，[④] 所以最好弃之不用。“conspire（合谋）”与“collude（共谋）”的含义相同。

---

① 见第5章，144页脚注⑤。

② Faull和Nikpay（1999），第1段，第77~104页；Phlips（1995）。

③ 假定协同行为是联合行动的特例，并且依赖于“明显的”有目的的力量，这种说法就和Phlips的说法冲突，Phlips认为协同行为可以在没有双方的明显合作时存在，见Phlips（1995），第2页。

④ 见第5章的开始部分。在那里，Phlips将协同行为描绘成“意愿一致”，Faull和Nikpay认为协同行为的存在必须有“双方共识”。

参考文献

Achinstein, P. 1983. The Concept of Evidence. Oxford: Oxford University Press.

Acton, H. 1993. 'The Morals of Markets: An Ethical Exploration'. In H. Acton, The Morals of Markets and Related Essays. Indianapolis: Liberty Press.

Alexander, L. 1985. 'Pursuing the Good—Indirectly'. Ethics 95.

Allingham, M. 2002. Choice Theory: A Very Short Introduction. Oxford: Oxford University Press.

Alston, W. 1989. 'Varieties of Privileged Access'. In W. Alston, Epistemic Justification: Essays in the Theory of Knowledge. Ithaca: Cornell University Press.

Altham, J. 1985. 'Wicked Promises'. In I. Hacking (ed.), Exercises in Analysis: Essays by Students of Casimir Lewy. Cambridge: Cambridge University Press.

Anonymous. 1983. ‘Fixing the Price Fixing Confusion: A Rule of Reason Approach’. Yale Law Journal 92.

Archard, D. 1993. ‘Self-Justifying Paternalism’. Journal of Value Inquiry 27.

Ardal, P. 1976. ‘Promises and Reliance’. Dialogue 15.

Areeda, P. 1985. ‘The Changing Contours of the Per Se Rule’. Antitrust Law Journal 54.

1989. Antitrust Law: An Analysis of Antitrust Principles and Their Application. Boston: Little, Brown.

Arneson, R. 1998. ‘Paternalism’. In E. Craig (1998), vol. 7.

2002. ‘The End of Welfare As We Know It? Scanlon Versus Welfarist Consequentialism’. Social Theory and Practice 28.

Arrow, K. 1951. ‘An Extension of the Basic Theorems of Classical Welfare Economics’. Proceedings of the Second Berkeley Symposium. Berkeley: University of California Press.

1963. Social Choice and Individual Values (2nd edition). New Haven: Yale University Press.

Atiyah, P. 1979. The Rise and Fall of Freedom of Contract. Oxford: Clarendon Press.

1981. Promises, Moral, and Law. Oxford: Clarendon Press.

1986. Essays on Contract. Oxford: Clarendon Press.

Audi, R. 1989. Practical Reasoning. London: Routledge.

Aumann, R. 1976. ‘Agreeing to Disagree’. Annals of Statistics 4.

Austin, J. 1962. Sense and Sensibilia. London: Oxford University Press.

Bach, K. 1995. ‘Terms of Agreement’. Ethics 105.

Baier, A. 1985. Postures of the Mind. Minneapolis: Minnesota University Press.

Baird, D., H. Gertner and R. Picker. 1994. Game Theory and the Law. Cambridge, MA: Harvard University Press.

Barry, B. 1973. Political Argument. London: Routledge and Kegan Paul.

1986. ‘Lady Chatterley's Lover and Doctor Fischer's Bomb Party: Liberalism, Pareto Optimality, and the Problem of Objectionable Preferences’. In Elster and Hylland(1989a).

Beale, H., et al. (eds.). 1999. Chitty on Contracts(28th edition). vol. 1. London: Sweet & Maxwell.

Beals, A., and B. Siegel. 1966. Divisiveness and Social Conflict. Palo Alto: Stanford University Press.

Beard, D. 2003. ‘The Cartel Criminal Offence’. Competition Law Journal 2.

Beatson, J. 1987. ‘Benefit, Reliance and the Structure of Unjust Enrichment’. Current Legal Problems 40.

Benn, S. 1971. ‘Freedom, Autonomy, and the Concept of a Person’. Proceedings of the Aristotelian Society 12.

Bennett, J. 1976. Linguistic Behaviour. Cambridge: Cambridge University Press.

Benson, P. (ed.). 2001a. The Theory of Contract Law. Cambridge: Cambridge University Press.

2001b. ‘The Unity of Contract Law’. In Benson(2001a).

Bentham, J. 1948. An Introduction to the Principles of Morals and Legislation. Oxford: Blackwell.

Berkowitz, L. 1962. Aggression: A Social Psychological Analysis. New York: McGraw-Hill.

Bernstein, M. 1998. ‘Well-Being’. American Philosophical Quarterly 35.

Beschle, R. 1987. ‘“What Never? Well, Hardly Ever”: Strict Antitrust Scrutiny as an Alternative to Per Se Antitrust Illegality’. Hastings Law Journal 38.

Binmore, K. 1994. Playing Fair. Cambridge, MA: MIT Press.

1998. Just Playing. Cambridge, MA: MIT Press.

Binmore, K., and A. Brandenburger. 1990. ‘Common Knowledge and Game Theory’. In K. Binmore(ed.), Essays on Foundations of Game Theory. Oxford: Blackwell.

Bishop, S., and M. Walker. 2002. The Economics of EC Competition Law: Concepts, Application and Measurement. London: Sweet & Maxwell.

Black, O. 1987a. 'Induction and Experience: An Alleged Infinite Regress'. Fundamenta Scientiae 7.

1987b. The Infinite Regress of Justification. PhD thesis, University of London.

1988. 'Infinite Regresses of Justification'. International Philosophical Quarterly 28.

1992. 'Communication and Obligation in Arrangements and Concerted Practices'. European Competition Law Review 13.

1993. 'Competition and Negative Obligation'. European Competition Law Review 14.

1994a. 'Ends, Desires and Rationality'. International Philosophical Quarterly 34.

1994b. '"Most Favoured Customer" Clauses: Aplication of the Restrictive Trade Practices Act 1976'. European Competition Law Review 15.

1995a. 'Accepting a Relevant Restriction by Accepting Something Else'. European Competition Law Review 16.

1995b. 'What Is the Difference Between a Term and a Restriction? —Associated Dairies and the Scope of Section 9(3) RTPA'. European Competition Law Review 16.

1996a. 'Concertation and Coordination: A Distinction without a Difference?' European Competition Law Review 17.

1996b. 'Legal Validity and the Infinite Regress'. Law and Philosophy 15.

1997. 'Per Se Rules and Rules of Reason: What Are They?' European Competition Law Review 18.

1998. 'The Relation Between Reliance and Obligation'. In P. Kampits et al. (eds.), Applied Ethics. Kirchberg am Wechsel: Austrian Ludwig Wittgenstein Society.

2002. 'What Makes Me the Person I Am'. Dialegesthai,

November 2002.

2003a. 'Collusion and Coordination in EC Merger Control'. European Competition Law Review 24.

2003b. 'Concerted Practices, Joint Action and Reliance'. European Competition Law Review 24.

2003c. 'Grades of Correlation: The Spectrum from Independent Action to Collusion, and Its Implications for Antitrust'. Competition Law Journal 2.

2003d. 'Independent Promises and the Rescission of Contracts'. Legal Studies 23.

2003e. 'Infinite Regresses, Infinite Beliefs'. In W. Loffler and P. Weingartner (eds.), Knowledge and Belief. Kirchberg am Wechsel: Austrian Ludwig Wittgenstein Society.

2003f. 'Joint Action, Reliance and the Law'. King's College Law Journal 14.

2003g. 'What Is an Agreement?' European Competition Law Review 24.

2004a. 'Agreements, Undertakings and Practical Reason'. Legal Theory 10.

2004b. 'Reliance and Obligation'. Ratio Juris 17.

Boadway, R., and N. Bruce. 1984. Welfare Economics. Oxford: Blackwell.

Boardman, W. 1987. 'Coordination and the Moral Obligation to Obey the Law'. Ethics 97.

Bock, B. 1990. 'An Economist Considers Some Basic Issues of Antitrust Law in the United States'. European Competition Law Review 11.

Bork, R. 1965. 'The Rule of Reason and the Per Se Concept: Price Fixing and Market Division' (Part 1). Yale Law Journal 74.

1966. 'The Rule of Reason and the Per Se Concept: Price Fixing and Market Division' (Part 2). Yale Law Journal 75.

1978. The Antitrust Paradox. New York: The Free Press.

Boulding, K. 1962. Conflict and Defense. New York: Harper.

Brandt, R. 1979. A Theory of the Good and the Right. Oxford: Clarendon Press.

1982. 'Two Concepts of Utility'. In Miller and Williams(1982).

Bratman, M. 1999a. Faces of Intention. Cambridge: Cambridge University Press.

1999b. 'I Intend That We J'. In Bratman(1999a).

1999c. Intentions, Plans, and Practical Reason. Stanford: CSLI Pubications.

1999d. 'Shared Cooperative Activity'. In Bratman(1999a).

1999e. 'Shared Intention'. In Bratman(1999a).

Brickman, P. , and D. Campbell. 1971. 'Hedonic Relativism and Planning the Good Society'. In M. Appley (ed.), Adaptation-Level Theory: A Symposium. New York: Academic Press.

Brickman, P. , et al. 1978. 'Lottery Winners and Accident Victims: Is Happiness Relative?' Journal of Personality and Social Psychology 36.

Bright, C. 1995. 'Deregulation of EC Competition Policy: Rethinking Article 85(1)'. New York: Fordham Corporate Law Institute.

Brock, D. 1993. 'Quality of Life Measures in Health Care and Medical Ethics'. In Nussbaum and Sen(1993).

Broome, J. 1979. 'Choice and Value in Economics'. Oxford Economic Papers 30.

1991a. 'Utility'. Economics and Philosophy 7.

1991b. Weighing Goods: Equality, Uncertainty and Time. Oxford: Blackwell.

2000. 'Normative Requirements'. In J. Dancy(ed.), Normativity. Oxford: Blackwell.

2001a. 'Are Intentions Reasons? And How Should We Cope With Incommensurable Valuse? In C. Morris and A. Ripstein(eds.), Practical Rationality and Preference: Essays for David Gauthier. Cambridge: Cambridge University Press.

2001b. 'Normative Practical Reasoning'. Proceedings of the

Aristotelian Society, Supplementary Volume 75.

2002. 'Practical Reasoning'. In J. Bermudez and A. Millar(eds.), Reason and Nature: Essays in the Theory of Rationality. Oxford: Oxford University Press.

2004. 'Reasons'. In R. Wallace et al. (eds.), Reason and Value: Essays on the Moral Philosophy of Joseph Raz. Oxford: Oxford University Press.

Brownson, W. 1974. 'The Structure of Competition in the School and Its Consequences'. Philosophy of Education 30.

Brunet, E. 1984. 'Streamlining Antitrust Litigation by "Facial Examination" of Restraints: The Burger Court and the Per Se Rule of Reason Distinction'. Washington Law Review 60.

Buchanan, A. 1985. Ethics, Efficiency, and the Market. Totowa: Rowman & Allanheld.

Buchanan, A., and D. Brock. 1990. Deciding for Others: The Ethics of Surrogate Decision Making. Cambridge: Cambridge University Press.

Burrows, P. 1993. 'Patronising Paternalism'. Oxford Economic Papers 45.

1995. 'Analyzing Legal Paternalism'. International Review of Law and Economics 15.

Caillois, R. 2001. Man, Play and Games. Urbana: University of Illinois Press.

Campbell, A. 1981. The Sense of Well-Being in America: Recent Patterns and Trends. New York: McGraw-Hill.

Cane, P. 1992. An Introduction to Administrative Law. Oxford: Clarendon Press.

Cartwright, J. 1984. 'An Evidentiary Theory of Promises'. Mind 93.

Castaneda, H. 1999. The Phenomeno-Logic of the I. Bloomington: Indiana University Press.

Chang, R. (ed.). 1997. Incommensurability, Incomparability, and Pratical Reason. Cambridge, MA: Harvard University Press.

Chisholm, R. 1976. Person and Object. Chicago: Open Court.

Chrisman, J. (ed.). 1989. The Inner Citadel: Essays on Individual Autonomy. New York: Oxford University Press.

Cohen, G. 1977. 'Labor, Leisure, and a Distinctive Contradiction of Advanced Capitalism'. In G. Dworkin et al. (eds.). Markets and Morals. Washington, DC: Hemisphere Publishing Co.

1993. 'Equality of What? On Welfare, Goods, and Capabilities'. In Nussbaum and Sen(1993).

Cohen, M. (ed.). 1984. Ronald Dworkin and Contemporary Jurisprudence. London: Duckworth.

Coleman, J. 1987. 'Competition and Cooperation'. Ethics 98.

Combs A. 1979. Myths in Education. Boston: Allyn and Bacon.

Competition Commission. 1998. Ladbroke Group Plc and the Coral Betting Business: A Report on the Merger Situation. London: Competition Commission.

2003a. Merger References: Competition Commission Guidelines. London: Competition Commission.

2003b. Market Investigation References: Competition Commission Guidelines. London: Competition Commission.

Confederation of British Industry. 1995. Loosening the Strait-Jacket: CBI Proposals for Reform of the Scope and Administration of Article 85. London: Confederation of British Industry.

Cooke, E. 1995. 'Reliance and Estoppel'. Law Quarterly Review 111.

Cooke, P., and D. Oughton. 1993. The Common Law of Obligations. London: Butterworths.

Cooley, C. 1899. 'Personal Competition'. American Economic Association Studies 4.

Cooper, G. 1993. 'The Competition Controversy in Community Ecology'. Biology and Philosophy 8.

Craig, E. 1990. Knowledge and the State of Nature. Oxford: Clarendon Press.

(ed.). 1998. Routledge Encyclopedia of Philosophy. London: Routledge.

Craig, P. 1992. 'Legitimate Expectations: A Conceptual Analysis'. Law Quarterly Review 108.

Crampton, P. 1994. 'Alternative Approaches to Competition Law: Consumers' Surplus, Total Surplus, Total Welfare and Non-Efficiency Goals'. World Competition 17.

Criminal Law Revision Committee. 1966. Eighth Report: Theft and Related Offences (1966 Cmnd 2977). London: HMSO.

Crisp, R. 1998. 'Virtue Ethics'. In E. Craig (1998), vol. 9.

2000. 'Utilitarianism and Accomplishment'. Analysis 60.

2001. 'Utilitarianism and Accomplishment Revisited'. Analysis 61.

Crisp, R. , and B. Hooker (eds.). 2000. Well-Being and Morality: Essays in Honour of James Griffin. Oxford: Clarendon Press.

Crisp, R. and M. Slote (eds.). 1997. Virtue Ethics. Oxford: Oxford University Press.

Dahlke, H. 1964. 'Cooperation'. In J. Gould and W. Kolb (eds.), Dictionary of the Social Sciences. London: Tavistock.

Daniels, N. 1979. 'Wide Reflective Equilibrium and Theory Acceptance in Ethics'. Journal of Philosophy 76.

Darwall, S. 2002. Welfare and Rational Care. Princeton: Princeton University Press.

Davidson, D. 1980a. 'Causal Relations'. In Davidson (1980b).

1980b. Essays on Actions and Events. Oxford: Clarendon Press.

1980c. 'How Is Weakness of the Will Possible?' In Davidson (1980b).

Davies, S. 1997. 'Two Conceptions of Welfare: Voluntarism and Incorporationism'. Social Philosophy and Policy 14.

Davis, C. 1995. 'Estoppel-Reliance and Remedy'. Conveyancer and Property Lawyer 59.

Dean, N. 2003. 'Creating a Stir'. New Law Journal, 13 June 2003.

Dearden, R. 1972. 'Competition in Education'. Proceedings of the

Philosophy of Education Society of Great Britain 6.

Demarco, J., and R. Fox. 1992. 'Putting Pressure on Promises'. Southern Journal of Philosophy 30.

De Moor, A. 1986. 'Contract and Agreement in English and French Law'. Oxford Journal of Legal Studies 6.

1987. 'Are Contracts Promises?' In J. Eekelaar and J. Bell (eds.), Oxford Essays in Jurisprudence. Oxford: Oxford University Press.

Department of Trade and Industry. 2001. Productivity and Enterprise: A World Class Competition Regime. London: Department of Trade and Industry.

Deutsch, M. 1973. The Resolution of Conflict: Constructive and Destructive Processes. New Haven: Yale University Press.

Deutscher, I. 1952. 'Socialist Competition'. Foreign Affairs 30.

Diener, E. 1984. 'Subjective Well-Being'. Psychological Bulletin 95.

Diogenes Laertius. 1980. Lives of Eminent Philosophers. Cambridge, MA: Harvard University Press.

Dixit, A., and S. Skeath. 1999. Games of Strategy. New York: Norton.

Downie, R. 1985. 'Three Accounts of Promising'. Philosophical Quarterly 35.

Downie, R., and E. Telfer. 1971. 'Autonomy'. Philosophy 15.

Dummett, M. 1978. 'Truth'. In M. Dummett, Truth and Other Enigmas. London: Duckworth.

Duncan, O. 1975. 'Does Money Buy Satisfaction?' Social Indicators Research 2.

Dworkin, G. 1972. 'Paternalism'. Monist 56.

1988. The Theory and Practice of Autonomy. Cambridge: Cambridge University Press.

Dworkin, R. 1978. Taking Rights Seriously. London: Duckworth.

1986a. Law's Empire. London: Fontana.

1986b, A Matter of Principle. Oxford: Clarendon Press.

Easterbrook, F. 1984a. 'The Limits of Antitrust'. Texas Law Review 63.

1984b. 'Vertical Arrangements and the Rule of Reason'. Antitrust Law Journal 53.

Easterlin, R. 1974. 'Does Economic Growth Improve the Human Lot? Some Empirical Evidence'. In P. David and M. Reder (eds.), Nations and Households in Economic Growth. New York: Academic Press.

Ehrlich, I., and R. Posner. 1974. 'An Economic Analysis of Legal Rulemaking'. Journal of Legal Studies 3.

Elliott, D. 1982. 'Dishonesty in Theft: A Dispensable Concept'. Criminal Law Review.

Elster, J. 1985. Sour Grapes: Studies in the Subversion of Rationality. Cambridge: Cambridge University Press.

1989. 'The Market and the Forum: Three Varieties of Political Theory'. In Elster and Hylland (1989a).

Elster, J., and A. Hylland (eds.). 1989a. Foundations of Social Choice Theory. Cambridge: Cambridge University Press.

1989b. 'Introduction'. In Elster and Hylland (1989a).

Elster, J., and J. Roemer (eds.). 1993a. Interpersonal Comparisons of Well-Being. Cambridge: Cambridge University Press.

1993b. 'Introduction'. In Elster and Roemer (1993a).

Faull, J., and A. Nikpay. 1999. The EC Law of Competition. Oxford: Oxford University Press.

Feinberg, J. 1973. Social Philosophy. Upper Saddle River: Prentice Hall.

1984. Harm to Others. New York: Oxford University Press.

1986. Harm to Self. New York: Oxford University Press.

Feinman, J. 1984a. 'The Meaning of Reliance: A Historical Perspective'. Wisconsin Law Review.

1984b. 'Promissory Estoppel and Judicial Method'. Harvard Law Review 97.

Feltkamp, R. 2003. 'Some Reflections on the Structure of the State

Aid Rules in the Treaty of Rome'. EC Competition Policy Newsletter 1.

Fielding, M. 1976. 'Against Competition: In Praise of Malleable Analysis and the Subversiveness of Philosophy'. Proceedings of the Philosophy of Education Society of Great Britain 10.

Finnis, J. 1980. Natural Law and Natural Rights. Oxford: Clarendon Press.

Flew, A. 1983. 'Competition and Cooperation, Equality and Elites'. Journal of Philosophy of Eduction 17.

Flynn, J. 1982. 'Rethinking Sherman Act Section 1 Analysis: Three Proposals for Reducing the Chaos'. Antitrust Law Journal 49.

Fogelin, R. 1983. 'Richard Price on Promising: A Limited Defence'. Journal of the History of Philosophy 21.

Foot. P. (ed.). 1967. Theories of Ethics. Oxford: Oxford University Press.

Foster, E., and H. Sonnenschein. 1970. 'Price Distortion and Economic Welfare'. Econometrica 38.

Fox, E. 1990. 'The Future of the Per Se Rule: Two Visions at War With One Another'. Washburn Law Journal 29.

Fox, E., and L. Sullivan. 1989. Cases and Materials on Antitrust. St Paul: West.

Fox. R., and J. Demarco. 1993. 'The Immorality of Promising'. Journal of Value Inquiry 27.

Frank, R. 2003. Microeconomics and Behavior (5th edition). New York: McGraw-Hill Irwin.

Frankfurt, H. 1999a. 'Autonomy, Necessity, and Love'. In Frankfurt (1999b).

1999b. Necessity, Volition, and Love. Cambridge: Cambridge University Press.

1999c. 'On the Necessity of Ideals'. In Frankfurt (1999b).

1999d. 'On the Usefulness of Final Ends'. In Frankfurt (1999b).

Franklin, D. Unpublished. 'Valuing Health, Healthcare and Health Equality'.

Freeman, P. , and R. Whish (eds.). 2002. Butterworths Competition Law. London: Butterworths.

Freeman, S. 1998. 'Contractarianism'. In E. Craig(1998), vol. 2.

Frege, G. 1952. 'On Sense and Reference'. In P. Geach and M. Black (eds.), Translations from the Philosophical Writings of Gottlob Frege. Oxford: Blackwell.

Fried, C. 1981. Contract as Promise. Cambridge, MA: Harvard University Press.

Fuller, L. 1969. The Morality of Law. New Haven: Yale University Press.

Fuller, L. , and W. Perdue. 1936. 'The Reliance Interest in Contract Damages'. Yale Law Journal 46.

Ganz, G. 1986. 'Legitimate Expectation'. In C. Harlow (ed.), Public Law and Politics. London, Sweet & Maxwell.

Gaus, G. 1998. 'Why All Welfare States (Including Laissez-Faire Ones) Are Unreasonable'. Social Philosophy and Policy 15.

Gauthier, D. 1978. 'The Social Contract as Ideology'. Philosophy and Public Affairs 6.

1986. Morals By Agreement. Oxford: Clarendon Press.

Geach, P. 1972. Logic Matters. Oxford: Blackwell.

Geanakoplos, J. 1992. 'Common Knowledge'. Journal of Economic Perspectives 6.

Gellhorn, E. 1986. Antitrust Law and Economics. St Paul: West.

Gellhorn, E. , and T. Tatham. 1985. 'Making Sense Out of the Rule of Reason'. Case Western Reserve Law Review 35.

Gert, B. , and C. Culver. 1976. 'Paternalistic Behavior'. Philosophy and Public Affairs 6.

Gibbard, A. 1986. 'Interpersonal Comparisons: Preference, Good, and the Intrinsic Reward of a Life'. In Elster and Hylland(1989a).

Giddens, A. 1984. The Constitution of Society. Cambridge: Polity Press.

Gilbert, M. 1989. On Social Facts. Princeton: Princeton University

Press.

1996a. ‘Agreements, Coercion, and Obligation’. In Gilbert(1996c).

1996b. ‘Is an Agreement an Exchange of Promises?’. In Gilbert (1996c).

1996c. Living Together. Lanham: Rowman & Littlefield.

1996d. ‘Notes on the Concept of a Social Convention’. In Gilbert (1996c).

1996e. ‘On Language and Convention’. In Gilbert(1996c).

1996f. ‘Rationality, Coordination, and Convention’. In Gilbert (1996c).

1996g. ‘Walking Together: A Paradigmatic Social Phenomenon’. In Gilbert(1996c).

Gilmore, G. 1995. The Death of Contract. Columbus: Ohio State University Press.

Glover, J. 1990. Causing Death and Saving Lives. Harmondsworth: Penguin.

Goldman, A. 1995. ‘Simulation and Interpersonal Utility’. Ethics 105.

Goodin, R. 1989. ‘Laundering Preferences’. In Elster and Hylland (1989a).

1993. ‘Democracy, Preferences and Paternalism’. Policy Sciences 26.

Goodman, N. 1973. Fact, Fiction, and Forecast (3rd edition). Indianapolis: Bobbo Merrill.

Gordley, G. 1991. The Philosophical Origins of Modern Contract Doctrine. Oxford: Clarendon Press.

Goyder, D. 1998. EC Competition Law(3rd edition). Oxford: Oxford University Press.

Greenawalt, K. 1992. Law and Objectivity. New York: Oxford University Press.

Grice, H. 1957. ‘Meaning’. Philosophical Review 67.

Griew, E. 1985. ‘Dishonesty: The Objections to Feely and Ghosh’.

Criminal Law Review.

Griffin, J. 1986. Well-Being: Its Meaning, Measurement and Moral Importance. Oxford: Clarendon Press.

1993. 'Against the Taste Model'. In Elster and Roemer(1993a).

2000. 'Welfare Rights'. Journal of Ethics 4.

Hahn, F., and M. Hollis. 1979. 'Introduction'. In F. Hahn and M. Hollis (eds.), Philosophy and Economic Theory. Oxford: Oxford University Press.

Hammond, A., and R. Penrose. 2001. Proposed Criminalisation of Cartels in the UK. London: Office of Fair Trading.

Hammond, P. 1995. 'The Moral Status of Profits and Other Rewards: A Perspective from Modern Welfare Economics'. In R. Cowan and M. Rizzo(eds.), Profits and Morality. Chicago: University of Chicago Press.

Hampton, J. 1998. 'Rationality, Practical'. In E. Craig (1998), vol. 8.

Handler, M. 1941. A Study of the Construction and Enforcement of the Antitrust Laws. Washington, DC: US GPO, Temporary National Economic Committee.

Hare, R. 1973. 'Principles'. Proceedings of the Aristotelian Society 73.

Hargreaves Heap, S., et al. 1992. The Theory of Choice. Oxford: Blackwell.

Harman, G. 1974. Review of Schiffer (1972). Journal of Philosophy 71.

1986. Change in View. Cambridge, MA: MIT Press.

Harsanyi, J. 1982. 'Morality and the Theory of Rational Behaviour'. In Sen and Williams(1982).

Hart, H. 1961. The Concept of Law. Oxford: Clarendon Press.

1963. Law, Liberty, and Morality. Oxford: Oxford University Press.

Hartley, T. 1994. The Foundations of European Community Law. Oxford: Clarendon Press.

Harvey, J., et al. 1917. Competition: A Study in Human Motive.

London: Macmillan.

Harvey, P. 1990. An Introduction to Buddhism. Cambridge: Cambridge University Press.

2000. An Introduction to Buddhist Ethics. Cambridge: Cambridge University Press.

Hausman, D. 1995. 'The Impossibility of Interpersonal Utility Comparisons'. Mind 104.

1997. 'The Impossibility of Interpersonal Utility Comparisons—A Reply'. Mind 106.

Hausman, D. , and M. McPherson. 1993. 'Taking Ethics Seriously: Economics and Contemporary Moral Philosophy'. Journal of Economic Literature 31.

1998. 'Economics and Ethics'. In E. Craig(1998), vol. 3.

Hawk, B. 1994. United States, Common Market and International Antitrust: A Comparative Guide. Englewood Cliffs: Prentice Hall.

Hayek, F. 1982. Law, Legislation and Liberty. London: Routledge & Kegan Paul.

Head, J. 1974a. 'Merit Goods Revisited'. In Head(1974c).

1974b. 'On Merit Goods'. In Head(1974c).

1974c. Public Goods and Public Welfare. Durham, NC: Duke University Press.

1978. 'Common Knowledge'. Philosophical Quarterly 28.

Hegel, G. 1952. The Philosophy of Right. Oxford: Clarendon Press.

Heiner, R. 1986. 'Imperfect Decisions and the Law: On the Evolution of Legal Precedent and Rules'. Journal of Legal Studies 15.

Hempel, C. 1983. 'Studies in the Logic of Confirmation'. In Achinstein(1983).

Hertzberg, L. 1988. 'On the Attitude of Trust'. Inquiry 31.

Hicks, J. 1981. 'A Manifesto'. In J. Hicks, Wealth and Welfare. Cambridge, MA: Harvard University Press.

Hill, T. 1991. Autonomy and Self-Respect. Cambridge: Cambridge University Press.

2002a. 'Happiness and Human Flourishing'. In Hill(2002b).

2002b. Human Welfare and Moral Worth: Kantian Perspectives. Oxford: Clarendon Press.

2002c. 'Kantian Analysis: From Duty to Autonomy'. In Hill (2000b).

Hobbes, T. 1968. Leviathan. Harmondsworth: Penguin Books.

Holton, R. 1994. 'Deciding to Trust, Coming to Believe'. Australasian Journal of Philosophy 72.

Hooker, B. 1995. 'Rule-Consequentialism, Incoherence, Fairness'. Proceedings of the Aristotelian Society 95.

Houston, B. 1991. 'Showoffs, Achievers, and Rivals'. Philosophy of Education 47.

Howerth, I. 1912. 'Competition, Natural and Industrial'. International Journal of Ethics 22.

Huizinga, J. 1949. Homo Ludens. London: Routledge & Kegan Paul.

Hume, D. 1963. 'Of the Original Contract'. In D. Hume, Essays, Moral, Political and Literary. Oxford: Oxford University Press.

Hurka, T. 1993. Perfectionism. New York: Oxford University Press.

Hurley, S. 1989. Natural Reasons. New York: Oxford University Press.

Hylland, A. 1989. 'The Purpose and Significance of Social Choice Theory: Some General Remarks and an Application to the "Lady Chatterley" Problem'. In Elster and Hylland(1989a).

Inglehart, R. 1996. 'The Diminishing Utility of Economic Growth: From Maximizing Security Toward Maximizing Subjective Well-Being'. Critical Review 10.

Johansson, P. 1991. An Introduction to Modern Welfare Economics. Cambridge: Cambridge University Press.

Joliet, R. 1967. The Rule of Reason in Antitrust Law: American, German and Common Market Laws in Comparative Perspective. The Hague: Nijhoff.

Joshua, J. 2003. 'The UK's New Cartel Offence and Its Implications for EC Competition Law: A Tangled Web'. European Law Review 28.

Kagan, S. 1998. Normative Ethics. Boulder: Westview Press.

Kahneman, D., and J. Snell. 1990. 'Predicting Utility'. In R. Hogarth (ed.), Insights in Decision Making. Chicago: University of Chicago Press.

Kahneman, D., and A. Tversky. 1990. 'Prospect Theory: An Analysis of Decision Under Risk'. In P. Moser (ed.), Rationality in Action: Contemporary Approaches. Cambridge: Cambridge University Press,

Kahneman, D., and C. Varey. 1993. 'Notes on the Psychology of Utility'. In Elster and Roemer (1993a).

Kane, R. 1974. Through the Moral Maze: Searching for Absolute Values in a Pluralistic World. New York: Paragon House.

Katz, A., and L. Teitelbaum. 1978. 'PINS Jurisdiction, the Vagueness Doctrine, and the Rule of Law'. Indiana Law Journal 53.

Kavka, G. 1986. Hobbesian Moral and Political Theory. Princeton: Princeton University Press.

Kawall, J. 1999. 'The Experience Machine and Mental-State Theories of Well-Being'. Journal of Value Inquiry 33.

Kay, J. 2003. The Truth About Markets. London: Penguin Books.

Keating, J. 1964. 'Sportsmanship as a Moral Category'. Ethics 75.

Keita, L. 1999. 'Welfare Economics and Positive Neoclassical Economics'. Journal of Value Inquiry 33.

Kelly, M. 1992. 'The Phantom Reliance Interest in Contract Damages'. Wisconsin Law Review.

Kelman, M. 1987. A Guide to Critical Legal Studies. Cambridge, MA: Harvard University Press.

Kelman, S. 1981. 'Regulation and Paternalism'. Public Policy 29.

Kemmerling, A. 1986. 'Utterer's Meaning Revisited'. In R. Grandy and R. Warner (eds.), Philosophical Grounds of Rationality: Intentions, Categories, Ends. Oxford: Oxford University Press.

Kennedy, D. 1973. 'Legal Formality'. Journal of Legal Studies 2.

1976. 'Form and Substance in Private Law Adjudication'. Harvard Law Review 89.

Kew, F. 1978. 'Values in Competitive Games'. Quest 29.

Kim, J. 1971. 'Causes and Events: Mackie on Causation'. Journal of Philosophy 68.

Kim, K. 1991. 'Does Competition Lead to Improved Quality in Education?' Philosophy of Education 47.

Klein, P. 1976. 'Knowledge, Causality, and Defeasibility'. Journal of Philosophy 73.

Kleinig, J. 1982. Philosophical Issues in Education. London: Croom Helm.

Kluge, E. 1991, 'Competition and Function: The Canada-US Free Trade Agreement and the Philosophy of Health Care'. Business and Professional Ethics Journal 10.

Knapp, C. 1984. 'The Promise of the Future—and Vice Versa: Some Reflections on the Metamorphosis of Contract Law'. Michigan Law Review 82.

Knight, F. 1956. On the History and Method of Economics. Chicago: Chicago University Press.

Kohn, A. 1992. No Contest (revised edition). Boston, MA: Houghton Mifflin.

Kolnai, A. 1965. 'Games and Aims'. Proceedings of the Aristotelian Society 66.

Korah, V. 1986. 'EEC Competition Policy—Legal Form or Economic Efficiency'. Current Legal Problems 39.

Korsgaard, C. 1996. Creating the Kingdom of Ends. Cambridge: Cambridge University Press.

Kymlicka, W. 2002. Contemporary Political Philosophy: An Introduction (2nd edition). Oxford: Oxford University Press.

Lagenspetz, O. 1992. 'Legitimacy and Trust'. Philosophical Investigations 15.

Lane, R. 1994. 'Quality of Life and Quality of Persons: A New Role for Government?' Political Theory 22.

Larmore, C. 1987. Patterns of Moral Complexity. Cambridge: Cambridge University Press.

Leibenstein, H. 1980. Beyond Economic Man: A New Foundation for Microeconomics. Cambridge, MA: Harvard University Press.

Leibniz, G. 1875 – 90. Philosophische Schriften. Leipzig: Gerhardt.

Lentz, T., and R. Cornelius. 1950. 'All Together: A Manual of Cooperative Game'. Photocopy. Attitude Research Laboratory, St Louis, MO.

Lever, J. 1969. 'Bipartite Arrangements and the Restrictive Trades Practices Acts 1956 and 1968'. Law Quarterly Review 85.

Levmore, S. (ed.). 1994. Foundations of Tort Law. New York: Oxford University Press.

Lewis, C., and C. Langford. 1959. Symbolic Logic (2nd edition). New York: Dover Publications.

Lewis, D. 1969. Convention: A Philosophical Study. Cambridge, MA: Harvard University Press.

1973. Counterfactuals. Oxford: Blackwell.

1989. 'Dispositional Theories of Value'. Proceedings of the Aristotelian Society, Supplementary Volume 63.

Lieberman, M. 1998. Commitment, Value, and Moral Realism. Cambridge: Cambridge University Press.

Lipsey, R. 1989. An Introduction to Positive Economics (7th edition). London: Weidenfeld and Nicolson.

Lipsey, R., and K. Lancaster. 1956. 'The General Theory of Second Best'. Review of Economic Studies 24.

Little, D. 1957. A Critique of Welfare Economics (2nd edition). Oxford: Oxford University Press.

Loar, B. 1981. Mind and Meaning. Cambridge: Cambridge University Press.

Lomasky, L. 1987. Persons, Rights, and the Moral Community. Oxford: Oxford University Press.

2000. ‘Liberty and Welfare Goods: Reflections on Clashing Liberalisms’. Journal of Ethics 4.

Luce, R., and H. Raiffa. 1985. Games and Decisions. New York: Dover Publications.

Luschen, G. 1970. ‘Cooperation, Association and Contest’. Journal of Conflict Resolution 14.

Lyon, L., et al. 1939. Government and Economic Life. Washington, DC: Brookings Institution.

Lyons, D. 1965. Forms and Limits of Utilitarianism. Oxford: Clarendon Press.

1994. ‘Benevolence and Justice in Mill’. In D. Lyons, Rights, Welfare, and Mill's Moral Theory. New York: Oxford University Press.

MacCallum, G. 1993. ‘Competition and Moral Philosophy’. In G. MacCallum, Legislative Intent and Other Essays on Law, Politics, and Morality. Madison: University of Wisconsin Press.

MacCormick, N. 1972. ‘Voluntary Obilgations and Normative Powers (I)’. Proceedings of the Aristotelian Society, Supplementary Volume 46.

1982. Legal Right and Social Democracy. Oxford: Clarendon Press.

MacCulloch, A. 2003. ‘The Cartel Offence and the Criminalisation of United Kingdom Competition Law’. Journal of Business Law, November 2003.

MacDonald, K., and R. Thompson. 2003. ‘Dishonest Agreements’. Competition Law Journal 2.

Mack, R. 1965. ‘The Components of Social Conflict’. Social Problems 22.

Mackie, J. 1974. The Cement of the Universe. Oxford: Oxford University Press.

McMahon, C. 1989. ‘Promising and Coordination’. American Philosophical Quarterly 26.

McMurtry, J. 1984. ‘Free Enterprise, Rationality and Competition’. Journal of Business Ethics 3.

1991. ‘How Competition Goes Wrong’. Journal of Applied

Philosophy 8.

McNaughton, D. 1998. 'Consequentialism'. In E. Craig (1998), vol. 2.

McNaughton, D., and P. Rawling. 2001. 'Achievement, Welfare and Consequentialism'. Analysis 61.

Malina, M., and R. Steuer. 1991. 'Trial Lawyers and ARCO: Jurisprudentially Inconsistent Approaches to Per Se Illegality'. Fordham Law Review 59.

Martin, J. 1985. Hanbury and Maudsley: Modern Equity (12th edition). London: Stevens & Sons.

Mason, E. 1939. 'Price and Production Policies of Large-Scale Enterprise'. American Economic Review 29.

May, M., and L. Doob. 1937. Cooperation and Competition. New York: Social Science Research Council.

Mead, M. 2003. Cooperation and Competition Among Primitive Peoples. New Brunswick: Transaction Publishers.

Meakin, D. 1986. 'The Moral Status of Competition: An Issue of Concern for Physical Educators'. Journal of Philosophy of Education 20.

Michelman, J. 1983. 'Some Ethical Consequences of Economic Competition'. Journal of Business Ethics 2.

Milgrom, P. 1981. 'An Axiomatic Characterization of Common Knowledge'. Econometrica 49.

Mill, J. 1972a. Utilitarianism. London: Dent.

1972b. On Liberty. London: Dent.

Miller, D. 1976. Social Justice. Oxford: Clarendon Press.

Miller, H., and W. Williams (eds.). 1982. The Limits of Utilitarianism. Minneapolis: University of Minnesota Press.

Miller, S. 1992. 'Joint Action'. Philosophical Papers 21.

Millgram, E. 2000. 'What's the Use of Utility?' Philosophy and Public Affairs 29.

Moore, A. 2000. 'Objective Human Goods'. In Crisp and Hooker (2000).

Moore, A., and R. Crisp. 1996. 'Welfarism in Moral Theory'. Australasian Journal of Philosophy 74.

Moore, G. 1959. Principia Ethica. Cambridge: Cambridge University Press.

Morris, C. 1991. 'Some Notes on "Reliance"'. Minnesota Law Review 75.

1996. 'Well-Being, Reasons, and the Politics of Law'. Ethics 106.

Munzer, S. 1998. 'Property'. In E. Craig(1998), vol. 7.

Musgrave, R. 1959. The Theory of Public Finance. New York: McGraw-Hill.

Nash, J. 1950. 'The Bargaining Problem'. Econometrica 18.

Naylor, F. 1975. 'Comprehensive Mythology'. In D. Cox and R. Boyson(eds.), Black Paper 1975. London: Dent.

Neale, A., and D. Goyder. 1980. The Antitrust Laws of the USA: A Study of Competition Enforced by Law. Cambridge: Cambridge University Press.

New, B. 1999. 'Paternalism and Public Policy'. Economics and Philosophy 15.

Nielsen, L. 1984. 'Common Knowledge, Communication, and Convergence of Beliefs'. Mathematical Social Sciences 8.

Nove, A. 1983. The Economics of Feasible Socialism. London: George Allen &Unwin.

Nozick, R. 1974. Anarchy, State, and Utopia. Oxford: Blackwell.

Nussbaum, M., and A. Sen (eds.). 1993. The Quality of Life. Oxford: Clarendon Press.

Odudu, O. 2001a. 'Interpreting Article 81(1): Object as Subjective Intention'. European Law Review 26.

2001b. 'Interpreting Article 81 (1): The Object Requirement Revisited'. European Law Review 26.

Office of Fair Trading, 2003a. Market Investigation References (Guidance About the Making of References Under Part 4 of the Enterprise Act). London: Office of Fair Trading.

2003b. Mergers:Substantive Assessment Guidance. London:Office of Fair Trading.

Ong,W. 1981. Fighting for Life. Ithaca:Cornell University Press.

Oppenheim, C. , G. Weston and T. McCarthy (eds.). 1981. Federal Antitrust Laws:Cases,Text,and Commentary. St Paul:West.

Overvold,M. 1980. 'Self-Interest and the Concept of Self-Sacrifice'. Canadian Journal of Philosophy 10.

1982. 'Self-Interest and Getting What You Want'. In Miller and Williams(1982).

Parfit,D. 1984. Reasons and Persons. Oxford:Clarendon Press.

1997, 'Reasons and Motivation'. Proceedings of the Aristotelian Society,Supplementary Volume 71.

Parikh, R. , and P. Krasucki. 1990. 'Communication, Consensus and Knowledge'. Journal of Economic Theory 52.

Patterson, D. 1992. 'The Value of a Promise'. Law and Philosophy 11.

Peacocke,C. 1979. Holistic Explanation. Oxford:Clarendon Press.

Peretz,G. ,and J. Lewis. 2003. 'Go Directly to Jail:Losing Badly in "Monopoly"'. New Law Journal,24 January 2003.

Perry,L. 1975. 'Competition and Cooperation'. British Journal of Educational Studies 23.

Pettit,P. 1998. 'Desire'. In E. Craig(1998),vol. 3.

Phlips,L. 1995. Competition Policy:A Game-Theoretic Perspective. Cambridge:Cambridge University Press.

Pietroski,P. 1993. 'Prima Facie Obligations,Ceteris Paribus Laws in Moral Theory'. Ethics 103.

Pigou, A. 2002. The Economics of Welfare. New Brunswick: Transaction Publishers.

Piraino,T. 1991. 'Reconciling the Per Se Rule and Rule of Reason Approaches to Antitrust Analysis'. Southern California Law Review 64.

1994. 'Making Sense of the Rule of Reason:A New Standard for Section 1 of the Sherman Act'. Vanderbilt Law Review 47.

Plant, R. 1991. Modern Political Thought. Malden, MA: Blackwell.

Posner, R. 1979. 'Utilitarianism, Economics, and Legal Theory'. Journal of Legal Studies 8.

1986. Economic Analysis of Law. Boston: Little, Brown.

1994. 'The Concept of Corrective Justice in Recent Theories of Tort Law'. In Levmore (1994).

2001. Antitrust Law (2nd edition). Chicago: University of Chicago Press.

Postow, B. 1980. 'A Possible Ground of Political Obligation'. Southern Journal of Philosophy 18.

Prichard, H. 1949a. 'Exchanging'. In Prichard (1949b).

1949b. Moral Obligation. Oxford: Clarendon Press.

1949c. 'The Obligation to Keep a Promise'. In Prichard (1949b).

1949d. 'The Time of an Obligation'. In Prichard (1949b).

Prvulovich, Z. 1982. 'In Defence of Competition'. Journal of Philosophy of Education 16.

Putnam, H. 1994. Words and Life. Cambridge, MA: Harvard University Press.

Qizilbash, M. 1997. 'Well-Being and Despair: Dante's Ugolino'. Utilitas 9.

1998. 'The Concept of Well-Being'. Economics and Philosophy 14.

Radford, C. 1966. 'Knowledge—By Examples'. Analysis 27.

1984. 'I Will, If You Will'. Mind 93.

Rappoport, A., and C. Orwant. 1964. 'Experimental Games: A Review'. In M. Shubik (ed.), Game Theory and Related Approaches to Social Behavior. New York: Wiley.

Rawls, J. 1967. 'Two Concepts of Rules'. In Foot (1967).

1972. A Theory of Justice. Oxford: Oxford University Press.

1982. 'Social Unity and Primary Goods'. In Sen and Williams (1982).

1993. Political Liberalism. New York: Columbia University Press.

Raz, J. 1972. 'Voluntary Obligations and Normative Powers (II)'.

Proceedings of the Aristotelian Society, Supplementary Volume 46.

1977. 'Promises and Obligations'. In P. Hacker and J. Raz (eds.), Law Morality, and Society. Oxford: Clarendon Press.

1979. The Authority of Law. Oxford: Clarendon Press.

1984. 'On the Nature of Rights'. Mind 93.

1986. The Morality of Freedom. Oxford: Clarendon Press.

1994a. 'Duties of Well-Being'. In Raz(1994b).

1994b. Ethics in the Public Domain: Essays in the Morality of Law and Politics. Oxford: Clarendon Press.

1994c. 'Liberalism, Scepticism, and Democracy'. In Raz(1994b).

1994d. 'Liberating Duties'. In Raz(1994b).

1994e. 'Rights and Individual Well-Being'. In Raz(1994b).

Reath, A. 1998. 'Autonomy, Ethical'. In E. Craig(1998), vol. 1.

Rees, R. 1993. 'Tacit Collusion'. Oxford Review of Economic Policy 9.

Reeve, S. 1906. The Cost of Competition. New York: McClure, Phillips.

Regan, D. 1985. 'On Preferences and Promises: A Response to Harsanyi'. Ethics 96.

Rich, J. 1988. 'Competition in Education'. Educational Theory 38.

Robins, M. 1984. Promising, Intending, and Moral Autonomy. New York: Cambridge University Press.

Roemer, J. 1996. Theories of Distributive Justice. Cambridge, MA: Harvard University Press.

Rogers, W. 1994. Winfield & Jolowicz on Tort (14th edition). London: Sweet & Maxwell.

Rotenstreich, N. 1972. 'On Confidence'. Philosophy 47.

Roth, P. (ed.). 2001. Bellamy and Child: European Community Law of Competition (5th edition). London: Sweet & Maxwell.

Russell, B. 1951. New Hopes for a Changing World. London: George Allen & Unwin.

Sainsbury, M. 1990. Concepts Without Boundaries. London: King's

College London.

Samuelson, P. 1970. Foundations of Economic Analysis. New York: Atheneum.

Sartorius, R. (ed.). 1983. Paternalism. St Paul: University of Minnesota Press.

Scanlan, G. 2002. 'Dishonesty in Corporate Offences: A Need for Reform'. Company Lawyer 23.

Scanlon, T. 1972. 'A Theory of Freedom of Expression'. Philosophy and Public Affairs 1.

1975. 'Preference and Urgency'. Journal of Philosophy 72.

1990. 'Promises and Practices'. Philosophy and Public Affairs 19.

1993a. 'The Moral Basis of Interpersonal Comparisons'. In Elster and Roemer (1993a).

1993b. 'Value, Desire, and Quality of Life'. In Nussbaum and Sen (1993).

1998. What We Owe to Each Other. Cambridge, MA: Belknap Press.

2001. 'Promises and Contracts'. In Benson(200la).

Schauer, F. 1991a. 'Exceptions'. University of Chicago Law Review 58.

1991b. Playing by the Rules. Oxford: Clarendon Press.

Schechter, M. 1982. 'The Rule of Reason in European Competition Law'. Legal Issues in European Integration 1982.

Schelling, T. 1980. The Strategy of Conflict (2nd edition). Cambridge, MA: Harvard University Press.

Scherer, F. , and D. Ross. 1990. Industrial Market Structure and Economic Performance (3rd edition). Boston: Houghton Mifflin.

Scherer, M. 1987. 'Making the Rule of Reason Analysis More Manageable'. Antitrust Law Journal 56.

Schiffer, S. 1972. Meaning. Oxford: Oxford University Press.

1987. Remnants of Meaning. Cambridge, MA: MIT Press.

Schneewind, J. 1986. 'The Use of Autonomy in Ethical Theory'. In T. Heller et al. (eds.), Reconstructing Individualism: Autonomy,

Individuality, and the Self in Western Thought. Stanford: Stanford University Press.

Schneider, C. 1995. 'From Consumer Choice to Consumer Welfare'. Hastings Center Report, Special Supplement 25.

Schopenhauer, A. 1951. 'The Vanity of Existence'. In A. Schopenhauer, Essays from the Parerga and Paralipomena. London: George Allen & Unwin.

Schumacher, E. 1973. Small is Beautiful: A Study of Economics as if People Mattered. London: Blond & Briggs.

Schumpeter, J. 1975. Capitalism, Socialism and Democracy. New York: Harper Perennial.

Schwarze, J. 1992. European Administrative Law. London: Sweet & Maxwell.

Scitovsky, T. 1981. 'The Desire for Excitement in Modern Society'. Kyklos 34.

1992. The Joyless Economy: The Psychology of Human Satisfaction (revised edition). New York: Oxford University Press.

Scoccia, D. 1987. 'Autonomy, Want Satisfaction, and the Justification of Liberal Freedoms'. Canadian Journal of Philosophy 17.

Searle, J. 1967. 'How to Derive "Ought" from "Is"'. In Foot (1967).

1968. 'Prima Facie Obligations'. In J. Raz (ed.), Practical Reasoning. Oxford: Oxford University Press.

Seel, M. 1997. 'Well-Being: On a Fundamental Concept of Practical Philosophy'. European Journal of Philosophy 5.

Sen, A. 1981. 'Plural Utility'. Proceedings of the Aristotelian Society 81.

1982a. 'Behaviour and the Concept of Preference'. In Sen (1982c).

1982b. 'Choice, Orderings and Morality'. In Sen (1982c).

1982c. Choice, Welfare and Measurement. Cambridge, MA: Harvard University Press.

1982d. 'Equality of What?' In Sen (1982c).

1982e. 'The Impossibility of a Paretian Liberal'. In Sen(1982c).

1982f. 'Interpersonal Aggregation and Partial Comparability'. In Sen (1982c).

1982g. 'Interpersonal Comparisons of Welfare'. In Sen(1982c),

1982h. 'Introduction'. In Sen(1982c).

1982i. 'Liberty, Unanimity and Rights'. In Sen(1982c).

1982j. 'Personal Utilities and Public Judgments: Or What's Wrong with Welfare Economics?' In Sen(1982c).

1982k. 'Rational Fools: A Critique of the Behavioural Foundations of Economic Theory'. In Sen(1982c).

1985. 'Well-Being, Agency and Freedom: The Dewey Lectures 1984'. Journal of Philosophy 82.

1993. 'Capability and Well-Being'. In Nussbaum and Sen(1993).

2002a. 'Freedom and Social Choice: The Arrow Lectures'. In Sen (2002i).

2002b. 'Individual Preference as the Basis of Social Choice'. In Sen (2002i).

2002c. 'Internal Consistency of Choice'. In Sen(2002i).

2002d. 'Introduction: Rationality and Freedom'. In Sen(2002i).

2002e. 'Markets and Freedoms'. In Sen(2002i).

2002f. 'Maximisation and the Act of Choice'. In Sen(2002i).

2002g. 'Non-Binary Choice and Preference'. In Sen(2002i).

2002h. 'The Possbility of Social Choice'. In Sen(2002i).

2002i. Rationality and Freedom. Cambridge, MA: Bellknap Press.

2002j. 'Rationality and Uncertainty'. In Sen(2002i).

Sen, A. , and B. Williams(eds.). 1982. Utilitarianism and Beyond. Cambridge: Cambridge University Press.

Shafer-Landau, R. 1995. 'Vagueness, Borderline Cases and Moral Realism'. American Philosophical Quarterly 32.

Shah, R. 1995. 'Estoppel and Legitimate Expectation'. New Law Journal, 3 November 1995.

Sidgwick, H. 1907. The Methods of Ethics (7th edition). London:

Macmillan.

Simmel, G. 1955. Conflict and the Web of Group-Affiliations. New York: The Free Press.

Simmons, A. 1981. 'Reasonable Expectations and Obligations: A Reply to Postow'. Southern Journal of Philosophy 19.

Simon, H. 1982. Models of Bounded Rationality. Cambridge, MA: MIT Press.

Singer, P. 1972. 'Altruism and Commerce: A Defence of Titmuss Against Arrow'. Philosophy and Public Affairs 2.

Singh, R. 1994. 'Making Legitimate Use of Legitimate Expectation'. New Law Journal, 9 September 1994.

Skorupski, J. 2000. 'Quality of Well-Being: Quality of Being'. In Crisp and Hooker (2000).

Smart, J. 1973. 'An Outline of a System of Utilitarian Ethics'. In J. Smart and B. Williams, Utilitarianism: For and Against. Cambridge: Cambridge University Press.

Smith, J. 2002. Smith & Hogan: Criminal Law (10th edition). London: Butterworths.

Smith, M. 1994. The Moral Problem. Oxford: Blackwell.

Smith, N. (ed). 1982. Mutual Knowledge. London: Academic Press.

Soames, T. 1996. 'An Analysis of the Principles of Concerted Practice and Collective Dominance: A Distinction without a Difference?' European Competition Law Review 17.

Sobel, D. 1994. 'Full Information Accounts of Well-Being'. Ethics 104.

1998. 'Well-Being as the Object of Moral Consideration'. Economics and Philosophy 14.

Stalnaker, R. 1991. 'A Theory of Conditionals'. In F. Jackson (ed.), Conditionals. Oxford: Oxford University Press.

Stocker, M. 1992. Plural and Conflicting Values. Oxford: Clarendon Press.

Stoljar, S. 1988. 'Promise, Expectation and Agreement'. Cambridge Law Journal 47.

Strasser, M. 1985. 'Dependence, Reliance and Abortion'. Philosophical Quarterly 35.

Strawson, P. 1971. 'Intention and Convention in Speech Acts'. In J. Searle (ed.), The Philosophy of Language. Oxford: Oxford University Press.

Sullivan, L. 1977. Handbook of the Law of Antitrust. St Paul: West.

1987. 'The Viability of the Current Law on Horizontal Restraints'. California Law Review 75.

Sumner, L. 1996. Welfare, Happiness, and Ethics. Oxford: Clarendon Press.

Tannsjo, T. 1996. 'Classical Hedonistic Utilitarianism'. Philosophical Studies 81.

Taylor, S. , and J. Mansell. 2003. 'White-Collar Crim—Caught in the Act'. Legal Week 5.

Thompson, G. 1972. 'Effects of Cooperation and Competition on Public Learning'. Eductional Research (British) 15.

Thompson, M. 1983. 'From Representation to Expectation: Estoppel as a Cause of Action'. Cambridge Law Journal 42.

Thomson, J. 1994. 'Remarks on Causation and Liability'. In Levmore (1994).

Titmuss, R. 1971. The Gift Relationship: From Human Blood to Social Policy. London: Pantheon.

Treitel, G. 1995. The Law of Contract (9th edition). London: Sweet & Maxwell.

Tuomela, R. 1995. The Importance of Us. Stanford: Stanford University Press.

Tversky, A. 1981. 'Choice, Preference and Welfare: Some Psychological Observations'. Paper presented at a colloquium on 'Foundations of Social Choice Theory', Ustaoset (Norway).

Ullmann-Margalit, E. 1977. The Emergence of Norms. Oxford:

Clarendon Press.

Unger, P. 1996. Living High and Letting Die: Our Illusion of Innocence. New York: Oxford University Press.

VanDeVeer, D. 1986. Paternalistic Intervention: The Moral Bounds of Benevolence. Princeton: Princeton University Press.

Van Praag, B. 1993. 'The Relativity of the Welfare Concept'. In Nussbaum and Sen(1993).

Varian, H. 1978. Microeconomic Analysis. New York: Norton.

Velleman, D. 2002a. 'Deciding How to Decide'. In Velleman (2000c).

2000b. 'How to Share an Intention'. In Velleman(2000c).

2000c. The Possibility of Practical Reason. Oxford: Clarendon Press.

Vickers, J. 1995. 'Concepts of Competition'. Oxford Economic Papers 47.

Warnock, G. 1971. The Object of Morality. London: Methuen.

Weale, A. 1978. 'Paternalism and Social Policy'. Journal of Social Policy 7.

1998. 'Welfare'. In E. Craig(1998), vol. 9.

Weinstein, N. 1982. 'Community Noise Problems: Evidence Against Adaptation'. Journal of Environmental Psychology 2.

Weintraub, R. 1996. 'The Impossibility of Interpersonal Utility Comparisons: A Critical Note'. Mind 105.

1998. 'Do Utility Comparisons Pose a Problem?' Philosohpical Studies 92.

Wertheimer, B. 1984. 'Rethinking the Rule of Reason: From Professional Engineers to NCAA'. Duke Law Journal.

Whish, R. 1993. Competition Law (3rd edition). London, Butterworths.

2003. Competition Law(5th edition). London: LexisNexis UK.

Whish, R., and B. Sufrin. 1987. 'Article 85 and the Rule of Reason'. Oxford Yearbook of European Law 1987.

Williams, B. 1978. Descartes: The Project of Pure Enquiry.

Harmondsworth: Penguin Books.

1985. Ethics and the Limits of Philosophy. London: Fontana.

2002. Truth and Truthfulness. Princeton: Princeton University Press.

Williams, G. 1983. Textbook of Criminal Law (2nd edition). London: Stevens & Sons.

Williamson, T. 1994. Vagueness. London: Routledge.

Wilson, J. 1989. 'Competition'. Journal of Moral Education 18.

Wolff, J. Unpublished. 'Libertarianism, Utility and Economic Competition'.

Wood Hutchinson, D. 1984. 'Antitrust 1984: Five Decisions in Search of a Theory'. The Supreme Court Review 1984.

Woozley, A. 1981. 'Promises, Promises'. Mind 90.

Young, R. 1980. 'Autonomy and the Inner Self'. American Philosophical Quarterly 17.

术语中英文对照

actions　行为

　dishonest　不诚实行为

　and goals　行为与目标

　independent　独立行为

agreement　协议

　action pursuant to　遵照协议的行为

　and competition　协议与竞争

　concerted practices and　协同行为与协议

　criteria for　协议标准

　definition through cases　依情形定义协议

　interdependence criterion　协议依存性标准

　joint action and　联合行动与协议

　justification for prohibiting　禁止协议的理由

　making and complying with　缔结与遵守协议

behaviourism　行为主义
belief　信任
　justified　合理信任
　mutual　彼此信任
borderline case　边界情形
boycott　联合抵制
capitalism　资本主义
cartel offence　卡特尔犯罪
　concept of dishonesty　不诚实卡特尔犯罪的概念
causal relationship　因果关系
　competition　竞争的因果关系
　coordination　协调的因果关系
　and intention　因果关系与意图
chance　偶然性
characterisation problem　描述方法问题
Chicago school　芝加哥学派
choice　选择
closure　覆盖
collusion　共谋
commitment　承诺
common law　普通法
communication　交流
　and concerted practies　交流与协同行为
　forms and degrees of　交流的形式与程度
　of an intention　意图的交流
　joint action and　联合行动和交流
　reciprocal　相互交流
　tacit　默示交流
community norms　社会规范
competition　竞争
　attitudes in　竞争态度
　compatibility with agreement　竞争与协议兼容

and cooperation　竞争与合作
as “creative destruction”　创造性毁灭竞争
definitions of　竞争的定义
discriminatory intervention　对竞争的歧视性（差别）干预
economic　经济竞争
and economic growth　竞争与经济增长
effects of restraints　限制竞争的效果
factors associated with　与竞争相关的因素
involuntary　非自愿竞争
and joint action　竞争与联合行动
“jungle”　“丛林”竞争
justification for　竞争的理由
and maximisation of welfare　竞争与福利最大化
model of　竞争模型
necessary and sufficient conditions　竞争的必要与充分条件
perfect　完全竞争
“possession”　“占有”竞争
“prize”　“奖品”竞争
promotion of　促进竞争
and promotion of welfare　竞争与促进福利
restrictions on　竞争限制
rivalry　对抗竞争
and scarcity　竞争与稀缺
and terms on which parties act　竞争与参与者行动条款
“title”　“头衔”竞争
unwilling　被动竞争
voluntary　自愿竞争
and welfare　竞争和福利
willing　主动竞争
Competition Act，UK　英国竞争法
competition authorities　竞争当局
discrimination by　竞争当局的歧视

contract　合同
　freedom of　合同自由
　contract law　合同法
　offer and acceptance　要约与承诺
conventions　干预
cooperation　合作
　agreements of　合作协议
　collusive　共谋合作
　conditions for　合作条件
　meaning of　合作的含义
　mutual　相互合作
　non-collusive　非共谋合作
　non-mutual　非相互合作
　sustainable　可持续合作
　tacit　默示合作
correlation　关联
courts　法院
　change of approach to rules　法院原则立场的变化
　concerted practices and　协同行为与法院
　and criterial reasons　法院与判决理由
　flexibility　法院的灵活性
　weighing of forms of competition　法院对竞争形式的权衡
Criminal Law Revision Committee　刑法修改委员会
critical legal studies　批评法学研究
democracy　民主
denotation　符号
deontological reasoning　道义论推理
desire　欲望
　satisfaction of　欲望满足
　and welfare　欲望与福利
deterrents　威慑
　mutual　彼此威慑

difference, of kind or degree　种类或程度的差异
discovery　发现
discretion　判断
discrimination　歧视
dishonesty　不诚实
　broad and narrow concepts of　广义和狭义的不诚实概念
　conditions for　不诚实的条件
　honesty and　诚实与不诚实
　meaning of　不诚实的含义
　non-circular account of　对不诚实的非循环论证的解释
　test for　对不诚实的检验
dominance, collective　集体控制
　dominant firm　优势企业的集体控制
economic growth　经济增长
effects　效果
　anti-competitive　反竞争效果
　coordinated and non-coordinated　协调与非协调效果
　necessary　必然效果
efficiency　效率
efficiency, allocative　配置效率
　and consumer and producer surplus　配置效率与消费者和生产者剩余
　as defining maximising welfare　作为定义最大化福利的配置效率
　as Pareto optimality　作为帕累托最优的配置效率
　as a proxy for welfare maximisation　作为衡量福利最大化指标的配置效率
　as a test of maximising welfare　作为对福利最大化检验的配置效率
　and welfare　配置效率与福利
epistemic concepts　与认识有关的概念
epistemic states　认知状态
equilibrium, reflective, between intuition and theory　直觉与理论之间的校正均衡

ethics　伦理学
European Commission　欧盟委员会
　Guidelines on horizontal mergers　欧盟委员会关于横向兼并的指南
European Community law　欧洲共同体法律
evidence　证据，证明
　concerted practices and　协同行为与证据
　relation between object and effect　目标与效果之间关系的证据
　reasonable foreseeability　合理预知的证据
　sufficient condition　充分条件的证明
first-person privilege　自我特权
fraud　欺骗
game theory　博弈理论
goals　目标
　actions and　行为与目标
　conflicting　目标冲突
　constitutive　内生性目标
　external　外生性目标
　maximisation of profit　利润最大化目标
　shared　共同目标
goods　美德
　merit or demerit　有价值的或没有价值的美德
　participation in　分享美德
group boycotts　集体抵制
hedonism　享乐主义
honesty　诚实
　and dishonesty　诚实与不诚实
　first-person privilege　诚实与自我特权
　presumption of　诚实的假设
　standards of　诚实的标准
independent action　独立行为
individual action, joint action and　联合行动和个体行动

information, exchange of　信息交换
intention　意图
　anti-competitive　反竞争意图
　closure of　意图的覆盖
　communication of　意图的交流
　content-specific　具有特定内容的意图
　formal　外在的意图
　and goals　意图与目标
　intuitive understanding of　对意图的直觉理解
　knowledge of　对意图的知识
　and objects of agreements　意图与协议目标
　recognition of　意图认同
　reliability of　意图的可靠性
　and rules of reason　意图与合理推定原则
　subjective　主观意图
　ulterior　隐蔽意图
interdependence　依存性
interpretation　解释
intervention　干预
　discriminatory　歧视性干预
　types of　歧视性干预类型
intuition　直觉
　and joint action　直觉与联合行动
　standard of fit with　与自觉判断相符合的标准
irrealism　非现实主义
joint action　联合行动
　and action pursuant to an agreement　联合行动与遵照协议的行为
　and agreement　联合行动与协议
　and competition　联合行动与竞争
　and concerted practices　联合行动与协同行为
　and individual action　联合行动与个体行动
　model of　联合行动模型

models 模型
  criteria for adequacy of 满意模型的标准
moral concepts, hierarchy of 道德概念的层级
morality 道德
mutuality 相互关系
norms, community 社会规范
objectivity 客观性
obligation 责任
  and agreements 责任与协议
  concept of 责任概念
  and concerted practices 责任与协同行为
  conditional 责任条件
  debatable assumption 关于责任的可争议假设
  intuition 直觉责任
  legal 法律责任
  moral 道义责任
  performance 履行责任
  and reliance 责任与信赖
offer and acceptance 要约与承诺
Office of Fair Trading, UK 英国公平交易局
competition and rivalry 竞争与对抗
substantial lessening of competition test 实际减少竞争的检验
oligopoly 寡头
  problem 寡头问题
Orthodox View 传统观点
Pareto optimality 帕累托最优
paternalism 家长式作风
  definition of 家长式作风的定义
  epistemic concepts 家长式作风的认知概念
  objections to 对家长式作风的异议
  pure and impure 纯粹和不纯粹家长式作风
per se rules 本身违法原则

application of　本身违法原则的应用
benefits of　本身违法原则的优势
certainty, clarity and simplicity　本身违法原则的确定性、清晰性和简明性
change of judicial approach　法院对本身违法原则立场的转变
characterisation problem　本身违法原则的描述方法问题
and contradiction　本身违法原则与矛盾
development of　本身违法原则的发展
as mechanical rules　呆板的本身违法原则
relation with rules of reason　本身违法原则与合理推定原则的关系
scope of　本身违法原则的范围
simple and complex views of　本身违法原则的简单与复杂观
and situation-sensitive standards　本身违法原则与情境敏感标准
vagueness　本身违法原则的模糊性
varieties of　本身违法原则的变种

person and action, distinction between　人与行为的差异
philosophy　哲学
pragmatism　实用主义
preferences　偏好
price fixing　价格操纵
principles, coarse-or fine-grained　粗略化或精细化原则
private property　私有产权
products that promote welfare　增进福利的产品
profit, maximisation of　利润最大化
promises　许诺
proof, standard of　证据标准
public interest　公共利益
public policy　公共政策
rational economic actor　理性经济人
rationality　理性
realism, legal　法学现实主义

reasonable foreseeability　合理预知
reasonableness　合理性
reasoning　推理
reciprocity　相互关系
relativism　相对主义，相对论
reliance　信赖
　and action pursuant to an agreement　信赖与遵照协议的行为
　and concerted practices　信赖与协同行为
　as a condition of obligation　信赖作为责任的一个条件
　debatable assumption　关于信赖的可争议假设
　in the law　法律上的信赖
　model of　信赖模型
　in morality　道义上的信赖
　moral obligation and　道义责任与信赖
　mutual　彼此信赖
　and obligation　信赖与责任
　reciprocal　相互信赖
restraints, effects of　限制效果
Restrictive Trade Practices Act　限制性交易行为法
right answers　正确答案
rights　权利
rivalry　对抗
"Robin Hood" defence　"绿林好汉式"的辩护
rules　原则
　commitment to　承诺原则
　criterial　标准原则
　hybrid　混合原则
　individuation of　原则的个性化
　mechanical　呆板的原则
　meta-　元原则
　open　不确定的原则
　plurality of　众多原则

preliminary assessment of　原则的初步评估

application of　原则应用的初步评估

rules of reason　合理推定原则

application of　合理推定原则的应用

benefits of　合理推定原则的优势

change from per se rules to　从本身违法原则到合理推定原则的变迁

characterisation problem　合理推定原则的描述方法问题

classes of　合理推定原则的种类

and contradiction　合理推定原则与矛盾

criterial　标准合理推定原则

and discretion　合理推定原则与判断

dominant tradition　合理推定原则的显性传统

emptiness　无意义的合理推定原则

interpretive　解释性的合理推定原则

recessive tradition　合理推定原则的隐性传统

relation with per se rules　合理推定原则与本身违法原则的关系

scope of　合理推定原则的范围

simple and complex views of　合理推定原则的简单与复杂观

and situation-sensitive standards　合理推定原则与情境敏感标准

as standards　作为标准的合理推定原则

vagueness　合理推定原则的模糊性

varieties of　合理推定原则的变种

satisfation　满足

scarcity　稀缺

scepticism　怀疑主义

self-deception　自我欺骗

simultaneity　同时性

in agreements　协议的同时性

in competition　竞争的同时性

social contract theory　社会契约理论

socialism　社会主义

stability　稳定性
standards　标准
standards of reasonable and honest people　理智和诚实人的标准
state of affairs　事态
subjectivism　主观主义
Supreme Court, US　美国高等法院
surplus, consumer and producer　消费者和生产者剩余
symmetry　对称性
　in agreement　协议的对称性
　in competition　竞争的对称性
terminology　术语
　Theft Acts, UK　英国《偷窃法》
uncertainty　不确定性
undertaking　承诺
　conditional　条件承诺
　reason for giving　给出承诺的推理
　reliability of　承诺可靠性
　unconditional　无条件承诺
　unwilling　被动承诺
unreasonableness　无理性
utility　公用事业
vagueness　模糊性
value　价值
vertical market division　纵向市场分割
vertical price fixing　纵向价格操纵
weighing　权衡
welfare　福利
　and competition　福利与竞争
　definition of　福利定义
　hedonistic theories of　快乐主义的福利理论
　intuitive understanding of　对福利的直觉理解
　and mental states　福利与心态

译者后记

刚接到这本看上去似乎并不那么“厚重”的著作时，以为把她译成中文应该不会是太难的事情。当真正着手翻译时，我们的这种“直觉判断”立刻被证明是错误的。这是一本把反垄断的最基本问题作为研究对象的书。本书包括竞争的本质、反垄断的目标、反垄断的原则、垄断的双边形式等基本内容，并用哲学层面的方法来进行解剖与透析，涉及逻辑学、语言学、法学和经济学等领域。概言之，这是对反垄断问题的哲学研究。要把这样一本书翻译过来，对译者的知识结构提出了全面的要求，坦率地说我们并不完全具备这样的知识结构。这是我们的难题所在。

中国的《反垄断法》于2008年8月1日正式实施，反垄断实践对中国经济与社会发展来说还是一件全新的事情。与这样一种反垄断实践的发展形势相适应，需要对反垄断问题进行更深层次的理论思考与研究。这时介绍和吸收以西方发达国家反垄断实践为基础的高水平理论成果对提高我们的理论研究层次和指导我们的反垄断实践都具有